CB065629

CERVEJAS ARTESANAIS

MARK DREDGE

CERVEJAS ARTESANAIS

Uma volta ao mundo em mais de 350 rótulos

PubliFolha

Título original: *Craft Beer World*

Publicado originalmente em 2013 pela Dog 'n' Bone Books, um selo da Ryland Peters & Small Ltd., 20-21 Jockey's Fields, WC1R 4BW, Londres, Inglaterra; 519 Broadway, 5º andar, NY 10012, Nova York, Estados Unidos. www.rylandpeters.com

Copyright do projeto gráfico © 2013 Dog 'n' Bone Books
Copyright do texto © 2013 Mark Dredge
Copyright © 2017 Publifolha Editora Ltda.

Todos os direitos reservados. Nenhuma parte desta obra pode ser reproduzida, arquivada ou transmitida de nenhuma forma ou por nenhum meio sem a permissão expressa e por escrito da Publifolha Editora Ltda.

Proibida a comercialização fora do território brasileiro.

Coordenação do projeto: Publifolha
Editora-assistente: Fabiana Grazioli Medina
Coordenadora de produção gráfica: Mariana Metidieri
Produtora gráfica: Samantha R. Monteiro

Produção editorial: Página Viva
Edição: Tácia Soares
Tradução: Luis Reyes Gil
Consultoria: Paulo Almeida (Empório Alto dos Pinheiros)
Revisão: Denise Camargo, Maria Prado
Editoração eletrônica: Yara Penteado Anderi

Edição original: Dog 'n' Bone Books
Editora: Caroline West
Concepção de design: Paul Tilby
Projeto gráfico: Mark Latter
Ilustrações: Anna Galkina

Créditos das fotos: p. 86 Taras Boulba e p. 93 Jambe de Bois © Katherine Longley; p. 107 barris por MikeDonk/Brewbokeh; p. 107 Tilquin © Gueuzerie Tilquin; p. 161 Jämtlands Postiljon por BeerSweden; p. 177 Brasserie St. Helene Black Mamba © www.atelierdesign.be;

Dados Internacionais de Catalogação na Publicação (CIP)
(Câmara Brasileira do Livro, SP, Brasil)

Dredge, Mark
 Cervejas artesanais : uma volta ao mundo em mais de 350 rótulos / Mark Dredge ; [tradução Luis Reyes Gil]. -- São Paulo : Publifolha, 2017.

 Título original: Craft beer world
 ISBN: 978-85-68684-92-4

 1. Cerveja 2. Cerveja - Guias, manuais etc. 3. Cerveja - História 4. Cerveja - Preparação 5. Produção artesanal I. Título.

17-04264   CDD-641.23

Índices para catálogo sistemático:
1. Cervejas : Bebidas : Guias 641.23

Este livro segue as regras do Acordo Ortográfico da Língua Portuguesa (1990), em vigor desde 1º de janeiro de 2009.

Impresso na China.

PubliFolha
Divisão de Publicações do Grupo Folha
Al. Barão de Limeira, 401, 6º andar
CEP 01202-900, São Paulo, SP
www.publifolha.com.br

SUMÁRIO

6 Introdução

PARTE 1
ENTENDA A CERVEJA

8   O que é cerveja artesanal?
10 Como é feita a cerveja?
16 O mundo dos lúpulos
18 Um glossário útil
22 Quando a cerveja dá errado
24 Como servir a cerveja
26 Cerveja e comida
34 Cozinhar com cerveja
36 Para apreciar a cerveja
39 Roda de sabores
40 Clássica *vs.* nova

PARTE 2
AS MELHORES CERVEJAS DO MUNDO

44 Pilsner
47 Helles
50 American craft lager
52 A história da lager
54 Imperial lager
56 Vienna, märzen, oktoberfest
59 Dark lager
62 A família bock
66 Curiosidades alemãs
70 Kölsch
72 Alt
74 Cream e steam beer
76 A família weissbier
80 American wheat
82 Witbier
85 Belgian blonde e pale ale
88 Belgian dubbel e dark strong ale
91 Estilo belga e monges em voga
92 Belgian tripel e strong golden ale
95 Belgian quadrupel
98 Belgo-american
100 Farmhouse ale
103 Beber conforme a estação
104 Flemish bruin e Flanders red
106 Lambic e gueuze
108 Wild beer e sour ale
111 Influência belga
112 Fruit beer
116 Pale e hoppy session
119 Golden e blonde ale
122 American pale ale
126 American IPA
130 A IPA domina o mundo das artesanais
131 American imperial IPA
134 English pale ale e IPA
137 Pacific pale e IPA
140 Belgian IPA
143 Black IPA
146 American amber e red ale
149 Rye beer
152 Mild
154 Brown ale
157 Bitter
160 ESB
162 Scotch ale
164 Strong ale
167 Barleywine
170 Smoked beer e rauchbier
173 Milk e oatmeal stout
176 Dry stout
179 Imperial
180 American stout
182 Porter: Cheia de história
183 Porter *vs.* stout
184 Porter
188 Imperial stout e porter
192 Envelhecidas em barril
196 Recriações históricas
198 Ingredientes especiais
202 Cervejas extremas
204 Cervejas blockbuster
206 Aprenda mais
207 Índice
208 Agradecimentos

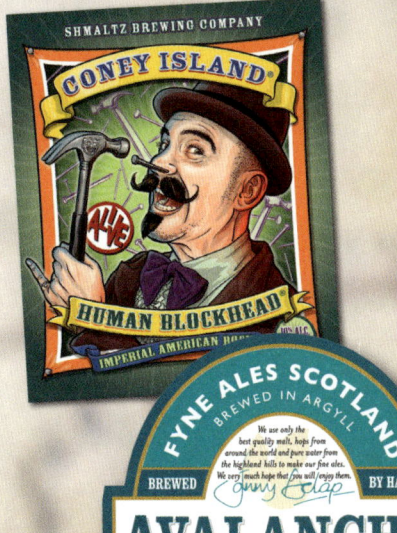

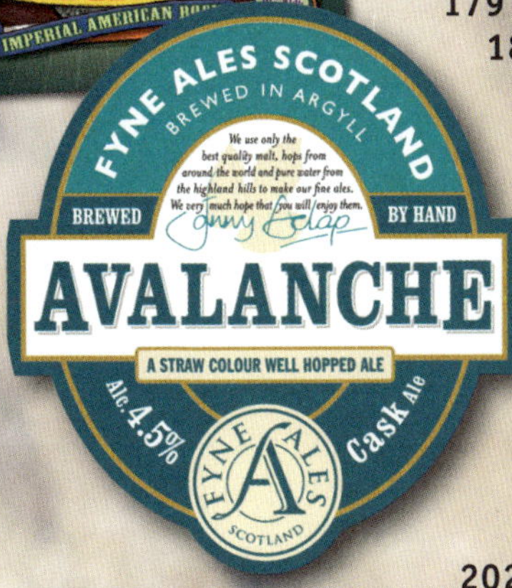

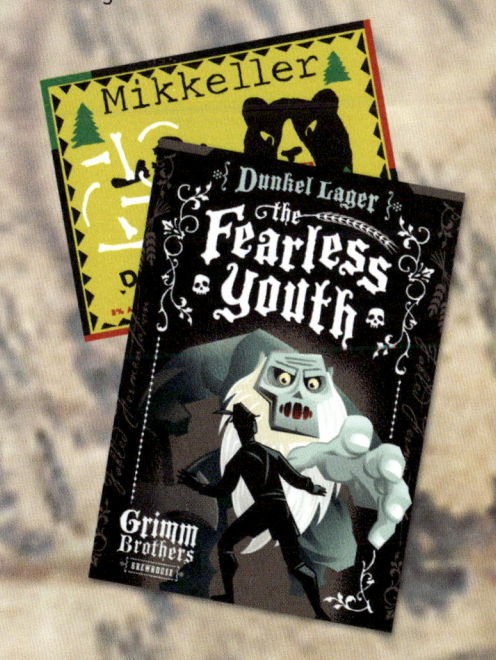

INTRODUÇÃO

Tatuei em meu braço esquerdo "Há uma história no fundo desta garrafa". Essas sete palavras traduzem tudo de que mais gosto na cerveja. Cada cerveja tem uma história composta por várias outras interligadas: a de como ela é produzida; por que é produzida; e das pessoas que a produziram. Também entram aí os ingredientes utilizados e o que há por trás deles: como foram preparados e de onde se originaram. Combine esses ingredientes para criar um estilo de cerveja, e este possuirá uma história própria, quer tenha se desenvolvido ao longo do tempo, quer seja uma inovação.

Depois vem sua trajetória pessoal, o que você bebe, o fato de chegar ao fim da garrafa refeito e mais relaxado — tudo isso o torna parte da história daquela cerveja, numa narrativa que pode incluir como a cerveja fez você se sentir, onde a provou ou com quem a bebeu. Seja o que for, acrescentar sua história às cervejas que bebe lhes confere muito mais sentido. Basta pensar na melhor cerveja que você já experimentou: aposto que consegue se lembrar com mais detalhes do momento em que a tomou do que de seu gosto.

Tentar cobrir todo o mundo da cerveja artesanal me mostrou o quanto a comunidade de produção cervejeira é estimulante, inovadora e motivadora. Mostrou-me ainda o quanto o passado tem um grande papel no presente. O que vim a considerar como o fato mais interessante a respeito da cerveja é como ela sempre muda e sempre tem mudado. A história da India pale ale é uma das mais contadas, mas a conhecemos como um flagrante fotográfico de um momento particular. Não vemos toda a sua biografia. Se você contemplar um contexto mais amplo, perceberá muitas mudanças conforme essa cerveja evoluiu ao longo das décadas para se adequar aos novos gostos, inclusive até hoje: pense nas American IPAs em 1993, depois pense nelas em 2003 e depois de novo em 2013. E isso acontece com cada tipo de cerveja no balcão; elas se desenvolvem com os sabores e a inspiração do tempo, embora o nome dos estilos tenda a permanecer o mesmo.

É essa evolução que torna a cerveja excitante e constitui a premissa deste livro: quais são as cervejas mais interessantes e de melhor sabor no mundo neste momento? Ao mesmo tempo, embora seja ótimo experimentar todas as novidades, também é importante saber o que aconteceu antes, porque isso nos dá o contexto e, com frequência, a inspiração para novos desenvolvimentos. Além do mais, há muitas cervejas clássicas que não devemos deixar de lado durante essa busca por novos gostos. A história, quer ela esteja sendo feita, copiada ou dando inspiração, também é sempre presente e importante. A cerveja não para de progredir e de se atualizar — algo estimulante.

Cervejas artesanais celebra histórias de rótulos feitos no mundo inteiro. Como são produzidos, onde, por que e por quem. Celebra também o momento de beber e o papel que a cerveja tem em nossa vida. É um flagrante do mundo da cerveja artesanal. Mostra uma pequena parte dele — bem pequena, na realidade, pois lamento não ter incluído outras 350 cervejas —, pois há muito mais a descobrir: cervejas novas, clássicos para revisitar, novas cervejarias onde beber e muitas outras histórias para contar.

O QUE É CERVEJA ARTESANAL?

A cerveja artesanal pode ser várias coisas, e é difícil encontrar uma definição de dicionário. Não basta dizer que é uma cerveja boa ou feita em pequena escala; não se trata só de paixão, inovação, criatividade ou extremos de sabor. Para mim, é um jeito consciente, bem pensado, de fazer e de beber, que tem a ver com sabor, variedade, ingredientes e história.

A Brewers Association dos EUA define a cerveja artesanal como pequena, independente e tradicional. "Pequena" significa produzir menos de 6 milhões de barris por ano (é muita cerveja). "Independente" significa que menos de 25% da cervejaria é de propriedade ou controlada por "um membro do setor de alcoólicos que não seja já cervejeiro". E "tradicional" quer dizer fazer cerveja usando apenas malte ou adjuntos que acrescentem, em vez de atenuar, sabor. Não é uma descrição exaustiva e implica considerar que algumas cervejarias, como a Goose Island, de Chicago, não são "artesanais" porque são da AB-InBev (dona também da Budweiser e outras marcas). A Goose Island é sem dúvida artesanal, do mesmo jeito que a Blue Moon deve ser considerada artesanal, mesmo sendo parte da MillerCoors — outra grande companhia mundial do setor. Isso porque ela faz as pessoas provarem cervejas diferentes e funciona como uma transição de sabores.

DEFINIÇÃO DE CERVEJA ARTESANAL

Provavelmente todos já sabemos o que é e o que não é cerveja artesanal, e nossa escolha no bar reflete isso. A seguir, algumas coisas que penso a respeito do assunto:

CERVEJA ARTESANAL É...

... uma cerveja *ótima* (mas nem todas são).

... feita em cervejarias *pequenas* (mas algumas que foram pequenas hoje são bem grandes).

... definida por valores intangíveis, como paixão, sabor, *liberdade* e *conhecimento*, mas também por práticas de negócios bem-sucedidas.

... a que leva em conta a procedência, mas também usa *ingredientes* do mundo todo.

... a que envolve pioneirismo e *inovação*, mas também *história* e *tradição*.

... uma ideia, um *marketing*, uma comunidade.

... uma escolha *sábia* e *consciensiosa*.

CERVEJA ARTESANAL — ELEVANDO SEU PERFIL

No Reino Unido, há quem insista em colocar o termo "cerveja artesanal" entre aspas, indicando certo ceticismo. A Campaign for Real Ale (CAMRA), porta-voz do consumidor para uma verdadeira ale, ainda não tem uma boa abordagem para a "cerveja artesanal" e a considera um alien perigoso. O problema é que para a CAMRA a "cerveja artesanal" é cerveja que vai para o barril de inox pronta (a CAMRA trata só de real ale, que tem uma segunda fermentação no barril de madeira em que será servida). Mas, a rigor, quase todas as cervejas servidas na pressão no Reino Unido podem ser definidas como artesanais. Isso levanta a questão: toda pequena cervejaria é artesanal? Uma cerveja artesanal tem alguma qualidade definidora? Deveríamos reservar o termo "artesanal" apenas para as melhores ou mais interessantes? Nesse caso, quais teriam acesso garantido a esse domínio?

Ao redor do mundo, o rótulo "artesanal" foi herdado dos EUA. Usam-se outros termos, como "microcervejaria", que já foi comum, mas agora é em grande parte substituído por "artesanal", e "nanocervejaria", para indicar as muito pequenas. Os "brewpubs" fazem e vendem cerveja no local, e as cervejarias ciganas não têm sede física, usam o equipamento de outras. Mas é tudo cerveja artesanal. É tudo cerveja.

Cerveja é um setor — uma comunidade — que difere dos outros por prover um luxo consumível, acessível. Se você quer tomar uma das melhores cervejas do mundo, é provável que não tenha que gastar mais do que uma hora de seu salário (uma hora de salário é algo acessível e nesse caso vale a pena trabalhar por ela). A cerveja é também produzida e comercializada em massa, prontamente disponível e consumida em massa, diferentemente de qualquer outra coisa, exceto fast-food. Todo mundo conhece o gosto de um Big Mac, do mesmo jeito que todos sabem o gosto de uma Budweiser. Também sabemos que há outras alternativas ao Big Mac para um hambúrguer, umas piores, outras bem melhores. Com a cerveja é a mesma coisa.

Mas a cerveja tem um ponto cego — ela não está na consciência do público igual ao fast-food: muita gente nem sabe que existem outras opções além das grandes marcas, ou imagina não ser capaz de fazer uma boa escolha se olhar para o outro lado do corredor das cervejas. Nos EUA, o setor da cerveja artesanal comemorou muito ao superar pela primeira vez a fatia de 15% do mercado em 2017, mas isso significa que 17 de cada 20 cervejas consumidas ainda não são artesanais.

PORTANTO, NO FUTURO...

As notícias são boas. As cervejas artesanais crescem em número e em volume total vendido em todo o mundo, ao passo que as macrocervejarias perdem volume. Novas microcervejarias surgem em ritmo constante, a ponto de ser impossível manter um registro preciso. Os consumidores estão aprendendo sobre cerveja e exigem bebidas mais deliciosas: cervejas com procedência e sabor, algo diferente. Como ocorre com nossa crescente consciência sobre o que comemos. É por isso que faz sentido um termo como "cerveja astesanal". Ele existe para indicar que estamos bebendo algo diferente. Em 5-10 anos, será um termo fora de moda, e vamos relembrar a década anterior e dar risada do termo "artesanal", mas, enquanto ainda houver gente a ser convertida, precisamos de um nome para nosso time: para mim, Clube da Cerveja Artesanal é um bom nome.

COMO É FEITA A CERVEJA?

Em tese, produzir cerveja é simples: misture cereais e água quente num tonel, separe-os e descarte o bagaço dos cereais; ponha o líquido (agora chamado mosto) num caldeirão, ferva, inclua lúpulo e passe para um fermentador; junte levedura, espere fermentar e deixe descansar antes de embalar (filtrando ou não antes); depois beba.

Na realidade, porém, fazer cerveja é bem complexo. As cervejarias usam diferentes sistemas e processos, e cada ingrediente ou escolha de produção afeta a bebida final. Nas páginas seguintes, conheça os ingredientes-chave e como a cerveja é feita.

ÁGUA

Não subestime a importância da água: ela é o principal componente da cerveja, e você precisa de boa água para fazer boa cerveja. Por ser a base da bebida, a água tem de ser de ótima qualidade. Pequenas diferenças em sua composição podem causar grandes variações de sabor. A água "mole", por exemplo, permite obter uma cerveja de corpo macio, limpo, e é especialmente indicada a estilos de cerveja mais leves, como a helles e a pilsner, enquanto a água "dura" dá um toque seco que enfatiza o amargor do lúpulo e do malte, sendo perfeita para IPAs e stouts. Cidades de grandes cervejas (como Pilsen, na República Tcheca, com sua água mole; Burton-on-Trent, na Inglaterra, com sua água dura; e Bend, no Oregon, com sua água fresca da montanha) têm evoluído devido a suas fontes de excelente água.

Todas as cervejarias tratam sua água de alguma maneira. Umas têm instalações de tratamento para controlá-la, outras simplesmente acrescentam diferentes sais e minerais à mistura. Isso é feito para equilibrar a composição da água de modo a adequá-la às cervejas que serão produzidas e para assegurar que haja sempre regularidade na composição.

GRÃOS

A combinação de água e grãos cria o perfil geral da cerveja antes que os detalhes definidores sejam propiciados pelos lúpulos e leveduras. A cevada maltada é o cereal mais comum, mas não é o único utilizado: trigo, aveia e centeio acrescentam textura e sabor à cerveja, enquanto arroz e milho tendem a atenuá-lo (e costumam ser usados apenas na macroprodução).

Os grãos provêm os açúcares necessários para a produção de álcool; portanto, para um teor alcoólico elevado, é preciso tê-los em bastante quantidade. Eles também dão corpo e cor, e o cervejeiro produz a base da cerveja combinando vários tipos de grãos. Por exemplo, malte pale, malte Munich, malte crystal e malte chocolate podem ser a base de uma brown ale: troque o malte Munich por cevada tostada e você tem uma stout; tire o malte escuro e aumente o pale, e você obtém uma IPA.

Antes de poder ser usada em uma produção, a cevada tem de ser maltada. Os grãos contêm amido, que é convertido em açúcares (os quais são depois transformados em álcool pela levedura). Como a cevada possui uma casca dura, precisa germinar antes; por isso, é posta de molho em água, de modo que suas radículas consigam perfurar a casca. Nesse ponto, o processo de germinação é interrompido, os grãos são secos em um forno e, depois, tostados em diferentes graus — quanto mais tostados, mais escuros. É como uma torrada de pão: começa macia e esponjosa, depois fica caramelizada e mais doce e, por fim, se o pão for deixado tempo demais na torradeira, fica preta, crocante e amarga, perdendo a doçura.

Os diversos maltes são submetidos a diferentes processos para alterar seu conteúdo de amido e de açúcar. O malte crystal, por exemplo, é germinado, em seguida aquecido para converter o amido em açúcar, emulando o processo de brassagem, e depois tostado; o resultado são açúcares cristalizados não fermentáveis, que conferem à cerveja profundidade e um adocicado caramelado. Às vezes, a cevada é apenas tostada (e não maltada), ficando preta e amarga. Assim como a cevada maltada, outros cereais produzem qualidades de cerveja diversas: a aveia a deixa com um corpo rico e macio; o trigo ajuda a dar textura e retenção de espuma; e o centeio acrescenta uma profundidade de sabor, lembrando nozes, com um toque picante.

Os grãos são moídos ou triturados e depois vão para um tonel onde sofrem o processo de brassagem com água quente (o ponto de sacarificação fica por volta de 67°C, embora cada atividade enzimática ocorra a uma temperatura diferente). Esse processo converte o amido do malte em açúcares fermentáveis. A brassagem parece um grande mingau maltoso, conforme a cor e a doçura são extraídas dos grãos e absorvidas pela água, deixando-a com um sabor delicioso de chá doce que passa a ser chamado de mosto. Da cuba de brassagem, tudo é transferido para o tanque de filtragem, onde o mosto é separado dos grãos, que são enxaguados com água quente (na chamada lavagem), para que se aproveitem ao máximo suas qualidades. Depois, todo o mosto vai para o caldeirão — nem toda cervejaria tem um tanque de filtragem, e, nesse caso, a separação ocorre na própria cuba de brassagem, quando o mosto é transferido para o tanque seguinte.

DIFERENTES CARACTERÍSTICAS DO GRÃO

MALTE PILSEN
Um grão-base bem claro, com sabor leve e abiscoitado

MALTE PALE ALE
Tostado de leve, com fundo de cereais

MALTE MUNICH
Tostado, avermelhado, com sabor de nozes

MALTE CRYSTAL
Caramelado, corpúsculos na cerveja

MALTE CHOCOLATE
Escuro, amargo, bem tostado, pouco doce

CEVADA TORRADA
Amarga, tinge a cerveja de preto

LÚPULOS

Os lúpulos dão vida à cerveja, provêm amargor, sabor e aroma. São seus fogos de artifício, o tapa no rosto, a gargalhada ou o beijo delicado. São também um ingrediente essencial, que impulsionou a fabricação de cerveja ao redor do mundo, graças às incríveis qualidades que conferem à bebida.

Os lúpulos são usados como agentes de amargor da cerveja há centenas de anos, mas as coisas só ficaram excitantes de fato nas décadas de 1970 e 1980, quando os lúpulos americanos foram usados pelos pioneiros cervejeiros artesanais do país. Eles não só faziam outras cervejas além das light lagers, como usavam ingredientes com outros perfis de sabor e lúpulos que faziam explodir na língua notas de cítricos, amargor e frescor floral. Foi o momento "cinema-colorido" da cerveja.

Cultivados ao redor do mundo, os lúpulos têm muitas variedades, cada uma delas com um sabor próprio, que vai do delicado ao brutal, podendo ser aromático, cítrico, picante, tropical, herbal, terroso, com toques de pinho ou floral.

Com a base da cerveja já criada na cuba de brassagem, os lúpulos (e a levedura) são usados para definir o estilo da bebida: o mesmo malte-base pode receber lúpulos de duas características diferentes para criar dois tipos de cerveja: porter *vs.* black IPA; tripel *vs.* Belgian IPA; Scotch ale *vs.* barleywine. Como temperos de comida, os lúpulos costumam funcionar melhor combinados, embora haja cervejas fantásticas que usam apenas uma variedade de lúpulo.

Os lúpulos são adicionados na forma de flores, pellets ou óleos. As flores são colhidas, secas e prensadas; os pellets são flores destroçadas, compactadas e cortadas em tabletes; os óleos são despejados (antes os óleos eram vetados na cerveja artesanal, mas agora são aceitos, em especial nas cervejas com muito lúpulo, às quais dão um amargor dificilmente obtido só com flores ou pellets). Alguns cervejeiros usam apenas flores, outros aderem aos pellets; é comum combinar as duas formas.

Quando o mosto vai ao tanque de fervura, sofre uma fervura circulante. É quando se adicionam os primeiros lúpulos. A fervura esteriliza a cerveja, mas também permite incorporar o amargor dos lúpulos. Eles contêm ácidos e óleos, e os alfa-ácidos (que dão à cerveja seu amargor) precisam ser fervidos para que se isomerizem em iso-alfa-ácidos solúveis em água. Os óleos de lúpulo são voláteis, por isso fervê-los por muito tempo tira-lhes sabor e aroma. Assim, adições precoces de lúpulo dão amargor, enquanto a adição no meio ou no fim do processo realça o sabor e o aroma. Podem-se juntar os lúpulos após a fermentação (processo de dry hopping) para realçar aroma e sabor. Cervejeiros hábeis descobrem mil maneiras de introduzir mais lúpulos em suas cervejas e chegam a acrescentá-los na cuba de brassagem.

Os lúpulos dominam o mundo da produção artesanal, onde a IPA é a rainha. Mais que qualquer outro estilo, a IPA é o que toda cerveja artesanal deveria ser, com seus grandes sabores e aromas. Os lúpulos americanos foram pioneiros e continuam em alta demanda. Os produtores de lúpulo dos EUA, da Austrália e da Nova Zelândia respondem pela produção do Novo Mundo; a Europa é o Velho Mundo, com suas variedades clássicas. Além disso, novas variedades vivem sendo criadas e cruzadas para se obter sabores novos e diferentes.

LEVEDURA (E TEMPERATURA)

Não se faz cerveja sem levedura. Esses microrganismos recebem grande atenção numa cervejaria, porque boa levedura significa boa cerveja. Há uma série de leveduras comerciais (veja em www.whitelabs.com). Algumas têm sabor neutro, outras deixam um gosto frutado ou são usadas para dar um toque exótico e acidez; existem também cepas específicas de determinadas cervejarias ou que definem um estilo.

Há leveduras de "alta fermentação" e leveduras de "baixa fermentação". Se você colocar "Cerveja" no topo da árvore genealógica, esta vai se dividir em "Ale" e "Lager". A ale é feita com levedura de alta fermentação, que age rápido e fermenta o mosto em 3-6 dias a temperaturas de 18-24°C; ela primeiro se instala na superfície do tanque e forma uma espuma grossa e pegajosa antes de se alojar no fundo. A levedura de alta fermentação agrega sabores frutados à cerveja. Já a lager é produzida com levedura de baixa fermentação, que age devagar, fermentando os açúcares em 5-10 dias a temperaturas mais baixas, de 8-14°C, antes de decantar no tanque. A levedura de lager é limpa e acrescenta pouco sabor à cerveja.

A levedura é introduzida nos tanques de fermentação e devora os açúcares criados durante a brassagem, produzindo álcool e gás carbônico como subprodutos. Como a levedura é sensível, o controle da temperatura é crucial, e os dois agem juntos. Por exemplo, se você tenta fermentar levedura de lager à temperatura de ale (mais alta que o usual), vai obter uma série de aromas incomuns e indesejados (ésteres). Se tentar fermentar ale à tempertura de lager (mais baixo que o usual), a fermentação será lenta ou nem vai ocorrer — embora haja casos que vão contra essas regras gerais de temperatura, como o do estilo steam.

Algumas cervejas são definidas por seu malte-base (como a bock e as Scotch ales); algumas são definidas pelos lúpulos utilizados (por exemplo, todas as IPAs); e algumas são definidas pela levedura e pelas qualidades que ela agrega (caso da wit, da saison e das ales de fermentação selvagem). A hefeweizen é um exemplo de cerveja que tem a levedura como componente-chave para dar aroma, textura e sabor. Não filtrada, ela mantém toda a levedura no produto final, e os aromas exalados do copo são os de banana, tutti-frutti, cravo e baunilha. Eles são conhecidos como ésteres e formados basicamente pela levedura durante a fermentação. Entre os aromas típicos de ésteres estão os de banana, pera, maçã, rosa, mel e um leve toque de solvente. Os ésteres são apropriados para algumas cervejas apenas e às vezes podem indicar uma falta de controle na fabricação.

Muitos aromas indesejados das cervejas vêm da levedura. Por isso, o controle rigoroso dela e da temperatura é crucial no processo.

FRUTAS, ESPECIARIAS E OUTROS INGREDIENTES

Depois de usar água, grãos, lúpulos e levedura, os cervejeiros podem acrescentar o que mais desejarem. É comum a adição de frutos, como cereja, framboesa, mirtilo, morango, uva, laranja, damasco, uva-passa e abóbora. Pode-se usar a fruta fresca, congelada ou cozida e também como xarope ou casca. Qualquer tipo de erva ou especiaria também entra para dar profundidade ou sabor; é comum incluir coentro, gengibre, pimenta e laranja-amarga em pó, além de ervas como tomilho, alfazema e alecrim. O café é um dos ingredientes mais comuns, particularmente nas stouts. Mel, nozes, baunilha e chocolate também são populares. Entre os ingredientes menos convencionais estão urtiga (parentes dos lúpulos), bacon, chá, manteiga de amendoim, abeto e vários outros. Alguns ingredientes são adicionados na cuba de brassagem, outros entram como lúpulos tardios ou secos, uns na fase de fermentação, outros no condicionamento ou misturados mais tarde no processo.

BARRIS DE MADEIRA

Um fator adicional na elaboração da cerveja é a madeira, que colabora com o sabor. A cerveja fica condicionada em barris usados antes para outra bebida, como uísque, bourbon ou vinho, ou em barris virgens. Se o barril já abrigou outra bebida, a cerveja incorpora seu perfil de sabor e mais um toque da madeira. Isso traz uma incrível complexidade à cerveja, mas pode também se sobrepor a ela de modo terrível. Os barris de bourbon são os mais usados, em combinação com baunilha, coco, toffee, especiarias e sabores parentes do bourbon. Os barris de vinho conferem um toque frutado, realçado com levedura selvagem e bactérias para imitar o estilo azedo das lambics belgas. Os barris em geral são reservados às cervejas especiais, fortes, algumas delas extraordinárias; as melhores equilibram o caráter do barril com a profundidade da cerveja.

TEMPO (E TEMPERATURA)

Embora não seja um ingrediente físico, o tempo é crucial na produção de cerveja. A boa cerveja leva tempo para ser feita. Algumas precisam de semanas para maturar; outras, meses; e há as que só atingem o auge depois de anos na garrafa. A temperatura tem papel fundamental no processo, e, após a fermentação, as cervejas são resfriadas e vivem um período de condicionamento. Pense nesse tempo de maturação ou condicionamento como faria com o tempo de cozimento de um chili: se você puser todos os ingredientes e cozinhar por 20 minutos, vai ter gosto de chili, mas não vai ficar excelente. Agora, se deixar mais 2 horas em fogo constante, todos os sabores se unirão deliciosamente. Não se faz boa cerveja com pressa. Ela requer baixas temperaturas para maturar direito: calor demais vai deturpá-la ou acelerar o processo de envelhecimento, causando desarmonia.

FILTRAR, CENTRIFUGAR, CLARIFICAR E PASTEURIZAR

Algumas cervejas saem da fábrica turvas e não filtradas (isto é, com a levedura ainda presente) – e muitos consumidores gostam delas assim. A produção artesanal nos ensinou que o fato de você conseguir assistir à TV através de sua cerveja nem sempre é sinal de qualidade. Infelizmente ainda há muitas pessoas que consideram a turbidez uma falha — ela só será falha se o gosto for ruim. Mas existem certos estilos, ou lugares, onde a cerveja clara é de lei. A levedura da cerveja pode ser filtrada, tirada por centrífuga ou empurrada para o fundo do tanque ou barril por um agente clarificante. Há boas e más maneiras de clarificar a cerveja, e é inevitável que o processo implique alguma perda de sabor e caráter (o que nem sempre é ruim, pois alguns estilos exigem o acabamento límpido e nítido de uma cerveja filtrada).

A pasteurização é um processo diferente e raro na cerveja artesanal. É usado pelas grandes marcas para aumentar a vida útil de suas latas e garrafas e requer submeter a cerveja a um intenso tratamento de calor para matar qualquer bactéria possível, embora isso implique perda de sabor.

CERVEJEIROS

Não se tem cerveja sem cervejeiros. Eles criam as receitas, controlam cada estágio da produção e definem o que a cerveja se torna, com base nos ingredientes e nos processos pelos quais ela passa. Os cervejeiros podem transformar as quatro etapas da fabricação de cerveja de maneiras incontáveis. A marca de uma grande cerveja é o talento de quem a faz.

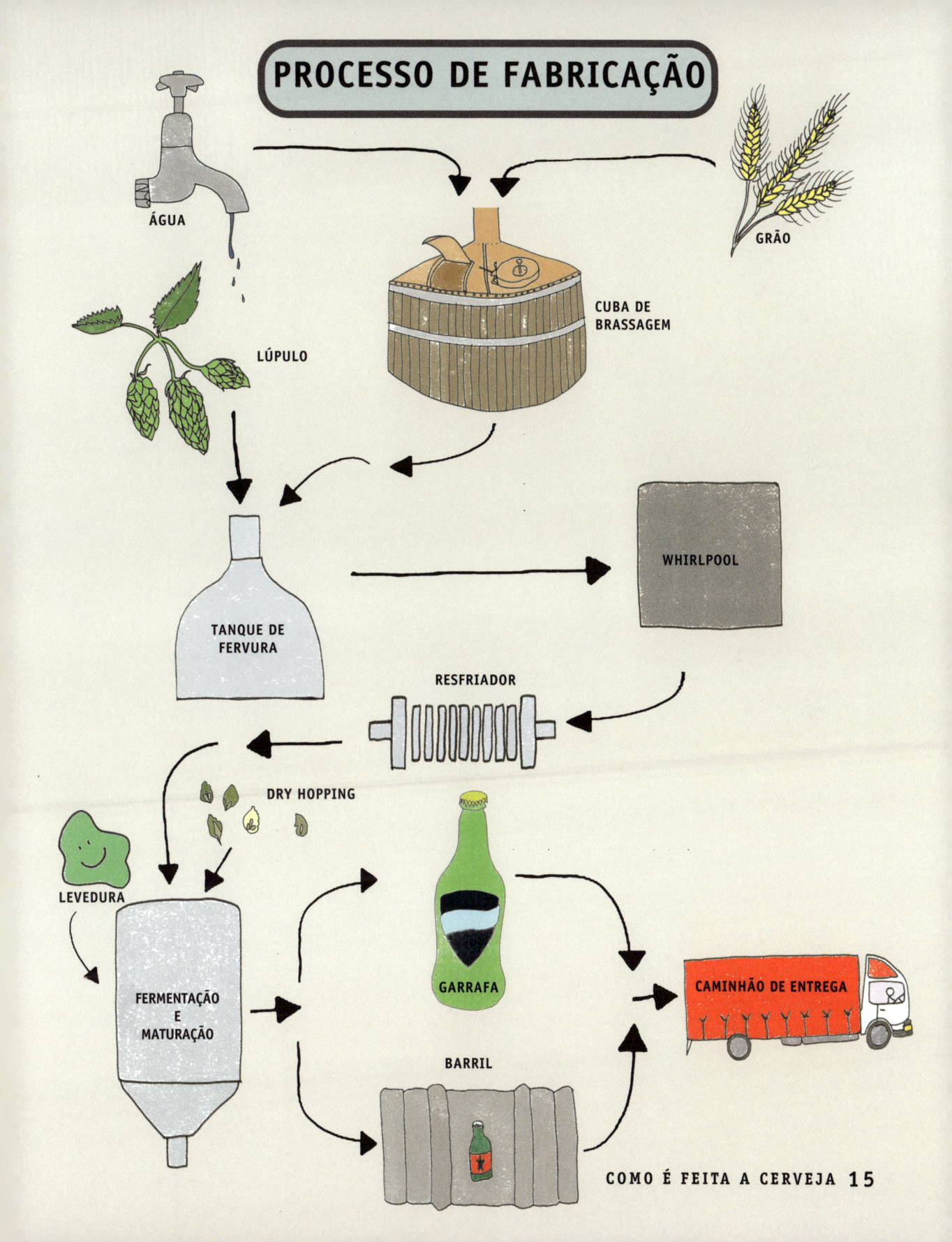

PROCESSO DE FABRICAÇÃO

ÁGUA

GRÃO

LÚPULO

CUBA DE BRASSAGEM

TANQUE DE FERVURA

WHIRLPOOL

RESFRIADOR

DRY HOPPING

LEVEDURA

FERMENTAÇÃO E MATURAÇÃO

GARRAFA

BARRIL

CAMINHÃO DE ENTREGA

COMO É FEITA A CERVEJA 15

O MUNDO DOS LÚPULOS

Os lúpulos são plantas varietais e perenes que crescem no mundo todo em uma faixa de 30 a 52 graus de latitude tanto no hemisfério Sul quanto no Norte.

Sendo varietal, um tipo de lúpulo pode ser cultivado na América do Norte, na Inglaterra ou na Austrália e terá sabor diferente em cada um desses locais de cultivo. Os lúpulos são como o terroir da cerveja — representam o "espírito do lugar" e seu vínculo com a terra. Você descobrirá também que os lúpulos de determinada região compartilham um perfil de sabor que acaba influenciando as cervejas produzidas ali.

VELHO MUNDO
vs.
NOVO MUNDO

Grã-Bretanha e Europa Central
vs.
EUA, Austrália e Nova Zelândia

Terroso, frutas silvestres, herbáceo e floral
vs.
Cítrico, frutas tropicais, floral, pinho

Estilos clássicos de cerveja
vs.
Estilos modernos de cerveja

REGIÕES DE CULTIVO DE LÚPULO

OS DEZ MAIORES PRODUTORES
POR VOLUME, EM 2011

- ALEMANHA
- EUA
- CHINA
- REPÚBLICA TCHECA
- ESLOVÊNIA
- POLÔNIA
- REINO UNIDO
- AUSTRÁLIA
- ÁFRICA DO SUL
- ESPANHA

Fonte: http://www.usahops.org/graphics/File/Stat%20Pack/2011%20Stat%20Pack.pdf

EUA
Plantio: Estados de Washington e Oregon, noroeste do país
Qualidades: Alto índice de alfa-ácidos. Espere miolo, suco e casca de frutas cítricas, grapefruit, aromas florais, frutas tropicais, pêssego maduro, resina de pinho e ervas fortes
Estilos de cerveja: Em peso em pale ale, IPA e barleywine, mas usados em todo estilo

LÚPULOS-C
Muitas novas variedades de lúpulo dos EUA têm nomes que começam com "C" e um perfil cítrico similar no sabor. Se os lúpulos nobres são a orquestra, os lúpulos-C são o skate punk: Cascade, Centennial, Columbus, Citra, Chinook e outros.

16 ENTENDA A CERVEJA

GRÃ-BRETANHA

Plantio: Sudeste e centro da Inglaterra

Qualidades: Terrosos, especiarias, floral, frutas de pomar e de sebe, capazes de delicadeza e de forte aspereza

Estilos de cerveja: best bitter, English pale e golden ale, mild, stout e porter

EUROPA CENTRAL

Plantio: Alemanha, República Tcheca, Polônia e Eslovênia

Qualidades: Variedade de aromas; pobres em alfa-ácidos. Oleosidade, limpidez, elegância, limão, sabores herbáceos, pêssego quando em volumes maiores

Estilos de cerveja: pilsner, helles, dark lager, bock

TIPOS DE LÚPULOS

Amarillo	EUA	Pêssego, damasco, laranja, grapefruit
Cascade	EUA	Grapefruit ácido e floral
Centennial	EUA	Miolo, suco e flor de laranja, pinho
Citra	EUA	Manga azeda, tropical, cítricos fortes
Simcoe	EUA	Resina de pinho, grapefruit, casca de laranja-amarga
Sorachi Ace	EUA	Do Japão, plantado nos EUA; capim-limão, tutti-frutti
Saaz	TCH	Relva delicada, floral, plantas cítricas
Styrian Golding	ESL	Esloveno, superaromático, especiarias, fragrantes
Hallertauer	ALE	Pimenta, relva, floral, ervas fortes, incisivo
Fuggle	RU	Como a zona rural inglesa: terroso, silvestre, floral
Bramling Cross	RU	Floresta inglesa: frutas vermelhas e de pomar, bosques
Golding	RU	Pungente, floral, apimentado, suavemente terroso
Nelson Sauvin	NZ	Uva, groselha, manga, maracujá
Motueka	NZ	Frutas tropicais e exóticas, frutas vermelhas doces
Galaxy	AUS	Manga, abacaxi, maracujá, cítricos, floral

LÚPULOS NOBRES

São os lúpulos europeus clássicos de lager, com caráter nobre por sua herança e difundida importância. Têm os nomes das regiões de plantio: Hallertauer, Tettnang e Spalt, da Alemanha; Saaz, da República Tcheca.

PACÍFICO SUL

Plantio: Sul da Austrália e Tasmânia; Nova Zelândia

Qualidades: Frutas tropicais suculentas, lichia, manga, maracujá, mais groselha e uvas

Estilos de cerveja: Pale ales, IPAs e clássicos modernizados

UM GLOSSÁRIO ÚTIL

Como ocorre quando você se inicia em algum esporte e ouve falar em birdie, impedimento ou touchdown, a cerveja pode ser difícil de entender por causa de sua linguagem cheia de termos, abreviaturas e conceitos científicos. Aqui estão todas as palavras que você precisa conhecer.

ABV *Alcohol-by-volume*, ou álcool por volume. É o teor alcoólico da bebida. A cerveja varia de menos de 1% a cerca de 25%, por meio da fermentação. Já foram feitas cervejas com ABV de mais de 50%, mas é preciso destilação fracionada para tal: a cerveja é resfriada, e, como a água congela a temperatura mais alta que o álcool, o cervejeiro pode remover pedaços de gelo, deixando apenas o álcool. Esse procedimento é aplicado nas eisbocks e nas cervejas extremas. É ilegal em alguns países, entre eles os EUA.

AÇÚCARES RESIDUAIS A doçura que fica na cerveja após sua fermentação.

ALE Ampla gama de cervejas com levedura de alta fermentação (ao contrário das lagers, com levedura de baixa fermentação). As ales em geral têm um toque frutado, dado pela levedura. Os estilos vão da kölsch e da turva hefeweizen, que lembram lagers, passam pelas melhores bitters e porters e chegam à IPA e às imensas imperial stout e barleywine.

ALFA-ÁCIDOS É deles que vem o amargor dos lúpulos. Os alfa-ácidos precisam ser isomerizados a fim de conferir seu amargor à cerveja; a isomerização resulta da longa fervura do mosto. Quando os lúpulos chegam à cervejaria, trazem inscrito um valor percentual que indica o peso total do conteúdo de ácido no lúpulo. A faixa de alfa-ácidos do lúpulo pode variar de menos de 3% a mais de 20%. As variedades baixas em alfa, como os lúpulos nobres, são preferidas por seus aromas; os lúpulos com índice de alfa alto ou superalto produzem muito amargor e em geral introduzem perfis de aroma bastante intensos. Os lúpulos com baixo índice de alfa podem fornecer o mesmo nível de amargor que os de alto índice, mas o cervejeiro tem que usá-los em quantidades bem maiores.

ATENUAÇÃO Uma medida da porcentagem de açúcares que a levedura consome na fermentação. Uma cerveja altamente atenuada será seca e terá pouca doçura. *Ver também* Densidade.

BEER GEEK Eu sou um beer geek, um "nerd da cerveja". Obcecado por seus detalhes e sabores. Adoro conhecer coisas como lúpulos, processos de fabricação, novas cervejas, história e rótulos. É muito melhor ser um beer geek do que um beer snob — ser esnobe não é legal.

BREWPUB É o pub que faz a própria cerveja e a serve no balcão. Vá a um desses para tomar cerveja fresca, no local em que é produzida.

BU:GU Um modo de avaliar o equilíbrio de uma cerveja. É a medida do amargor (BU, de *bitterness units*) confrontada com a doçura relativa da densidade (GU, de *gravity units*). Conhecer o IBU é interessante, mas não explica o equilíbrio entre malte e lúpulo — por exemplo, uma cerveja de 5% de álcool com 50 IBUs terá gosto bem diferente se for muito doce ou seca, pois a versão doce esconde o amargor e a versão seca o realça. O BU:GU não é muito usado fora das cervejarias, mas, como quem bebe cerveja se interessa cada vez mais por detalhes técnicos, esse pode ser um dado relevante.

CERVEJA Bebida alcoólica feita de grãos fermentados. A melhor bebida do mundo.

Cerveja colaborativa Feita por duas ou mais companhias. Pode envolver a associação de duas fábricas ou de uma cervejaria e um restaurante. Em geral, é criativa e especial. Mostra o espírito de colaboração da comunidade dos cervejeiros.

Cerveja mainstream Produzida pelas grandes companhias multinacionais. Tem gente que não gosta delas devido a seu porte, nem de suas bebidas, pela falta de sabor. Pessoalmente, gosto de tomar cerveja megacomercial; no mínimo, ela me lembra da razão pela qual adoro as artesanais. Muitas dessas cervejarias têm histórias incríveis que vale a pena conhecer — não são apenas fábricas enormes que surgiram da noite para o dia. As grandes empresas hoje produzem também marcas artesanais, algumas de muito sucesso — como a Blue Moon, feita pela Molso-Coors. É interessante notar também as cervejarias artesanais que foram compradas pelas grandes ou têm com elas acordos de distribuição. A distinção entre micro/artesanal e macro não é tão simples como antes.

Cerveja refermentada na garrafa Cerveja que sofre uma fermentação secundária na garrafa. Açúcar do priming (ou o açúcar residual que ficou na cerveja) e levedura são adicionados à garrafa, provocando um lento e gradual processo de refermentação, que também produz carbonatação. As cervejas britânicas e belgas costumam ser refermentadas na garrafa. Algumas delas duram décadas enquanto maturam. Quando servi-las, deixe o sedimento na garrafa.

Cervejaria cigana Um cervejeiro cigano não tem fábrica própria. Ele circula e aproveita a capacidade ociosa de outras cervejarias. É um esquema similar ao da fabricação contratada, mas em geral com várias empresas diferentes.

Cor Varia do amarelo claro ao preto profundo. É medida por duas escalas: o Standard Reference Method (SRM) e a European Brewery Convention (EBC). Uma pale lager terá valor de 1 SRM ou 2 EBC. A American IPA varia de 6 a 14 SRM ou de 12 a 28 EBC. A stout mais escura terá 70 SRM ou 138 EBC. As demais ficam entre esses extremos. Falar em SRM ou EBC é coisa de beer geeks vidrados em detalhes técnicos; a maioria de nós se restringe a dourada, vermelha, marrom e preta.

Corpo Leve, pesado, ralo, denso: é assim o peso da cerveja na boca. Depende da base de grãos da cerveja, se ela é filtrada ou não e do açúcar residual na bebida.

Cuba de brassagem Onde o malte encontra a água e é misturado a ela para que se extraiam doçura e cor dos grãos.

Densidade Usamos os termos *original gravity* (OG), ou densidade original, e *final gravity* (FG), ou densidade final. A densidade é o peso do mosto em relação ao peso da água, e é por meio dela que o cervejeiro mede os açúcares contidos na cerveja. A OG é a doçura depois que a cerveja sai da cuba de brassagem, e a FG, após a fermentação. A OG é um guia do nível de álcool que se pode esperar na cerveja pronta, e a FG diz o quanto a cerveja pronta é doce ou seca, dependendo do quanto tiver sido atenuada. 1,000 indica nada de açúcar. Uma OG de 1,050 pode dar uma cerveja com 5% de álcool, e uma FG de 1,005 será seca e não doce (enquanto uma FG de 1,030 será doce e pegajosa nos lábios).

Dry hopping É a lupulagem seca, isto é, adicionar lúpulos à cerveja após a fermentação, no fermentador ou no barril. Dá mais aroma e sabor à bebida. Tente em casa, colocando lúpulo na água fria e vendo o quanto de aroma ela absorve. Prove — a água terá adquirido um pouco de amargor.

Ésteres São exalados da cerveja como aromas e criados durante as temperaturas mais altas da fermentação, quando o álcool e os ácidos orgânicos reagem entre si. Costumam ser aromas frutados, mas podem ser muito fortes, tendendo à acetona. São comuns aromas de banana, pera, maçã, rosa, mel, solvente. Às vezes são falhas de fabricação, outras vezes são desejáveis — depende do estilo da cerveja e do volume em que estão presentes.

EXTRATO DE LÚPULO Os alfa-ácidos dão amargor, e os extratos de lúpulo dão aroma. Os extratos ou óleos são mais delicados que os ácidos, por isso não gostam do processo de fervura. Obtém-se o máximo de aroma deles na fase final do processo de produção — no fim da fervura ou como lúpulos secos após a fermentação.

FABRICAÇÃO TERCEIRIZADA É quando uma cervejaria produz cerveja para outra. Ocorre quando a empresa contratante não dá conta do volume, precisa fazer a cerveja em outro lugar para embalá-la ali ou existe só no nome (não tem equipamento de produção) e, portanto, contrata sua fabricação. *Ver também* Cervejaria cigana.

FENÓLICO Um sabor picante ou defumado na cerveja, às vezes visto como uma falha no processo. Picante indica algo similar ao cravo, e defumado, algo de caráter mais medicinal (como um antisséptico ou o uísque de Islay). Não é o sabor de carne defumada ou de fogueira que se sente no malte defumado. Alguns consumidores são muito sensíveis aos sabores fenólicos, quer o apreciem ou não.

FERMENTAÇÃO SECUNDÁRIA A etapa de proceder a uma segunda fermentação. Pode ser no tanque, na garrafa ou no barril. Cervejas refermentadas na garrafa sofrem uma fermentação secundária, assim como as real ales, às quais o processo confere uma carbonatação leve. Em geral, é um processo lento, suave, necessário para produzir carbonatação e permitir a maturação da cerveja.

FILTRAGEM O processo de separar o grão do mosto antes que este seja levado ao caldeirão.

GRAUS PLATO É uma maneira de medir o teor alcoólico da cerveja. Comum entre consumidores na Europa central e apenas entre fabricantes ao redor do mundo. Por exemplo, quando você pede uma cerveja na República Tcheca, pode ler no rótulo ou no cardápio 10°, enquanto em outras partes do mundo a gradação é em ABV. Mas os graus Plato são uma medida que os cervejeiros usam ao determinar o teor alcoólico de sua cerveja. É muito complexo de calcular nesse modelo, a não ser que você seja do ramo. O que é preciso saber é que 12° Plato equivalem a 5% de álcool.

IBU *International Bittering Units*. Também conhecido como EBU (*European Bittering Units*) ou apenas BU. É a medida do amargor da cerveja e indica as partes por milhão de iso-alfa-ácidos dissolvidos na cerveja. Cada estilo tem um nível de IBU adequado. Uma light lager pode ter 10 IBUs, a pilsner terá entre 25 e 40 IBUs, uma stout pode apresentar cerca de 50 IBUs, e as double IPAs e as barleywines chegam a 100 IBUs. Há cervejas com níveis até mais altos, mas cientistas debatem até que ponto a língua humana é capaz de detectar o amargor.

INSTALAÇÕES DE PRODUÇÃO Onde a cerveja é feita, envasada e distribuída para bares ou geladeiras. Em geral, as cervejarias são locais de produção, mas cada vez mais elas têm uma sala de degustação, para venda direta aos consumidores.

ISO-ALFA-ÁCIDOS Vêm dos alfa-ácidos presentes nos lúpulos. Uma longa fervura converte-os em iso-alfa-ácidos solúveis em água, que então conferem amargor à cerveja.

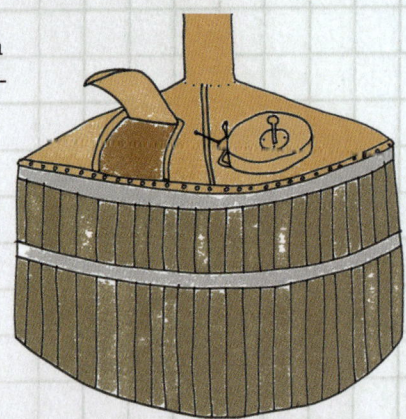

LAGER Cerveja feita com levedura de baixa fermentação. Costuma ter um perfil delicado de levedura, que age devagar em temperaturas mais baixas (em comparação com as da levedura das ales). A gama de estilos da lager é muito ampla, das light lagers às intensas eisbocks. O nome vem do processo de estocar (*lagering*, em inglês) a cerveja em lugares frios, para sua maturação.

Lagering O processo de maturação de uma lager. Após a fermentação, a temperatura é baixada para 0°C por um longo período — algo entre poucas semanas e vários meses. Isso permite que os sabores amadureçam.

Levedura selvagem e bactérias Se entrarem na cerveja inadvertidamente, podem azedá-la de um modo ruim, mas alguns cervejeiros as usam para obter um sabor exótico e algum azedume. Uma boa cerveja feita com levedura selvagem será forte, sem toque de vinagre, e de gosto límpido — prove lambic e gueuze para conhecer as melhores. A *Brettanomyces* (abreviado para "Brett") é uma levedura selvagem comum, e *Pediococcus* e *Lactobacillus* são bactérias bastante utilizadas. A levedura selvagem dá um sabor peculiar, e as bactérias, um toque azedo. Podem atuar juntas ou separadas para alterar o sabor da cerveja.

Mosto Líquido maltado doce que sai da cuba de brassagem. O mosto lupulado é o que sai do caldeirão antes de ir para o fermentador. O mosto é ótimo no café da manhã, especialmente para quem vem da ressaca da noite anterior.

Não filtrada Cerveja que não passou pela filtragem que removeria a levedura. Em geral, é turva, com mais sabor e textura que uma cerveja filtrada. Pode-se eliminar a turbidez usando um agente clarificante, que empurra todas as partículas que ficaram na cerveja para o fundo do tanque. No Reino Unido, o clarificante mais comum é a ictiocola (bexiga natatória de peixes desidratada).

Nitrogênio/Nitro Trata-se de um nutriente importante para a levedura e também uma medida da proteína do malte. Mais apropriado ao consumidor é observar as cervejas descritas como "nitro". Isso quer dizer que, enquanto no tanque, elas são bombeadas com nitrogênio, copiando uma cerveja como a Guinness, para obter uma sensação de boca plena e cremosa graças às borbulhas que o nitrogênio cria (ao contrário das borbulhas maiores do dióxido de carbono).

Panela de fervura Cervejeiros caseiros usam tanto caldeirões de alumínio quanto baldes plásticos equipados com uma resistência. É onde se ferve o mosto e se acrescentam os lúpulos.

Retrogosto Termo emprestado dos vinhos para indicar como o sabor termina na boca e depois se espalha. Pode ser curto ou longo; seco, amargo, doce ou pungente; ou uma combinação deles.

Sala de degustação Muitas cervejarias têm agora uma sala dessas. Visite-a e beba a cerveja em seu estado mais fresco.

Sensação na boca Como a cerveja é apreciada na boca. É outra maneira de descrever o corpo da cerveja, embora a sensação na boca, como o nome diz, seja mais uma percepção sensorial: efervescente, delicada, cremosa, forte, seca, suave.

Trapista Cerveja de monges. Para se qualificar como tal (e poucas o fazem), a cerveja deve ser fabricada dentro do mosteiro pelos monges — ou sob sua supervisão —, e a produção não deve visar ao lucro. Algumas cervejarias trapistas são bem grandes (como a La Trappe e a Chimay), outras são pequenas (como a Westvleteren). A "cerveja de abadia" é uma reinterpretação da cerveja trapista.

UM GLOSSÁRIO ÚTIL 21

QUANDO A CERVEJA DÁ ERRADO

Nem toda cerveja é boa. Algumas simplesmente não agradam, mas outras têm mesmo falhas técnicas. Interessante é que cada degustador apresenta uma percepção muito particular dessas características inapropriadas: alguns, por exemplo, não detectam o diacetil (gosto de pipoca amanteigada); outros podem ser muitos sensíveis a ele e achá-lo repulsivo; e há ainda os que não só são capazes de sentir seu cheiro e sabor, como de fato apreciá-los.

Essas características sensoriais mudam conforme a quantidade em que compareçem na cerveja. Uma dose baixa talvez seja agradável, mas níveis mais altos podem provocar náuseas. Veja informações sobre os diversos gostos e o que pode causá-los.

Manteiga, pipoca amanteigada, sensação gordurosa
O quê? Diacetil.
Por quê? Subproduto natural da fermentação. Se aparecer em sua cerveja, pode indicar que ela foi feita às pressas ou que contém levedura contaminada.
Adequado? Em quantidades muito pequenas em algumas lagers, porters e stouts.

Milho-verde, vegetais cozidos, tomate
O quê? Dimetilsulfeto (DMS).
Por quê? Vem do grão (em geral, do malte pale). A fervura pode não ter sido vigorosa o suficiente, ou a fermentação foi lenta demais.
Adequado? Em quantidades bem pequenas em certas lagers. (Curiosidade: cães caçadores de trufas farejam DMS ao serem treinados.)

Papel, papelão, ranço, xerez
O quê? Oxidação.
Por quê? O oxigênio não é bom para a cerveja. Se ela apresenta esses sabores, provavelmente está velha e rançosa.
Adequado? Nunca em cerveja fresca, mas pode se apresentar em cervejas envelhecidas e contribuir como uma característica de seu caráter.

Defumado, uísque de Islay, esparadrapo, desinfetante
O quê? Clorofenol.
Por quê? Pode ter havido uma reação entre o ácido fenólico encontrado naturalmente no malte e o conteúdo de cloro da água ou a solução de clarificação usada no processo.
Adequado? Não. E não deve ser confundido com os sabores do malte defumado ou das leveduras belgas, que dão um sabor condimentado como o do cravo.

Mau cheiro, vegetais podres, alho
O quê? Exposição à luz.
Por quê? A luz do sol e a cerveja não combinam (a não ser que você esteja tomando uma boa cerveja gelada num dia de sol). Os raios UV quebram as moléculas do lúpulo, causando uma reação com o enxofre da cerveja e produzindo algumas das mesmas substâncias químicas exaladas pelo gambá.
Adequado? Nunca. Evite cervejas em garrafas claras ou verdes e deixe-as sempre longe do sol.

Ovos ou fósforos queimados
O quê? Enxofre.
Por quê? Pode ser da água (as cervejas de Burton-on-Trent, na Inglaterra, são famosas pelo cheiro de enxofre causado pela água local) ou da levedura. Também pode ser um sinal de contaminação ou de uma cerveja jovem demais.
Adequado? Em pequena dose. Certas cervejas têm um aroma delicado, doce, sulfuroso, que pode ser agradável — mas algumas pessoas são muito sensíveis ao enxofre.

Banana, maçã, rosas
O quê? Ésteres, como acetato de isoamila (banana), caprilato de etila e caproato de etila (maçã e maçã/anis), acetato de etila (solvente) e acetato de feniletila (mel, rosas).
Por quê? Aromas frutados exalados pela levedura durante a fermentação.
Adequado? Sim, em certos estilos e em baixas quantidades — em níveis próximos do meramente detectável. É provável que você sinta acetato de isoamila nas hefeweizens, mas em outros estilos pode se tratar de uma falha.

Molho de soja, pneu queimado, extrato de levedura
O quê? Levedura autolisada.
Por quê? Levedura que morreu e exalou alguns de seus componentes indesejados, danosos ao sabor da cerveja.
Adequado? Aceitável em baixas doses em algumas cervejas envelhecidas; caso contrário, não.

Casca e suco de maçã, sidra, tinta quando em altos volumes
O quê? Acetaldeído.
Por quê? Subproduto natural da fermentação. Quando presente, é sinal de que a cerveja está "verde", em geral devido à pressa no processo de elaboração, ou de que foi feita com uma levedura de má qualidade. Se tiver muito gosto de sidra, é porque o defeito alcançou um nível extremo.
Adequado? Não. Embora possa ser aceitável em níveis muito baixos.

Leite azedo, vinagre, suco de limão
O quê? Mau sinal. Cerveja azeda, se não for de propósito, é ruim.
Por quê? Presença de bactérias ácidas.
Adequado? Faz com que algumas wild ales sejam o que são. Caso contrário, jogue a cerveja pelo ralo da pia.

Vômito de bebê
O quê? Ácido butírico.
Por quê? Deterioração por bactéria. Não é muito comum, mas certamente um dos piores cheiros.
Adequado? Não. Nunca. Você tomaria uma cerveja que tivesse cheiro de vômito?

Alcoólico, acetona
O quê? Óleo fúsel, solvente, acetato de etila.
Por quê? Ésteres da cerveja. Em baixa dose, pode passar como um aroma frutado, mas em grande quantidade faz arder os olhos.
Adequado? Em pequenas quantidades, tudo bem. Pode estar presente em cervejas fortes (embora nem sempre seja agradável).

Queijo, meias suadas
O quê? Ácido isovalérico ou lúpulos velhos.
Por quê? Pode ser uma contaminação bacteriana ou uso de lúpulos velhos, oxidados, que dão esse sabor de queijo.
Adequado? Não. Uma cerveja com cheiro de meia nunca conseguiria ser gostosa.

Minha cerveja é turva...
O quê? Há várias razões: a cerveja não foi filtrada e ainda contém levedura; sofreu o efeito "chill haze" (turbidez gelada) ao ser servida muito fria; experimentou o efeito "hop haze", ou seja, uma turbidez por excesso de lúpulo; ou está contaminada.
Adequado? O fato de a cerveja ser turva não quer dizer que seja ruim. Se o gosto for desagradável, então, sim; caso contrário, não há problema.

COMO SERVIR A CERVEJA

O recipiente que você escolhe para beber pode alterar sua percepção e experiência acerca de uma determinada cerveja. Eu tinha dúvidas a respeito disso — afinal, o que importa é a cerveja, não o copo — até que fiz o teste de provar a mesma cerveja em copos diferentes: alguns faziam a cerveja se esconder, outros enfatizavam demais certos aspectos ou a tornavam mais delicada ou menos refinada. O tamanho e a forma do copo podem realmente melhorar sua apreciação.

OS DIFERENTES COPOS DE CERVEJA

Eis os copos básicos de cerveja que devem estar em todos os armários:

1. Pilsner: Alto e estreito, para que as borbulhas subam até a densa espuma. Para pilsners e pale lagers, como o nome sugere, esse estilo de copo envia o aroma delicado direto a seu nariz.

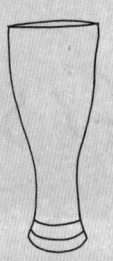

2. Weissbier: Parece um vaso. Para hefeweizens, nas quais a espuma se concentra no topo como um travesseiro de fragrâncias. O formato permite que você veja a bela turbidez no corpo e receba todo o impacto dos aromas de ésteres.

3. Caldereta: Copo robusto e arredondado, combina com os estilos americanos — de trigo, pale ales, reds, browns e IPAs — e exalta o lúpulo no aroma, mas sem intensificá-lo demais.

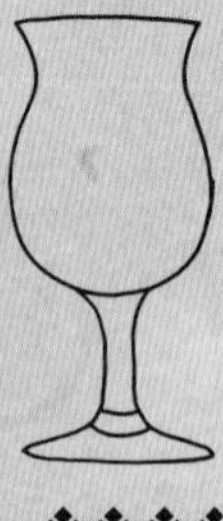

4. Tulipa: Copo elegante, vai bem com as belgas — wits, saisons, triples e wild ales — ou com estilos que você queira girar, cheirar e se concentrar nos aromas da borda afunilada enquanto admira as lindas cores e a carbonatação.

5. Bowl: Para aquelas grandes cervejas, como as imperial stouts e as barleywines, que requerem maior atenção. Pense nelas como bebidas finas que você faz circular na taça. Os aromas intensos sobem em espiral enquanto as degusta.

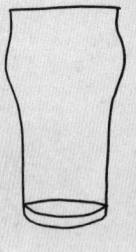

6. Pint: Cilíndrico, tulipa, reto e caneca são todos formatos de pint feitos para cervejas convencionais de baixo teor alcoólico — bitter, pale ale, stout, porter. A Czech lager em geral é servida numa caneca com três dedos de espuma densa. É um copo feito para beber sem frescuras.

7. Cálice: Atarracado e redondo, usado para cervejas belgas fortes e escuras (dubbels e quads), nas quais a carbonatação, em geral alta, fica logo suavizada. Há algo de majestoso e especial em beber num cálice, especialmente se for num café belga.

Copos Tenho uma coleção de copos favoritos que uso o tempo todo. Se você gosta de beber em apenas um tipo de copo, tudo bem — em geral, eu fico entre três: caldereta, tulipa e bowl. Mas há uma ciência por trás da escolha do copo de cerveja, e você vai descobrir que a forma e o tamanho podem mudar sua apreciação do sabor.

Keg O barril de metal, ou keg, é o recipiente mais popular para fornecimento de cerveja artesanal em todo o mundo. A cerveja é carbonatada e empurrada pela torneira com um pouco de gás. A cerveja de keg é servida fria ou gelada.

Barril (cask) A tradição britânica de cervejas acondicionadas em casks está ganhando popularidade ao redor do mundo. Geralmente, a cerveja não filtrada é colocada no barril sem carbonatação. Uma solução de levedura e açúcar de priming é incluída, e uma segunda fermentação ocorre dentro do barril, que produz uma delicada carbonatação (e também lentamente desenvolve o sabor). A cerveja no cask é entregue ao pub, onde se assenta e refermenta por alguns dias antes de ser servida; a boa cerveja precisa de um bom gerente de adega que saiba quando a abrir. Da adega, ela é servida manualmente no pint ou se vale da força da gravidade para chegar até as torneiras do bar por meio de um dispenser. O ideal é que seja consumida logo, para não correr o risco de entrar em contato com oxigênio e se tornar rançosa.

Garrafa Vá até uma loja de artigos para cerveja e verá uma imensa variedade de formatos e tamanhos de garrafa. A vantagem das garrafas é poder levá-las para casa e guardá-las na geladeira. Também podem ser rotuladas, o que passa uma informação ou atitude a quem bebe. Evite garrafas transparentes ou verdes, porque a cerveja pode ser afetada pela luz e perder sabor.

Lata A cerveja em lata tem várias vantagens: é leve, pode ser empilhada, fica com baixo nível de oxigênio e não corre risco de ser afetada pela luz. As latinhas não quebram e gelam mais rápido que as garrafas. Aumentou o número de cervejarias artesanais que as estão adotando.

Tanque A melhor maneira de beber cerveja é direto do tanque — de preferência, o tanque em que foi feita. Brewpubs do mundo todo estão agora fazendo uma conexão direta do tanque até o balcão para servir a cerveja. Mais fresca, impossível.

Growler Vá até sua cervejaria local, pegue um garrafão ("growler"), encha-o de cerveja direto da torneira, leve para casa, tome, volte à cervejaria, encha de novo e repita isso, feliz, para sempre. Os growlers são recipientes reutilizáveis (em geral com capacidade para até 2 litros) para tomar em casa a cerveja fresquinha da cervejaria.

UMA DICA SOBRE TEMPERATURA...

Tomar cerveja gelada demais esconde um pouco seu sabor e aroma. Pessoalmente, gosto da cerveja bem fria, porque, se estiver gelada demais, vai esquentar; mas, se estiver muito quente, não vai esfriar. Cada estilo tem sua temperatura ideal: as lagers são servidas mais frias que as imperial stouts, por exemplo. Mas eu digo: beba a cerveja na temperatura que você preferir, seja qual for.

CERVEJA E COMIDA

O bonito de juntar cerveja e comida é poder levar ambos a novas direções estimulantes. Podem ser refeições em finas toalhas brancas ou petiscos em guardanapos de papel: a gama de sabores, intensidades, texturas e gostos da cerveja permite combiná-la com qualquer coisa que você coma. O melhor jeito de começar é mergulhar de cabeça: faça o jantar, abra umas garrafas e veja como cerveja e comida interagem — nem sempre dá certo, mas logo você vai descobrir o que funciona.

A CIÊNCIA POR TRÁS...

A cerveja tem muito a ver com a gastronomia. Primeiro, o malte. Coma um punhado de cevada de malte pale e vai sentir o sabor doce de nozes; malte chocolate é como café torrado. O toque de cereal realça o sabor e complementa muito bem a comida. É do grão que vêm o corpo e a profundidade da cerveja, que pode ser límpida e delicada; com toque de nozes e especiarias; macia e encorpada; sabor caramelo; escura e tostada; seca ou doce; leve como água tônica; ou pesada como um creme. O corpo, a intensidade e o nível de álcool de uma cerveja devem ser considerados: é bom que cerveja e os pratos para harmonizar tenham intensidades similares, que o álcool e a profundidade deem estrutura, e que o corpo da cerveja proporcione tanto uma plenitude reconfortante quanto uma secura crocante — uma cerveja rala nunca vai bem com comida porque fica subjugada.

Os lúpulos respondem pela maior parte do aroma da cerveja, e nossa sensação de gosto está ligada principalmente ao cheiro. É por isso que os lúpulos podem tornar a comida de fato interessante, pois aromas e sabores fortes, condimentados, fragrantes, florais, tropicais, cítricos, untuosos e herbáceos podem conectar copo e prato, juntando sabores similares ou complementares. Os lúpulos também dão o amargor, que pode penetrar por sabores e texturas pesados e ricos, estimulando o paladar. Só tome cuidado com níveis bastante altos de amargor, que podem se sobrepor — cervejas muito amargas só vão bem com petiscos salgados.

Na maioria das cervejas, a levedura contribui com um sabor neutro ou com um toque levemente frutado. O trabalho mais difícil, o de produzir o álcool que ajuda a dar profundidade e intensidade à cerveja, já foi feito. Em geral, conforme o teor de álcool aumenta, o perfil do sabor é realçado; uma helles será leve e delicada, e uma doppelbock, forte, doce e encorpada. Em alguns estilos, a levedura também realça sabor e textura: é o que confere corpo e aroma de ésteres à hefeweizen; o que torna condimentada e frutada a wit, com seu retrogosto marcante; o que promove corpo nas cervejas não filtradas; o que torna as sours fortes, nesse caso auxiliada pelas bactérias, com uma acidez que abre o apetite e sua capacidade de atenuar gordura.

A carbonatação também contribui e é como um botão de "atualizar" para a língua. A cerveja cria borbulhas vivazes que nos impedem de ficarmos entediados ou familiarizados demais com o que saboreamos. Ou, no caso de carnes gordas ou sobremesas, é capaz tanto de realçar sabores como de atenuá-los.

O uso de frutas, especiarias, grãos alternativos, café ou barris também pode mudar o sabor e a textura da cerveja, fazendo com que aponte para direções diferentes e se aproxime (ou se afaste) de determinados tipos de comida.

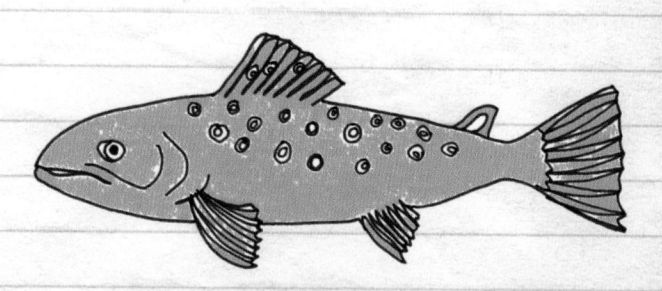

DIFERENTES ABORDAGENS PARA COMBINAR CERVEJA E COMIDA

Há vários modos de harmonizar cerveja e comida, e cada método chega a resultados diferentes. Escolha primeiro a cerveja e depois encontre a comida certa para combinar. Veja como eu faço:

APROXIMAÇÃO O objetivo é criar um elo entre a comida e a cerveja, procurando perfis de sabor similares em ambos. Ou seja, escolha um ou dois aspectos do copo e do prato que combinem e aproxime os sabores. Pense num brownie com uma stout escura, achocolatada, ou case o sutil toque condimentado e untuoso de uma saison com uma salada apimentada. A ideia é harmonizar os sabores para realçá-los.

EQUILÍBRIO Comida de sabor muito intenso pode conflitar com cervejas fortes. Às vezes, é preciso formar um par que atenue as coisas ou que permita quebrar um sabor muito dominante. O chili é um bom exemplo: os lúpulos se chocam com um prato apimentado como ele e criam uma briga em vez de um jogo. Mas experimente o chili com uma milk stout achocolatada, e ela vai esfriar um pouco o conjunto (assim como o leite atenua os taninos do chá). A hefeweizen, que é encorpada, frutada e tem um amargor discreto, pode arrefecer o calor do chili. A regra não vale apenas para comidas quentes. Qualquer comida de sabor muito forte precisa de cerveja para contrabalançá-la: peixes untuosos e defumados; pratos condimentados ou à base de tomate; queijos intensos; comidas muito salgadas. Com esses sabores dominantes, uma cerveja delicada refresca o paladar e traz leveza à experiência, em vez de causar um choque de sabores fortes, como dois pesos-pesados engalfinhados. Procure cervejas com um retrogosto seco ou condimentado (como a wit, a pilsner e a saison), com um amargor capaz de quebrar a gordura (como o das pale ales e das IPAs) ou com o toque pungente da sour. Combinar bem promove um equilíbrio de sabores.

REALCE Alguns sabores realçam outros, assim como acordar com um céu ensolarado pode tornar seu dia mais feliz. Trata-se de juntar diferentes sabores e texturas e torná-los melhores do que a soma de suas partes. Por exemplo, uma cerveja defumada exalta ainda mais o sabor de um filé; as IPAs, frutadas, eliminadoras de gorduras, atenuam o excesso de um cheeseburger, mas também combinam com os condimentos e o queijo; e as sobremesas de chocolate ficam mais leves e ganham vida com uma cerveja de ginja (cereja azeda). A cerveja ressalta a comida (ou a comida ressalta a cerveja) ao se tornar um elemento adicional da experiência.

LOCAL Há um importante aspecto geográfico e sazonal em juntar comida e bebida. A cerveja e a cozinha de um mesmo local com frequência têm uma maneira de se complementar naturalmente: almôndegas densas e carne de porco com uma dark lager em Praga; um cozido de carne substancioso, levemente adocicado e de sabor intenso com uma ESB ou uma Belgian dubbel; pratos de inspiração oriental com Pacific pale ales de aroma tropical; moules frites com blonde ou wit belgas. A estação também conta: no outono, tome pumpkin ale para acompanhar legumes; escolha ales fortes e picantes para fazer par com o peru das festas de fim de ano e blondes de verão para saladas leves.

EVITE Alguns sabores simplesmente não combinam. Certas cervejas não vão bem com certas comidas: as delicadas helles serão obliteradas pelo chocolate; uma imperial stout sufocará uma comida leve. Acidez e amargor brigam entre si.

Veja as sugestões de harmonização para cada estilo:

Estilo: Pilsner
Qualidades: Seca, herbácea, amarga, fragrante, delicada. Com seu corpo leve, límpido, toques de amargor herbáceo e ótima carbonatação, a pilsner é ótima para atenuar pratos gordurosos, mas também delicada o suficiente para não se sobrepor a eles.
Combina com: Saladas com amargor picante; moluscos, especialmente se cozidos na manteiga com alho; asa de frango com ervas; lulas no sal e na pimenta.
Equilibra: Peixe untuoso; queijo forte; risoto; tapas; frango jerk; yakitori.
Realça: Peixe frito com limão; é possível quebrar e realçar a cremosidade do molho carbonara com uma pilsner, mas ela também acrescenta limão e profundidade de ervas; tagine marroquino.
Local: Carne de porco ou pato e dumplings (bolinhos de massa pesada); nakládaný hermelín — "picles" tcheco, composto por camadas de pimentas e de um queijo parecido com o camembert, servido com pão — para cervejas de estilo tcheco.
Evite: Qualquer tipo de sobremesa destrói o lado delicado da pilsner.

Estilo: Dark lager
Qualidades: Tostada, seca, fragrante, delicada. Sutis e mais leves do que a cor sugere, as dark lagers dão um toque saboroso de malte escuro, mais um fundo de caramelo, que vão bem com comida. Mas atenção: escolha uma com corpo, se não ela ficará com sabor acre e ralo.
Combina com: Filé na brasa; churrasco e salmão na grelha; linguiças; peixe ou carnes brancas cajun.
Equilibra: Porco ou pato assado; peixe defumado; hambúrguer; massas com tomate; pizza; comida coreana; banh mi; batatas bravas.
Realçu: Comida mexicana, na qual o fundo suave de chocolate vai bem com as especiarias defumadas; frango assado; a dark lager também envolve a doçura do sashimi, o salgado do shoyu e o impacto do wasabi num pacote bem ajustado.
Local: Bratwurst e salada de batata.

Evite: Pratos doces ou de sabor muito pronunciado — eles acabam se sobrepondo à leveza da dark lager.

Estilo: Kölsch
Qualidades: Delicada, frutada, fresca, seca. Com corpo cremoso, seguido por um amargor, é ótima com comida. O sutil toque frutado no aroma é delicioso. As cervejas cream e steam têm perfil similar ao da kölsch.
Combina com: A untuosidade do salmão vai bem com o corpo suave da kölsch; salada caesar; torta de aspargos.
Equilibra: Frango assado; pad thai; pho ou lámen; dim sum chinês; kebab de peixe; queijo leve; cachorro-quente com muita cebola e mostarda.
Realça: A doçura de vieiras, lagosta e siri é bem realçada pela kölsch; o frango frito tem um toque amanteigado que a cerveja encobre com seu suave sabor de malte; tagliatelle de frutos do mar; o salgado das frituras.
Local: Carne de porco e chucrute; batatas fritas.
Evite: Sobremesas — a kölsch é para o início ou o meio da refeição, não para o fim.

Estilo: Wit
Qualidades: Condimentada, frutada, seca, herbal. Costuma ter corpo suave, em especial nas interpretações americanas, e as especiarias e a carbonatação dão a ela um toque seco, quase ácido, e refrescante, enquanto o fundo de laranja e coentro da maioria delas acentua seu vívido perfil frutado.
Combina com: A maioria das saladas combina com o frescor de uma wit; peixe branco com limão; frango assado com ervas; chowder; bolo com raspas de limão ou madeleines de laranja; salada caprese.
Equilibra: Peixe untuoso; especiarias do Norte da África; faláfel; ostras; lula; queijo suave; pizza branca.

Realça: Sushi; na comida tailandesa, o equilíbrio entre cítrico, picante e ervas vibra com uma wit; paella ou risoto de frutos do mar; espaguete ao vôngole.
Local: Moules frites — gostosas se feitas na cerveja, melhores ainda acompanhadas por ela.
Evite: O chocolate briga com o condimentado seco da wit.

Estilo: Hefeweizen

Qualidades: Frutada, picante, às vezes cremosa, seca. A levedura em suspensão no corpo da cerveja pode cobrir a língua com uma camada suave, enquanto a ágil carbonatação vivifica o palato e dá um toque de acidez. O fundo sutil de malte traz profundidade, e os aromas de ésteres, frutados, defumados e condimentados, podem levar a direções inesperadas, fazendo-a funcionar bem com muitas comidas. A weizenbock, irmã mais velha da hefe, pode dar conta de sabores fortes.
Combina com: Bolo de banana; churrasco cajun; peixe, frango ou carne de porco jerk, pois as especiarias e o leve defumado da cerveja são replicados na comida; weizenbock com torta de maçã.
Equilibra: A comida mexicana, apimentada e quente, é equilibrada e resfriada pela hefeweizen — a dunkelweizen (hefeweizen escura) pode ser melhor ainda; frango assado com temperos indianos; a dinamite do wasabi no sushi pode ser aliviada pela hefeweizen.
Realça: A comida tailandesa ganha um elemento extra com a hefeweizen, que completa os sabores; curries à base de coco; presunto defumado; ovos — omelete, ovos beneditinos ou com bacon; na sobremesa, beba weizenbock com banana assada, pois os sabores de toffee de ambas combinam de modo fantástico.
Local: Qualquer tipo de carne de porco cozida.
Evite: Acidez e sabores intensos que brigam com a leve acidez de fundo da cerveja.

Estilo: Belgian dubbel

Qualidades: Maltada, frutada, toque de nozes, às vezes seca, às vezes intensa. A viva carbonatação dá leveza, o corpo contém muita doçura de frutas secas, o fundo lembra pão, e o toque picante festivo dos sabores faz com que combine com pratos doces e salgados. Um tipo de cerveja versátil, para levar à mesa.
Combina com: Rabanada com mirtilos; chá da tarde; figos e queijos azuis; berinjela assada com molho agridoce; teriyaki.
Equilibra: Queijos fortes; talharim chinês; peixe defumado no chá; espaguete à bolonhesa; carneiro assado com alecrim.
Realça: Maçãs ao forno com especiarias; peru assado com todos os acompanhamentos; queijo e torta de cogumelos.
Local: Carbonnade, especialmente quando cozida com dubbel.
Evite: Qualquer tipo de curry ou cítrico.

Realça: Aspargos adoram as tripels, sobretudo com ovo poché e bacon defumado; o manjericão, o queijo e o alho na massa com pesto vibram com esse estilo de cerveja; a torta de damasco ganha doçura com o toque de nozes da tripel.
Local: Waterzoi — cozido cremoso de peixe ou frango com legumes.
Evite: Chili; e guarde os chocolates belgas para um copo de quadrupel ou kriek.

ESTILO: FLANDERS RED E FLEMISH BRUIN (OLD REDS E BROWNS)
Qualidades: Intensas, vivas, acéticas, secas. Essas cervejas vermelho-sangue costumam ter um travo ferroso. A pungência acética funciona como aditivo para o prato ou atenua gorduras; também lhe dá um toque carnoso similar ao umami, capaz de realçar o sabor. Há também um fundo de malte que vai bem com um retrogosto seco, tânico, estilo xerez e com madeira de carvalho.
Combina com: Substitui bem um bloody mary num brunch; pense numa red como o vinagre da salada; bruschetta de tomate.
Equilibra: Queijo de cabra e de casca lavada; pato ou cervo assado; croque monsieur ou madame.
Realça: Pâté de foie gras; uma Flanders red acentua um filé malpassado como se fosse ketchup; carnes curadas, salsichas.
Local: Stoemp — purê de batata e legumes servido com linguiça.
Evite: Picles; cítricos; qualquer tipo de curry.

ESTILO: BELGIAN TRIPEL E STRONG GOLDEN BELGIAN ALE
Qualidades: Condimentadas, secas, fragrantes, vivas. As tripels belgas têm carbonatação escassa, mas um poder descomunal de se opor aos sabores intensos. Têm fundo untuoso e de especiarias, mas são surpreendentemente delicadas, e seu amargor firme e o peso do álcool fazem delas um curinga na harmonização com comida. Podem ser vistas também como um excelente alter ego do champanhe. As blondes e pale ales belgas são similares, mas ficam abaixo, embora muitas tenham amargor mais acentuado.
Combina com: Tamboril ou lagosta com manteiga de ervas; salada caesar; legumes ao forno; massas com frutos do mar.
Equilibra: Sabor forte de alho — as sutis notas sulfurosas da cerveja e da comida ficam ótimas juntas; pizza de aliche, alcachofra e manjericão; frios; queijos gouda ou fortes, de casca lavada; pratos asiáticos fragrantes de coco; cassoulet; ceia de Natal.

ESTILO: SOUR E CERVEJAS DE FRUTAS
Qualidades: Intensas, vivas, secas, frutadas. Aqui se reúnem vários estilos de cerveja — lambic, gueuze, American sours/wild beers e fruit beers (incluindo kriek e framboise). Enquanto a Flanders red tem um quê avinagrado, essas cervejas estão mais para a pungência cítrica. Algumas delas contêm frutas, o que adiciona outro elemento, e algumas das frutadas também são adoçadas. Um fundo salgado surge no envelhecimento em barril. Com sua carbonatação efervescente, pungência e retrogosto seco, essas cervejas abrem o apetite e pedem para acompanhar refeições.

Combina com: Ostras; ceviche ou frutos do mar, especialmente com abacate; queijo de cabra e gueuze; cheesecake de cereja com a doce kriek; o rico fundo de sabor de porco defumado combina com o carvalho da lambic e da gueuze.
Equilibra: A intensidade do chocolate com fruit beers adocicadas; pâté de foie gras com as sours clássicas; pato assado; massas cremosas; brie e camembert.
Realça: Comidas salgadas, como pele de frango frita ou batatas fritas; crème brûlée com a doce e azeda framboise é uma revelação.
Local: Fritas e maionese; kriek com chocolate belga ou waffles.
Evite: Chili; acidez; qualquer comida com toque amargo, pois se choca com o azedo.

ESTILO: AMERICAN PALE ALE E IPA

Qualidades: Intensas, frutadas, amargas. O malte-base delas, ao ter que carregar os lúpulos, costuma ser robusto (com doçura de caramelo), sinal de que vai bem com comida. Evite cerveja muito amarga (a não ser com comida bem salgada), pois seria um tranco na língua. As lagers artesanais americanas são similares, mas de perfil mais leve.
Combina com: O frutado do cheddar combina com o frutado dos lúpulos; temperos jerk combinam bem o toque herbal com o cítrico e o pinho da cerveja — só cuide para não deixar quente demais; cozinha franco-caribenha, como peixe salgado.
Equilibra: Filé com fritas; sanduíches triplos; anéis de cebola; nachos com cobertura; queijo azul cremoso; quesadillas.
Realça: Cheeseburgers, nos quais o frutado dos lúpulos combina com o queijo e os condimentos, e depois o amargor quebra a gordura; cheesecake de cítricos (se o amargor for moderado); o bolo de cenoura fica delicioso, ainda mais com cobertura de cream-cheese.
Local: Cheeseburgers; Mac 'n' cheese; tacos.
Evite: Chocolate; curries à base de tomate.

ESTILO: PACIFIC PALE E IPA

Qualidades: Intensas, frutadas, amargas, fragrantes. Similares às pales e IPAs dos EUA, mas o sabor do lúpulo vai mais para fruta tropical do que para cítricos, com groselha, uva, maracujá, manga e abacaxi em vez de grapefruit, laranja e pinho.
Combina com: Saladas de frango ou peixe; talharim vietnamita; pratos com acompanhamento de salada de manga.
Equilibra: Sushi; fish and chips; queijos frutados; curries tailandeses à base de coco; hambúrguer de carneiro.

Realça: Comida tailandesa, cujo adocicado combina com a fragrância frutada da cerveja; pratos polinésios.
Local: Peixe na grelha com salada aromática.
Evite: Molhos à base de tomate, chocolate amargo, qualquer comida ácida.

Estilo: Amber, red e brown ales

Qualidades: Tostadas, frutadas, amargas, com toques de nozes. Aqui há um espectro de cervejas cujas notas de malte vão de leves e com aromas de nozes a fortes, com caráter torrado. O amargor pode ser moderado ou alto, assim como o aroma, por isso atente à intensidade. Esses estilos vão bem com comida porque trazem primeiro um forte fundo de malte e, depois, o contraste dos lúpulos. As versões britânicas são mais untuosas; as americanas, mais cítricas.
Combina com: Carne vermelha assada; churrasco; pernil; batata-doce frita; peixes carnosos; satay.
Equilibra: Fajitas; quesadillas; miúdos; pilau; queijos granulosos, como o parmesão; mac 'n' cheese; pizza.
Realça: O toque terroso dos cogumelos é intensificado pelas brown ales; o hambúrguer ganha sabor com a doçura da red ale; carne de porco desfiada.
Local: Almoço de domingo com assados no Reino Unido; costelinha de porco com molho barbecue nos EUA.
Evite: Acidez; pratos delicados, que o malte vai sobrepujar.

Estilo: Bitter e ESB

Qualidades: Frutadas, amargas, maltosas, fragrantes. Estilos clássicos de cervejas britânicas, de cor âmbar a marrom. O equilíbrio de sabor entre malte e lúpulos mostra a habilidade do cervejeiro. Lúpulos terrosos, florais e de frutas silvestres (com cítricos nas interpretações modernas), enquanto o malte traz sabores de toffe ou torrados. São cervejas feitas para tomar casualmente, por isso as comidas seguem essa mesma linha.
Combina com: Ploughman's lunch (pão com queijo e picles); a crosta caramelada da carne assada casa muito bem com o fundo doce desses estilos; linguiça e purê com molho de cebola.
Equilibra: Petiscos salgados de bar, como torresmo; tortas salgadas; bolovo; fish and chips; sanduíche de queijo.

Realça: O risoto de cogumelo ganha vida com o toque terroso dos lúpulos e do malte-base; também há algo interessante em comida tailandesa com as bitters, e muitos pubs londrinos têm agora pratos exóticos no cardápio — o amargor fosco contrasta com os brilhantes sabores asiáticos.
Local: Rosbife; pão com queijo e picles.
Evite: Excesso de doce.

Estilo: Smoked beer
Qualidades: Intensa. A smoked beer tem algumas variações de sabor: há o defumado como o do uísque de Islay, o defumado de lenha queimada e o da carne defumada. O de Islay geralmente não complementa bem a comida, pois se sobressai demais, mas os outros tipos podem funcionar, sobretudo o que lembra carne. A smoked beer também é boa para suavizar o vigor da acidez.
Combina com: Carne e peixe assados, especialmente com uma salada temperada; queijo e carnes defumados; berinjela assada, que ganha um toque defumado — coma com homus e pão fresco; peito bovino e feijão cozido com sobras de carne de churrasco.
Equilibra: O defumado é capaz de equilibrar e atenuar a acidez e vice-versa, por isso carne com acompanhamentos de sabor intenso costuma ser excelente — algo mexicano (como chipotle) com sour cream ou kimchi e comida coreana; carne grelhada à moda japonesa.
Realça: Linguiças e carne; chili; massas com molho à base de tomate; torta de peixe; macarrão ramen; combine uma cerveja com aquele defumado de lenha queimada a torta de limão — incomum e delicioso.
Local: A rauchbier de Bamberg é feita para acompanhar nacos de carne, chucrute e batatas.
Evite: Coisas muito delicadas; a maioria dos pratos de curry.

Estilo: Milk stout e oatmeal stout
Qualidades: Suaves, toques de torrado, cremosas. Enquanto as dry stouts dão um amargor grelhado aos pratos, as milk e oatmeal stouts introduzem o sabor do malte escuro, mas também um fundo doce e um corpo macio, o que as torna um bom complemento de diferentes tipos de comida.
Combina com: Carne assada; queijo defumado; sobremesas cremosas; yakitori, que capta um pouco da doçura do grelhado; bolo de chocolate.
Equilibra: Comida mexicana e caribenha apimentada; burritos; queijos granulosos, como gruyère e comté.
Realça: Pratos mexicanos, como chili e mole, nos quais os sabores de chocolate da cerveja combinam com os do prato; as notas escuras são excelentes para acompanhar pratos de massa com molho à base de tomate e pizza; o sabor de churrasco é completado pela doçura da cerveja.
Local: Beba com um café da manhã inglês completo (ou com mingau de aveia, se preferir a opção saudável).
Evite: Saladas leves (não há lugar para chocolate nelas).

Estilo: Imperial stout
Qualidades: Macia, toques de assado, cremosa, rica, intensa. Ótima cerveja, saborosa e alcoólica. Pode ter amargor de torrado e de lúpulo ou ser adocicada (ou as três coisas). Acrescente um pouco de envelhecimento em barril e você terá notas de bourbon, nozes e mais doçura e textura.
Combina com: Sobremesas de chocolate; brownie; costeletas; a intensidade salgada dos queijos azuis.
Equilibra: Sorvete de baunilha; queijos fortes; stouts mais doces com chili de carne.
Realça: Sobremesas de frutas (pense na dupla morango com chocolate); torta de banana e caramelo; crème brûlée; pasta de amendoim com geleia.
Local: Seu lar é a Inglaterra, mas ela rodou o mundo. Harmonize algum chocolate local com uma garrafa de stout.
Evite: Sabores delicados.

COZINHAR COM CERVEJA

Além de acompanhar a refeição, a cerveja é um ótimo ingrediente, e sua profundidade de sabor produz efeitos maravilhosos em vários pratos. Minha abordagem pessoal é usar cerveja sempre que a receita leva algum líquido.

É você quem decide qual cerveja vai usar, mas procure sabores complementares, que acentuem as qualidades da comida. Uma advertência: o amargor da cerveja costuma ser enfatizado pelo cozimento, por isso usar uma muito amarga pode deixar a comida com um gosto forte. Algumas pessoas acham um desperdício cozinhar com cerveja, mas não penso assim. Veja algumas de minhas receitas favoritas:

CALDA DE CHOCOLATE Faça uma calda de chocolate. Junte cerveja (stout envelhecida em barril é a melhor). Despeje sobre sorvete de baunilha.

CERVAMISÙ É como o tiramisù, mas feito com cerveja. Em vez de café, use uma imperial stout — a envelhecida em barril também é boa, assim como a coffee stout. Outra opção é misturar um pouco de cerveja na cobertura de creme.

CHILI COM CARNE A cerveja se dá bem com cozimento longo e lento. Acrescente uma garrafa de imperial stout ao chili (uma envelhecida em barril, se resistir e conseguir despejar a garrafa inteira). Cozinhe algumas horas e prove o fundo doce da stout misturado ao feroz ardor do chili.

CONDIMENTOS Ao fazer ketchup, molho barbecue, mostarda, chutney, maionese ou molho de salada, coloque cerveja. A defumada é boa para ketchup e barbecue; use ale maltada no chutney ou na mostarda; e sour beer ou wit na maionese. A cerveja também entra no molho da salada: misture azeite, vinagre e cerveja — a IPA é boa, mas as melhores são as fruit beers, a American wheat, a wit ou a hefeweizen.

CONFEITARIA COM CERVEJA Adicione imperial stout, barleywine ou fruit beer à massa de bolos ou brownies. Para biscoitos, use imperial stout ou cervejas fortes de trigo, ou triture um pouco de malte pale e junte à massa (já utilizei malte pale para empanar frango e fazer nuggets — uma delícia com ketchup de cerveja). Junte um pouco de cerveja escura maltada à massa de palitos de queijo, frite-os e abra outra cerveja para acompanhá-los.

COZIDOS Um clássico da cozinha com cerveja. British mild, ESB, oatmeal stout e bock, todas juntas acrescentam um rico toque maltado ao prato (você pode usar essa mistura na massa de uma deliciosa torta de carne e ale). Mas não tente fazer uma redução com essas cervejas, pois é quando o amargor aparece. Use Belgian dubbel ou gueuze para uma carbonnade clássica. Coq à la bière é "frango na cerveja". Nesse caso, vá de bière de garde ou amber ale, se possível francesa ou belga.

FRANGO COM LÚPULO Essa é minha secreta mistura de ervas e temperos para empanar e dar um toque frutado e amargo ao frango: triture uma flor de lúpulo inteira, junte sal, pimenta-do-reino, pimenta-de-caiena, chili em pó, páprica, tomilho, louro, açúcar e um pouco de farinha de trigo. Frite ou asse no forno.

FRANGO NA LATINHA Pegue uma latinha de cerveja artesanal, despeje metade num copo e encaixe a lata semicheia na parte de trás do frango. Asse-o como se estivesse sentado, de preferência numa churrasqueira com tampa. Vá jogando cerveja na ave para marinar com temperos e ervas. Um jeito incrível de cozinhar frango.

Frituras Despeje um pouco de lager gelada na massa de qualquer fritura e o resultado será leve e crocante — o segredo são as borbulhas. Uma vez pedi um fish and chips num pub: "Que cerveja você quer na massa da fritura?", o dono perguntou. Eu podia escolher qualquer cerveja do bar e eles faziam a massa da fritura na hora — não dava para sentir muito o gosto, mas foi uma boa ideia. Em outra ocasião, empanei um sanduíche de pasta de amendoim e geleia numa massa de cerveja de morango e fritei por imersão. Mas foi uma vez só. A cerveja também vai bem em panquecas. Imperial stouts e fruit beers são a dica, e você recheia a panqueca com algo que as complemente.

Gelatina de cerveja Na universidade, comi muita gelatina de vodca, o que equivalia, no mundo estudantil, ao nosso "pão líquido" (como é também conhecida a cerveja). Misture gelatina, xarope de açúcar, cerveja e água. Fruit beer é ótimo. Sirva em copinhos pequenos com sorvete de cerveja de cobertura — parecem miniaturas de pints.

Mac 'n' cheese com cerveja Cerveja e queijo se dão muito bem, pois a bebida corta a untuosidade do queijo e destaca seu lado frutado. Use uma com fundo de toffee no molho de queijo do mac 'n' cheese — uma IPA também vai bem. Ou tome outra direção e faça um fondue de cerveja e queijo, saboreando-o com pão de malte.

Marinadas Smoked beer é excelente para marinar carne, especialmente costela e bife — ela intensifica os sabores.

Massa de pizza ou pão Acrescente cerveja à massa ao fazê-la. Escolha alguma maltada e com toque de nozes, como brown ale, dark lager ou oatmeal stout.

Molho de cerveja de cereja O baixo nível de amargor da fruit beer permite ótimos molhos. Adicione-a a molho de carne e sirva com aves de caça.

Moules frites Refogue alho e cebola numa frigideira grande, junte mexilhões e despeje um pouco de wit ou gueuze. Esprema limão e sirva com uma boa porção de fritas ao lado.

Risoto Em geral, pede um pouco de vinho, mas experimente com cerveja. O melhor é uma wit ou uma hefe, mas já fiz um ótimo risoto de queijo usando IPA, se bem que a acrescentei com o caldo, e não direto no arroz seco.

Sopa de cerveja Cebola caramelizada e brown ale. Deliciosa, ainda mais com croûtons de queijo por cima.

Sorvete e sorbet Adicione cerveja à mistura, mas use imperial stout ou fruit beer para evitar o amargor. Sour beer é ótima para um sorbet refrescante. Uma vez, recriei o processo da cerveja em minha cozinha usando malte pale triturado, leite e creme de leite para fazer uma bela base de sorvete ou crème brûlée. Prove também imperial stout com uma concha de sorvete boiando na cerveja.

Welsh rarebit A melhor torrada com queijo que você possa imaginar. Faça um roux para molho com manteiga e farinha de trigo, junte leite e cerveja (uma escura), queijo forte, mostarda, molho inglês, pimenta-do-reino e gema de ovo. Despeje a densa mistura sobre a torrada e aqueça na grelha até borbulhar.

PARA APRECIAR A CERVEJA

Cerveja ruim, velha, tem gosto de vinagre, papelão ou xerez, portanto é preciso saber quais cervejas precisam ser guardadas em adega ou envelhecidas e quais você deve tomar frescas. Assim, você aproveita o melhor de cada uma.

CERVEJA DE ADEGA

Algumas cervejas devem ser consumidas frescas, outras envelhecem bem, mantendo-se bebíveis mesmo após vinte anos na garrafa. A chave é a temperatura: uma adega a 12°C ou menos é melhor para uma lenta maturação da cerveja. Se quiser ver como o calor faz diferença, deixe uma garrafa num lugar quente por uma semana e prove-a — vai parecer que ela ficou meses guardada.

O processo de envelhecimento é fascinante. Fazer uma degustação de duas garrafas da mesma cerveja mas de diferentes idades mostra o que ocorre ao longo do tempo. Uma das primeiras mudanças ocorre no amargor e no aroma do lúpulo. O nível de IBU na cerveja cai, e o aroma muda — e isso acontece no primeiro ano após a cerveja ser engarrafada (por isso não guarde cerveja muito lupulada — beba-a fresca). Na mesma medida que o lúpulo se atenua, o teor de malte e de levedura se acentua. A levedura tem papel decisivo no processo, e as melhores cervejas para maturar são as refermentadas na garrafa ou não filtradas.

Nem todo mundo tem uma adega ou pode contar com grandes geladeiras de cerveja, portanto escolha um lugar com uma temperatura sempre fria, como uma garagem ou um closet — minha cerveja fica na garagem, onde a temperatura sobe e desce, mas bem gradualmente. No caso de cervejas que sabidamente envelhecem bem, compre umas tantas garrafas para que possa compará-las em idades diferentes. A maturação tem bons picos e períodos sem graça. Às vezes se abre uma garrafa e ela tem um sabor fraco, mas prove-a um ano depois e degustará uma cerveja maravilhosa.

ALGUMAS REGRAS SIMPLES PARA ARMAZENAR CERVEJA EM ADEGA:

❖ Envelhecer é só para cervejas com teor de álcool superior a 6% (exceto as sours).

❖ O envelhecimento funciona melhor com cervejas condicionadas na garrafa.

❖ As cervejas mais escuras tendem a envelhecer melhor que as claras.

❖ As Belgian sours apresentam boa maturação.

❖ Cervejas com ênfase no lúpulo devem ser bebidas o mais frescas possível e refrigeradas para manter seu frescor.

COMO SABER SE DEVO ARMAZENAR UMA CERVEJA?

Para beber fresca:
pilsner, helles, kölsch, alt, hefeweizen, wit, pale ale, todas as IPAs, brown ale, porter, bitter

Para beber envelhecida:
barleywine, imperial stout, old, strong e vintage ales, wild beer

QUE BELA CERVEJA

Não se trata apenas do gosto — eu também adoro o design gráfico dos rótulos das cervejas que bebo. Esses são alguns de meus favoritos.

AS MELHORES CERVEJAS DO MUNDO?

Dois sites de classificação de cervejas, o ratebeer.com e o beeradvocate.com — nos quais os usuários dão nota e comentam as cervejas que tomam —, trazem uma lista das cervejas mais cotadas. Compiladas segundo as notas que receberam, elas deveriam representar as melhores do mundo, já que só conseguem chegar ao topo da lista as que sempre ganham notas muito altas.

Veja que a maioria dessas cervejas são fortes e observe também que algumas aparecem em ambas as listas. Será que é só coincidência ou elas são realmente boas?

Cervejas de grande impacto (em termos de sabor e de prestígio) e raridades sempre alcançam o topo dessas listas; é como se quanto mais intenso for o sabor de uma cerveja, mais as pessoas vão falar a respeito dela, mesmo que prefiram tomar uma deliciosa cerveja com 4% de álcool.

Talvez o próprio fato de ser alardeada como uma grande cerveja lhe garanta uma boa nota, talvez a raridade e a excitação puxem a nota para cima ou talvez elas sejam mesmo excelentes. Ou vai ver que tudo isso é verdade. Uma coisa é certa sobre essas cervejas: todas são bem conhecidas e procuradas pelos fanáticos cervejeiros.

AS DEZ MAIS DO RATEBEER: 2017

#	Cerveja	Álcool	Estilo
1.	Toppling Goliath Kentucky Brunch	12% de álcool	Imperial stout
2.	Westvleteren 12 (XII)	10,2% de álcool	Quadrupel
3.	Toppling Goliath Mornin' Delight	12% de álcool	Imperial stout
4.	Cigar City Hunahpu's Imperial Stout	11% de álcool	Imperial Stout
5.	Three Floyds Dark Lord Russian Imperial Stout Bourbon barrel aged	15% de álcool	Imperial Stout
6.	Russian River Pliny the Younger	11% de álcool	Imperial IPA
7.	AleSmith Speedway Stout	12% de álcool	Imperial stout
8.	Three Floyds Dark Lord Russian Imperial Stout Bourbon vanilla bean	14% de álcool	Imperial Stout
9.	Bell's Black Note Stout	10,8% de álcool	Imperial stout
10.	Rochefort Trappistes 10	11,3% de álcool	Quadrupel

AS DEZ MAIS DO BEERADVOCATE: 2017 (A LISTA PODE MUDAR TODO DIA)

#	Cerveja	Álcool	Estilo
1.	Toppling Goliath Kentucky Brunch	12% de álcool	Imperial stout
2.	Tree House Good Morning	8,4% de álcool	Imperial stout
3.	Tree House Very Hazy	8,6% de álcool	Imperial IPA
4.	Cigar City Hunahpu's	11% de álcool	Imperial Stout
5.	Tree House King Julius	8,3% de álcool	Imperial IPA
6.	Russian River Pliny the Younger	11% de álcool	Imperial IPA
7.	Toppling Goliath Mornin' Delight	12% de álcool	Imperial stout
8.	Tree House King JJJuliusss	8,4% de álcool	Imperial IPA
9.	Perennial Artisan Barrel-Aged Abraxas	11% de álcool	Imperial stout
10.	The Alchemist Heady Topper	8% de álcool	Imperial IPA

RODA DE SABORES

O que é esse sabor em sua cerveja e de onde ele vem?

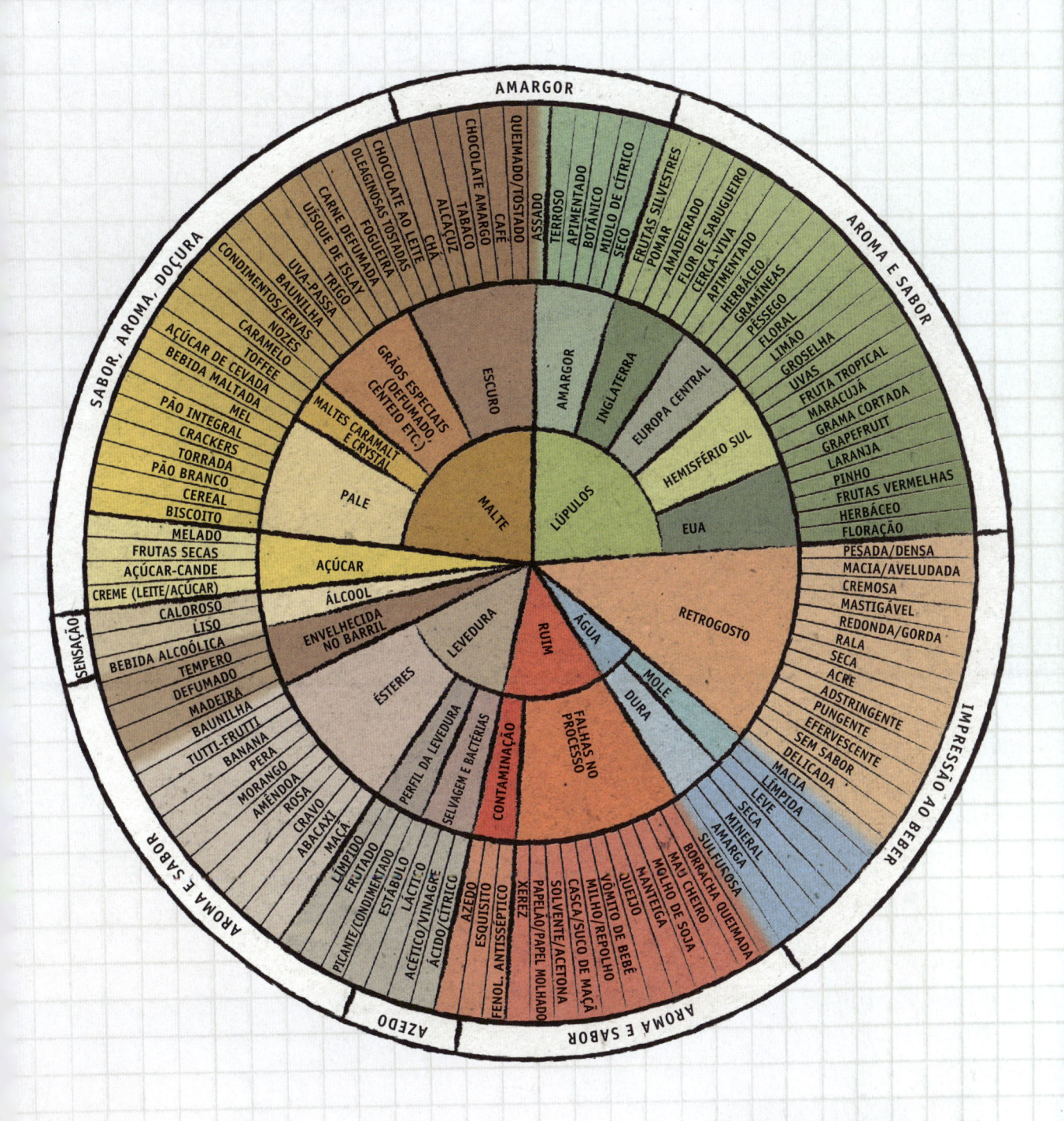

RODA DE SABORES 39

CLÁSSICA *VS.* NOVA

Os estilos de cerveja fornecem uma estrutura, um conjunto de regras, que os cervejeiros podem escolher seguir ou não. Existem estilos clássicos, como os do Reino Unido, Bélgica e Alemanha. Umas poucas cervejas em cada uma dessas categorias podem ser vistas como exemplos típicos — há muitos casos que se desviam do perfil tradicional de sabor, ampliando-o com novas inspirações. Fora dos clássicos, há um mundo sempre em evolução de cervejas e estilos, no qual a experimentação muda aquilo que bebemos hoje.

COMO OS ESTILOS DE CERVEJA EVOLUEM

Os estilos de cerveja estão sempre evoluindo. A IPA é um bom exemplo: no início, como India pale ale, no século XVIII, era feita na Inglaterra e despachada para a Índia — cerveja forte, com muito lúpulo, que devido à longa viagem por mar amadurecia durante o trajeto. Duzentos anos depois, tinha teor alcoólico mais baixo e uma sombra da antiga cerveja navegante. Em seguida, cervejeiros artesanais americanos pegaram a ideia de uma cerveja forte e lupulada e, usando lúpulos do país, transformaram-na numa cerveja que explode com o caráter cítrico deles. Agora, ela tem as versões clara, escura e vermelha, é imperializada ou tornada belga, ou estendida em várias outras direções. As originais não existem mais; no lugar delas, há várias novas versões.

Este livro é sobre a evolução da cerveja. O que a torna um assunto tão excitante é que há muitas histórias incríveis a respeito dela, e muitos estilos clássicos, tradicionais, que são produzidos há anos. Agora os cervejeiros pegam o que já foi feito e introduzem uma atitude e uma abordagem modernas. Graças ao conhecimento cada vez maior da história da cerveja, foram resgatados estilos quase extintos, receitas de velhos livros sobre produção de cervejas como porter, lambic, Berliner weisse e wit, e muitos estilos regionais — como kölsch, rauchbier e alt — se difundiram pelo mundo. Uma visão mais ampla de onde estamos agora: se este livro tivesse sido escrito em 2003, alguns dos estilos aqui ainda não constariam dele; e, se ele for reescrito em 2023, quem sabe quais estilos terão sido acrescentados ou perdidos.

APRECIE O VELHO, ACOLHA BEM O NOVO

Quanto aos estilos, as cervejas são categorizadas segundo suas características. As linhas gerais sobre estilo listam o que é "apropriado" em termos de cores, teor alcoólico, IBU e densidade final do estilo, e mais as expectativas de sabor. Muitas cervejas, porém, rotuladas como de certo estilo, fogem do padrão por serem mais fortes, amargas, escuras, leves, doces, com outro tipo de lúpulo etc. É assim que se dá a evolução e que novos estilos são criados. Saber o gosto de um estilo clássico é importante, pois permite ver como um cervejeiro tratou sua nova versão — alguns seguem o roteiro e tentam chegar ao mesmo sabor clássico; outros se apropriam da ideia e a levam a outras direções, a ponto de ela se parecer bem pouco com o original.

As novas versões dos estilos de cerveja indicam em que ponto a produção atual está. É possível experimentar com cervejas e ideias porque quem bebe tem sede de provar algo novo. Há sempre outro rótulo, uma novidade, e é isso o que leva a cerveja adiante. O consumidor não quer mais comprar 24 cervejas da mesma marca — prefere pegar quatro pacotes diferentes de seis cervejas, ou quatro pacotes de seis com marcas variadas.

Parte do prazer de tomar cerveja é voltar aos clássicos; é como recalibrar a língua ou olhar para uma foto antiga e lembrar o que acontecia na época em que foi tirada. É fácil se seduzir pelo novo e esquecer o antigo, mas, conforme amadurece, o bebedor volta aos sabores clássicos. Os estilos de cerveja, assim como a moda, a comida e o cinema, envelhecem de modo diferente. A passagem do tempo deixa alguns estilos datados, mas faz outros amadurecerem magnificamente. Como ocorre com outras coisas, a cerveja tem seus ciclos, e é sempre possível olhar para a prateleira do bar e ver as tendências de fabricação: primeiro os lúpulos, depois os barris, depois as sour beers, as saisons, depois as session beers, depois...

O PROPÓSITO DESTE LIVRO

Este livro se concentra nos novos e excitantes estilos de cerveja, mas também faz um aceno de agradecimento aos estilos que lhes deram origem. Para nem todo estilo aqui cito um exemplo clássico, porque alguns são tão novos que não houve tempo de um rótulo se firmar como clássico. Outros estilos, como os do Velho Mundo, têm, sim, um nome de referência — e essas são as cervejas que você deve buscar se quiser saber qual o sabor real do estilo, ou como os cervejeiros o estão interpretando. Não há muitas cervejas clássicas neste livro. Elas já apareceram em outras publicações muitas vezes. Este livro é sobre evolução, criatividade e interpretação.

As Melhores Cervejas do Mundo

RETTY THINGS
CAMDEN
INK
CAMDEN TOWN
2010
BREWERY
HAIR OF THE DOG
BREWING COMPANY
EST. 1993
LOYAL
PURE
FAITHFUL
WET NOSE
PORTLAND OREGON
ADAM
HEARTY OLD WORLD ALE
NOVATION · PASSION · KNOWLEDGE
Thornbridge
KIPLING
SOUTH PACIFIC PALE ALE
5.2% abv
MELON
WARHEAD
FERAL
REWING COMPANY
Baird Beer
Angry Boy Brown Ale
AVERY BREWING CO
JOE'S
Premium American Pilsner
AVERY BREWING
EST.
1993
KERNEL
BREWERY
LONDON
INDIA PALE ALE
CITRA
ENGLISH STYLE INDIA PALE ALE

O colar de espuma de uma pilsner (pilsen, pilsener, pils) já aponta para sua ascensão a rainha das cervejas do mundo. Vá a qualquer bar e a caneca de pale lager que você vê teve origem na pilsner, antes que os vilões das corporações americanas a levassem embora e a transformassem em algo diferente. Mas o final feliz fica por conta das novas cervejarias que vêm reconduzindo a pilsner ao topo com suas versões do estilo. Minha primeira pilsner de verdade, que tomei em Praga, foi uma revelação — de tão distante do que eu imaginava ser uma lager. Profundidade de sabor impressionante, uma pegada real de lúpulo, um corpo rico; virou imediatamente um de meus estilos de cerveja favoritos.

PILSNER

Essa cerveja límpida, de lúpulos vigorosos, fácil de tomar, tem dois lares: a alemã é ouro-claro, e seus lúpulos têm toque seco, herbáceo, áspero; as pilsners da Boêmia têm um dourado mais profundo e corpo mais denso, são levemente adocicadas e apresentam um final de lúpulo mais nítido e amargo. O teor alcoólico fica em torno de 5%. Os lúpulos são aromáticas variedades de Noble, que dão notas de grama, florais, incisivas e herbáceas, mas o uso de lúpulos do Novo Mundo vem levando as pils a deliciosas novas direções.

PILSNER URQUELL

PLZEN, REPÚBLICA TCHECA — **CLÁSSICA**
ABV: 4,4%
LÚPULO: SAAZ

No fim da década de 1830, Plzen era uma cidade com uma série de pequenas cervejarias fazendo muita cerveja ruim, então o pessoal da cidade se juntou e criou uma nova — a Burghers. Foi ali que em 1842 o cervejeiro Josef Groll fez uma das primeiras golden lagers, que iria se tornar conhecida pelo nome de sua cidade de origem. Engarrafada ou tirada do barril, a cerveja tem malte com nuances de mel e tostado, um belo aroma do condimentado lúpulo Saaz e um retrogosto nítido, amargo. Vá até a cervejaria, se puder, para ver o incrível labirinto de adegas (usadas para manter a cerveja fria antes da refrigeração artificial) debaixo da enorme fábrica e prove as versões não filtrada e não pasteurizada da PU, que vão mudar para sempre o que você imaginava saber sobre a lager. Ela pode ser feita hoje por uma grande cervejaria, mas não importa — essa é a original Bohemian pilsner.

Birrificio Italiano Tipopils

Lurago Marinone, Itália
ABV: 5,2%
Lúpulos: Northern Brewer, Perle, Spalter Select

Se a Pilsner Urquell é a clássica, então essa é a obra-prima moderna. Tudo faz dela uma pils perfeita, da bela turbidez no líquido dourado até a espuma branca, do aroma incrivelmente fresco ao insuperável equilíbrio e profundidade de sabor. O caráter dos lúpulos a coloca acima das outras desse estilo e promove um leve toque herbáceo e floral antes que as suculentas frutas tropicais e a laranja (mostrando a beleza oculta dos lúpulos europeus) o alcancem em cheio. Se encontrar a Extra Hop da Italiano, compre: é mais leve, tem mais lúpulos e fica armazenada mais tempo — pode ser melhor até que a Tipopils, embora feita apenas duas vezes por ano. É a cerveja ideal para pizza, especialmente se for tirada na pressão e a pizza for assada no forno a lenha.

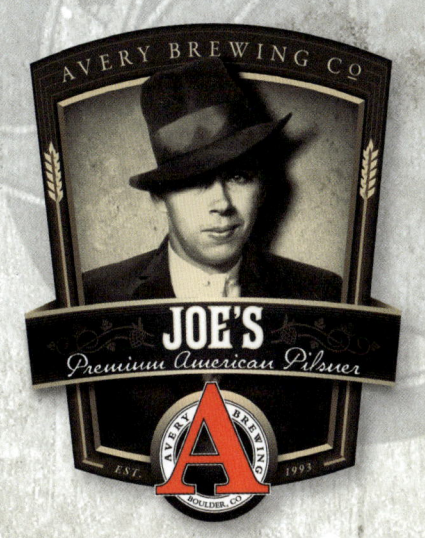

Avery Joe's Premium American Pilsner

Boulder, Colorado, EUA
ABV: 4,7%
Lúpulos: Magnum, Hersbrücker

Se eu morasse no Colorado, uma caixinha com seis dessa cerveja seria tão essencial na geladeira quanto o leite, a mostarda e o molho de pimenta. O ponto a respeito da pilsner é que ela é uma cerveja para beber sem pensar muito — simples, para matar a sede e para aquelas horas em que você simplesmente precisa de uma cerveja. O prazer da Joe's é pegar uma, arrancar o lacre e beber com suspiros de satisfação. Se você quer pensar e beber, verá que os lúpulos de fato se mostram, com aromas de miolo de limão, florais, secos e condimentados, e certa efervescência. O uso ousado de lúpulos produz um impacto maior do que o esperado para o estilo, mas equilibrado por um conjunto firme.

Kout na Šumavĕ 12° Světlý Ležák

Kout na Šumavĕ, República Tcheca
ABV: 5%
Lúpulo: Saaz

Essa é a nova escola da produção de lager tcheca, que moderniza as cervejas tradicionais, mas se mantém fiel ao estilo. A Světlý Ležák é a pale premium lager das cervejarias tchecas (a Ležák pode ser 11° ou 12°, na escala Plato, e 4,4–5% na ABV; uma výčepní pivo de 10° é opção de teor alcoólico mais baixo para tomar todo dia). A Kout 12° é uma bela cerveja de espuma densa e corpo dourado, profundo e macio. Os lúpulos são gramíneos, um pouco cítricos, florais e com toques cremosos de damasco seco, e explodem com uma ponta amarga. Como a maioria das grandes lagers, se conseguir a versão não filtrada, sorte sua: corpo mais denso, cremoso, pastoso, de gosto mais fresco, com maior intensidade de aroma de lúpulos, mostra por que a pilsner é o maior estilo de cerveja do mundo.

PILSNER 45

Emerson's Pilsner

Dunedin, Nova Zelândia
ABV: 4,9%
Lúpulo: Riwaka

A pilsner da Nova Zelândia virou um estilo próprio de cerveja na Austrália e região. Partindo da base de cerveja alemã e tcheca, essa evolução se concentra no uso de lúpulos do país. Conhecidos por sua suculência de frutas tropicais, eles crescem em algumas áreas-chave, das quais a maioria deles recebe o nome, como Riwaka, Motueka e Nelson. Muitos deles são cultivados a partir de variedades europeias, então partilham da profundidade dos lúpulos nobres, mas com um forte caráter de frutas como groselha, uva e manga e um toque de lichia similar ao do vinho Sauvignon Blanc. A Emerson's Pilsner usa lúpulos Riwaka, que conferem um toque sutil de fruta tropical, a aspereza do maracujá e o frescor do cítrico, todos combinando muito bem com o corpo límpido do malte pilsen. É uma cerveja gloriosa, sobretudo quando acompanha algum peixe local na brasa.

Moonlight Reality Czeck

Santa Rosa, Califórnia, EUA
ABV: 4,8%
Lúpulo: US Perle

Imagine uma lista de cidades de visita obrigatória para um beer geek. Ela vai ignorar as metrópoles e destacar pequenos lugares que tiveram impacto no mundo da cerveja. Não muito distante de São Francisco, Santa Rosa é um desses locais, entrincheirado entre os vinhedos do norte da Califórnia. As pessoas são atraídas para lá por causa da Russian River Brewing Co., mas ficam por causa da Moonlight. Depois de um dia bebendo, sinto cansaço ao chegar ao The Toad in the Hole, um grande bar na cidade gerido por um londrino, Paul Stokeld. Peço uma Reality Czeck. Dourada, tem corpo macio que funciona como um bálsamo e, ao atingir o palato, renova as energias com sua explosão de lúpulos europeus cultivados na América, vigorosos, florais, picantes, de sabores vivos. Minha sede de repente volta quando o amargor da Reality Czeck atinge minhas narinas, e acabo pedindo mais uma.

Crate Brewery Lager

Londres, Inglaterra
ABV: 5%
Lúpulos: Hallertauer, Cascade

Na Crate Brewery, a sensação é de não se estar mais em Londres. O edifício branco com janelas que parecem de cadeia fica à beira de um rio estreito. Junto ao prédio, há uma galeria ao ar livre onde você pode apreciar ousados e coloridos grafites enquanto bebe; dentro, o espaço é apertado, com ar industrial, tanques de processamento visíveis pelas janelas de vidro e um bar no meio, com uma pizzaria atrás (as pizzas são ótimas — leves, com boa textura e tostadas nas beiradas). A golden ale da Crate é seca e amarga, britânica de origem, e tem um toque de América (ou talvez seja apenas o clima de "Brooklyn" do ambiente), mas é a lager repleta de lúpulos tão vivos e frescos que me desperta um apego proustiano a Praga. Não é de fato uma pilsner, nem uma helles, nem uma Vienna; é um novo tipo de lager de Londres — aromática, vibrante, límpida, tostada e saborosa. Uma nova lager na moderna East London.

Hell significa "claro" em alemão, e a helles é a clássica lager bávara dourada. É irmã da pilsner e compõe a outra metade do time pale-lager — juntas, respondem por cerca de metade da cerveja que se bebe na Alemanha. Enquanto a pilsner é bem amarga, a helles é mais suave e redonda, com lúpulos mais leves. A helles, ou hell, é a principal cerveja de Munique, onde nasceu no fim do século XIX, quando a Spaten lançou a primeira, em 1894. Demorou um pouco para ela se difundir na região — algumas das grandes cervejarias insistiam em ficar apenas com suas dunkels escuras —, mas, com a difusão das pale pilsners e o copo de vidro virando o copo da moda para beber, a cerveja ficou mais bonita, mais leve e mais clara.

HELLES

A helles é uma cerveja ouro-claro, de corpo médio, com um caráter de malte similar ao exalado por pão fresco e malte tostado de leve. Os lúpulos são tradicionalmente delicados, dando algum sabor, aroma e um amargor equilibrado — espere uma pequena nota floral ou de gramíneas. Deliciosa devido a sua natureza contida, fácil de beber, tem cerca de 4,5-5,5% de álcool, e seu amargor fica tipicamente nos 20 IBUs. As helles vão bem com canecas de 1 litro, mas exercite um pouco os bíceps antes, porque as canecas ficam pesadas quando cheias (se bem que alguns garçons magrinhos e ágeis conseguem carregar até seis por vez na bandeja, com um sorriso no rosto).

AUGUSTINER BRÄU LAGERBIER HELL

MUNIQUE, ALEMANHA
ABV: 5,2%

CLÁSSICA

Munique tem seis grandes cervejarias: Löwenbräu, Hofbräu, Paulaner, Hacker-Pschorr, Spaten e Augustiner. Juntas, vêm fazendo cerveja por um total de 3 mil anos. Todas produzem helles, o estilo local mais famoso. A Augustiner é a mais antiga das Seis Grandes, e sua cervejaria foi fundada em 1328. Algumas cervejas são de uma localidade específica, e nela têm melhor sabor. Você precisa tomar a Augustiner Hell nas grandes cervejarias ao ar livre de Munique, onde a profundidade de pão fresco da cerveja, a suave refrescância dos lúpulos florais e o corpo sempre delicado farão com que você nunca mais queira tomar outra cerveja a não ser ela, prometendo monogamia fiel, como num romance de férias. Tire a cerveja daí e ela ainda será muito boa, é claro, mas sem o brilho de tomá-la em Munique rodeado de rostos amigos, todos levando copos dourados aos lábios sedentos.

Camden Town Brewery Hells Lager

Londres, Inglaterra
ABV: 4,6%
Lúpulos: Perle, Hallertauer Tradition

Não é bem uma pilsner, nem bem uma helles: a Hells Lager da Camden Town inspira-se nos dois estilos e é projetada como uma lager para Londres. Seu nome é uma fusão de "helles" e "pils", não uma referência ao inferno. A Hells junta o corpo seco e leve das pilsners alemãs com o suave lúpulo da helles, resultando em uma cerveja bem acessível e ao mesmo tempo de sabor intenso. Um leve aroma de limão, vivo, destaca-se da delicada base de malte pilsen antes do final seco e rápido, com uma amargura condimentada. Tem complexidade, se é isso o que você procura, mas é também sutil. Se estiver em Londres, vá até a cervejaria, pois eles têm um bar no local onde se pode provar a versão não filtrada da Hells, mais suave, cremosa e com um final de lúpulo mais acentuado — para mim, é a melhor lager britânica.

Knappstein Reserve Lager

Clare, Austrália
ABV: 5,6%
Lúpulo: Nelson Sauvin

É preciso muita cerveja boa para fazer um bom vinho, reza o dito bem-humorado sobre a famosa sede dos viticultores; isso quer dizer que faz sentido uma vinícola abrir também uma cervejaria e eliminar o intermediário. E foi o que a Knappstein fez. Eles produzem apenas uma cerveja, mas, se ela é tão boa, para que mais? Inspirada nas Bavarian lagers, não é uma helles típica, ao contrário, tem como lúpulo o exorbitantemente frutado Nelson Sauvin da Nova Zelândia, assim chamado por seu gosto de groselha e maracujá similar ao das uvas Sauvignon. A fragrante lichia, a melosa manga e os aromas tropicais dos lúpulos sobem pelo copo, uma cesta de pães de malte pale envolve tudo, e um amargor vigoroso ajuda a descer. A Reserve Lager mostra a elegância e o equilíbrio de um sorvo de enólogo, mas feita para os goles fartos de um bebedor de cerveja.

Victory V Lager

Downington, Pensilvânia, EUA
ABV: 4,8%
Lúpulo: Hallertauer

A Victory tem excelente gama de lagers, da explosão de aroma e amargor áspero de lúpulos da Prima Pils até as encorpadas doppelbocks, passando pelas lagers de um único lúpulo, com variedades clássicas. Um de seus fundadores passou um tempo produzindo em Munique antes que a Victory existisse, por isso não surpreende que eles sejam tão bons com a baixa fermentação. A V Lager mostra o talento dos cervejeiros da Victory em dar sabor a uma cerveja delicada, sem passar do ponto. Com um dourado deslumbrante, tem uma base de malte com notas de pão, aroma de lúpulo equilibrado que dá um toque gramíneo e cítrico e amargor leve, mas que domina o final, fazendo você querer mais. A Filadélfia foi o primeiro lugar onde se produziu a lager na América e onde algumas das melhores são ainda produzidas, graças à Victory.

Cisco Summer of Lager

Nantucket, Massachusetts, EUA
ABV: 5,6%
Lúpulo: Mt. Hood

Essa cerveja não economiza no tempo de armazenagem: é feita por volta do fim do ano e maturada até que o sol comece a brilhar de novo, no verão seguinte (do hemisfério Norte). Baseia-se no estilo bávaro clássico, mas é mais encorpada, mais escura (de um ouro-âmbar), na faixa mais alta da dosagem alcoólica e com uma carga maior de lúpulos, da variedade Mt. Hood, um parente do nobre Hallertauer cultivado nos EUA. Tem um sabor adocicado, com aroma de pão e corpo médio, e seus lúpulos intervêm com um toque gramíneo, aroma floral e um amargor rápido, que sacia a sede conforme você bebe. A carga de lúpulos é definitivamente mais assertiva em relação ao que você encontra em outras helles, mas funciona bem aqui. O slogan da Cisco é: "Nice beer if you can get it" ("ótima cerveja, se a conseguir para si"). Como lançamento sazonal de uma cervejaria pequena, a Summer of Lager é exatamente isso.

Tuatara Helles

Waikanae, Nova Zelândia
ABV: 5%
Lúpulos: NZ Hallertauer, Pacific Jade, Wai-iti

Como pilsner neozelandesa, usa a exuberância de fruta das variedades de lúpulo kiwi para dar à helles um sabor de Novo Mundo. É uma daquelas cervejas de geladeira sempre confiáveis, uma boa parceira quando precisar de algo gelado e saboroso para matar a sede. Limpa, seca e refrescante, tem um pouco de malte com toque de pão e uma ótima difusão de sabor de lúpulos, que abrange desde gramíneas até pêssego e miolo de laranja, tudo com base em variedades locais e com sutil equilíbrio em relação ao malte pale. Tuatara, o nome da cervejaria, é um antigo réptil do tempo dos dinossauros, que hoje existe só na Nova Zelândia (parece um pequeno dinossauro com cristas nas costas). Se estiver com a garganta jurassicamente seca e sua sede for mais voraz que a de um velociraptor, então a Tuatara Helles é a sua cerveja.

Cervejaria Way Premium Lager

Pinhais, Paraná, Brasil
ABV: 5,2%

Num país de pale lagers, a Premium Lager da Cervejaria Way ilumina o cenário como um futebolista de camisa verde-amarela invadindo a área das lagers mundiais. A Premium Lager da Way é feita com uma mistura de lúpulos alemães, tchecos e americanos, que conferem sabores terrosos, florais e cítricos para contrabalançar seu límpido centro de malte. Difere das lagers sem graça, que você precisa servir supergeladas para apreciar, por ser saborosa e marcante. Todas as cervejas da Way são intensas, e sua linha inclui, entre outras, uma cream porter, uma American pale ale, uma Amercian double pale, uma Belgian dark IPA, uma Irish red e uma lager forte e escura, com o nome da madeira em que é envelhecida — Amburana. Isso é que é uma boa lager brasileira.

AMERICAN CRAFT LAGER

Se eu pudesse voltar no tempo e provar qualquer cerveja da história, uma que estaria na minha lista das Cinco Mais seria a American lager pré-Lei Seca. De um ouro-profundo e lúpulos de variedades locais, combinados com importados alemães, elas mudaram irrevogavelmente após a proibição. As lagers americanas artesanais resgatam o foco nesse estilo, só que usando a safra atual de lúpulos e direcionando-os para o gosto moderno.

Esse é um daqueles estilos de cerveja atuais e ainda em evolução, amplo e com poucas regras, exceto a de usar leveduras de baixa fermentação. Por isso, é estimulante vê-lo se desenvolver ao redor do mundo, e, embora eu o tenha rotulado de "americano", principalmente pelos lúpulos definidores que utiliza, é também muito popular no norte da Europa. Bem distantes das American lagers leves ou premium, essas cervejas se apropriam das tradições europeias de produção de lager e também das antigas lagers americanas pré-Lei Seca e acrescentam os bombásticos lúpulos das cervejas artesanais do Novo Mundo.

O que podemos esperar são cervejas de cor ouro para âmbar, com algo entre 4,5% e 6% de álcool, geralmente com bons lúpulos, em particular para aroma e sabor — onde a pale ale encontra a pale lager. As regras para essas cervejas ainda estão sendo escritas, e as incluo aqui porque amo a explosão de toques de frutas de seus lúpulos dentro da límpida profundidade de uma boa lager.

Coney Island Lager

Nova York, Nova York, EUA
ABV: 5,5%
Lúpulos: Warrior, Amarillo, Cascade, Tettnang, Saaz, Hallertauer

A Schmaltz Brewing Company caminha em duas direções: uma delas é a das "Cervejas Eleitas", uma gama de versões com temáticas judaicas sobre os estilos de cerveja americanos; a outra são as lagers artesanais da Coney Island, feitas para "loucos por lager e beer geeks". Todas são coloridas como um espetáculo de circo, e as lagers da Coney Island apresentam novos truques: a Mermaid Pilsner é uma pils de centeio com dry hopping; a Human Blockhead é uma imperial American bock; a Sword Swallower é um versão conjunta de IPA e lager. O malte é o senhor dos anéis que controla tudo na Coney Island Lager, mesmo que você esperasse que fossem os lúpulos os protagonistas do espetáculo. Tem cor âmbar, malte rico mas não excessivo, e o dry hopping com Cascade, que causa uma explosão floral, vigorosa, que desemboca no sabor e dá mais toque cítrico para um bis no final. Divertida, brilhante, saborosa.

Mikkeller The American Dream

Copenhague, Dinamarca
ABV: 4,6%
Lúpulos: Nelson Sauvin, Saaz, Simcoe, Amarillo

O Mikkeller Bar em Copenhague é o sonho de quem adora cerveja. São vinte torneiras com cervejas Mikkeller e convidadas, e você vai querer provar todas (especialmente se der uma olhada no extenso cardápio de garrafas). Comece por uma American Dream enquanto decide o que pedir em seguida (porque você de fato vai pedir mais). A American Dream é provavelmente a melhor das American craft lagers, e seu sorriso de vitória são os aromas de impacto. Pêssego, damasco e grapefruit, mas mais frescos do que qualquer outra cerveja consegue apresentar: Mikkeller, o maníaco por lúpulos, mostra toda a sua competência quando acrescenta as granadas verdes na caldeira. A base de malte tem uma fantástica sutileza de nozes e uma profundidade que só podem decorrer do lento condicionamento a frio de uma lager. Porém são os lúpulos que mais chamam a atenção, sobretudo o pequeno tranco apimentado que eles dão no final.

Mohawk Brewing Unfiltered Lager

Taby, Suécia
ABV: 5,3%
Lúpulos: Hallertauer, Nelson Sauvin, Amarillo, Cascade, Citra, Centennial

"O penteado!", diz Stefan Gustavsson, mestre cervejeiro da Mohawk, quando eu pergunto o que veio primeiro. "É boa parte de todo o conceito: ousar ser diferente e seguir seu coração. Evitar ser mais um na multidão, mas marcar posição e se fazer notar." Você sem dúvida nota a presença de Stefan, com seu cabelo tipo barbatana de tubarão sobressaindo no bar lotado. E percebe que há algo diferente ao tomar sua cerveja. Ela começa com uma base de lager e recebe lúpulos como uma IPA. Tem lindo dourado brumoso, e o aroma dispara tangerina, cítricos pungentes, manga e ervas. O corpo é suave e rico, antes que o amargor entre em cena. Não é sutil ou tímida, mas, de novo, não há lá muita sutileza num moicano, não é mesmo?

Sigtuna East River Spring Lager

Arlandastad, Suécia
ABV: 5,2%
Lúpulos: Hallertauer, Mittelfrüh, Cascade

Adoro esse rótulo; me lembra da vez em que tentei cruzar a ponte do Brooklyn a pé. Eram duas da manhã e eu tinha bebido o dia inteiro. Estávamos no Brooklyn. Nosso hotel era no Queens. Vimos no mapa que havia uma ponte perto, fomos até lá, achando que era a ponte do Brooklyn, mas a caminhada nos levou para o oeste, e tínhamos quer ir para nordeste. No meio da travessia, com caminhões a toda velocidade e envolvidos por uma gaiola de metal, percebemos que estávamos na ponte Williamsburg. Foi uma longa jornada até o hotel, deu para ficar sóbrio. A East River Lager proporciona uma experiência feliz. De cor âmbar, sabores de grapefruit, lima, mexerica, damasco e frutas vermelhas, com uma base tostada, de pão, estilo Vienna, e um amargor seco, que preenche a boca.

A HISTÓRIA DA LAGER

A lager não tem data de aniversário. Não se sabe em que ano nasceu. O que se sabe é que na história da cerveja, que remonta a 10 mil anos atrás, ela deixou de espreitar em segredo nos bastidores para estar em toda parte em menos de 200 anos.

Por centenas de anos, os cervejeiros fizeram cerveja com leveduras que eram tanto de alta quanto de baixa fermentação e ficavam ativas segundo a temperatura da cerveja — se fosse fria, a levedura de lager agia; se fosse quente, então a levedura de ale assumia (enquanto a de lager exalava sabores indesejados). Os cervejeiros alemães perceberam que deixar a cerveja em adegas frias por alguns meses era uma coisa boa, dava profundidade límpida à bebida e menos sabores estranhos. Essa armazenagem a frio permitia que a levedura de lager, de ação lenta e maturação gradual, atuasse melhor.

Mas os cervejeiros só compreenderam de fato a natureza da levedura no fim do século XIX, quando finalmente a abordaram em termos científicos e observaram o interior de seus tanques microscopicamente. Então, puderam enxergar a ação das leveduras de alta e baixa fermentação e também isolar células saudáveis.

A história da lager fica interessante em meados do século XIX, na Boêmia. As técnicas de maltagem evoluíram e permitiram obter maltes mais claros, os copos de vidro tomaram o lugar das canecas, o que fez o aspecto da cerveja ganhar importância, e o crescente uso de condicionamento a frio levou a cervejas de gosto mais límpido.

A combinação de uma cerveja mais clara e de processos que beneficiavam a baixa fermentação fez chegar as primeiras lagers douradas. No fim do século XIX, quando a ciência da fermentação já era mais bem compreendida, as cervejas lager puderam de fato começar a se disseminar ao redor do mundo.

As primeiras American lagers surgiram na Filadélfia na década de 1840, antes de se popularizarem em Chicago e Milwaukee. Antes, todas as cervejas americanas eram baseadas nas British ales escuras. Muita gente da Europa central migrou para a América e queria a cerveja de sua terra natal, não as ales coloniais, pesadas e turvas. A partir da década de 1850, as cervejas alemãs, similares às dunkel lagers vermelhas, se difundiram nas grandes cidades.

O momento que mudou a lager para sempre pode ser atribuído a Adolphus Busch, que em uma viagem à Boêmia bebeu uma lager dourada. Inspirado por isso, levou a receita para os EUA, e, em 1875, nascia a Budweiser. Mas, para que a cerveja desse certo, os cervejeiros precisaram acrescentar arroz ou milho à receita; a cevada americana de seis fileiras (6-row) tem mais proteína que a europeia de duas (2-row) e produz uma turvação com grumos na cerveja. Adicionando arroz, os cervejeiros podiam usar menos cevada e minimizar a turvação; por ser clara e servida em copos, a turvação era menos aceitável nessa cerveja do que na escura, servida em caneca. Nascia a American lager, diferente das lagers da Europa pelo uso de um grão adicional, e, embora originalmente fosse popular apenas entre a população de imigrantes, logo se tornou a cerveja que os americanos queriam. A produção de American lager teve seu auge conforme o século XX entrou em cena.

A essa altura, as cervejarias de lager já adotavam avanços técnicos, como a refrigeração artificial e a pasteurização, e viraram enormes fábricas de cerveja, além de contar com redes ferroviárias para distribuí-la. Mas os bons ventos não duraram. A Lei Seca se estendeu por treze anos, e os refrigerantes substituíram a cerveja nas prateleiras. Quase todas as cervejarias fecharam, mas algumas resistiram, produzindo uma "quase-cerveja", com 0,5% de álcool.

Quando a Lei Seca terminou, a lager voltou à luta, mas as coisas mudaram de novo. Depressão, guerras e o racionamento de ingredientes deixaram a cerveja mais leve. Na década de 1950, em que as papilas gustativas dos americanos sofreram um processo de homogeneização, as lagers perderam ainda mais sabor, caráter e cor.

Então veio a década de 1970: dê as boas-vindas à cerveja leve. Tome-a assistindo a esportes. Diga adeus a mais sabor ainda. Em menos de cem anos, a American lager nascia, alcançava um pico glorioso, era varrida do mapa e ressurgia, e depois foi gradualmente clareada até que não era possível clareá-la mais e todas ficaram com o mesmo gosto. Ao redor do mundo, conforme as pale lagers se difundiram, as lagers foram também se simplificando à medida que perdiam seu sabor.

Mas, na Europa central, lar das grandes cervejas de baixa fermentação, as coisas foram em frente. Os estilos se mantiveram, a qualidade melhorou, as tradições se sustentaram, e ninguém deu bola para o resto do mundo. O orgulho regional preservou as cervejas, as dunkels não sumiram, helles e pilsner conviveram bem com rauchbier e bock, e as kölsch, alt e weizen mantiveram o lado das cervejas de alta fermentação. Muito obrigado, Alemanha. A reação contra a falta de sabor ficou a cargo das cervejas artesanais, muitas das quais foram inspiradas pelas cervejas europeias, e não por campanhas publicitárias milionárias. Na América, onde todas as cervejas têm o mesmo gosto, os novos cervejeiros da década de 1980 em diante queriam algo com um gosto melhor, um gosto excelente. As ales com sabor chegaram como um grande contraponto ao domínio das lagers sem graça. Então a lager voltou — uma lager com sabor e caráter, inspirada nos anos dourados da American lager pré-Lei Seca.

Hoje, certas cervejarias se especializaram em produzir apenas lagers ou cervejas no estilo alemão – a maioria delas tem pelo menos algo de alemão no estilo, sejam ales ou lagers. Algumas das melhores e mais interessantes lagers são feitas na América. E, ao redor do mundo, na Itália, Nova Zelândia, Escandinávia, Grã-Bretanha e América do Sul, a lager tem sido revigorada por pequenos produtores que se inspiram em estilos clássicos e fazem suas versões ou introduzem algo novo — lagers artesanais, lagers da Nova Zelândia, imperial lagers, doppelbocks com lúpulos americanos, helles com lúpulos japoneses, British lagers com todos os ingredientes britânicos. A cerveja boa combate a ruim e está ganhando popularidade e qualidade o tempo todo.

Lá na Baviera e na Boêmia, as lagers ainda são as melhores do mundo, mas agora já enfrentam alguma concorrência séria.

Imperial Lager

É uma lager, só que maior. Como se partisse do corpo sutil e leve da pilsner e da helles e se transformasse em uma cerveja fisiculturista. Não é como as superfortes Euro lagers ou uma bebida de malte qualquer em latinha, com preço baixo, para quem quer ficar alto pagando pouco; trata-se de uma cerveja artesanal séria, entre a lager e a IPA. A fermentação fria em tanque e a delicada levedura de lager a tornam mais civilizada que a espetaculosa IPA. A diferença entre uma imperial lager e uma Euro lager forte (ou mesmo uma hellerbock) é sua prescrição de lúpulos mais ponderada — espere uma presença forte deles, no amargor e no aroma.

A imperial lager é uma mutação da pilsner, da helles ou da lager artesanal americana. O teor alcoólico sobe, e a quantidade de lúpulos aumenta, produzindo uma cerveja com 7-9% de álcool e IBU entre 40 e 80. De cor clara a âmbar, as imperial lagers são produzidas com leveduras de lager, o que confere uma profundidade límpida ao malte e ao perfil de levedura e permite que os lúpulos entrem como solistas. Os lúpulos podem ser de qualquer parte do mundo e dão equilíbrio, mais do que um amargor impetuoso, assim como uma explosão de aroma e sabor. O corpo pode ser seco e vivo ou arredondado e cheio; o sabor de malte pode ocupar o centro do palco ou ser o próprio palco, destacando os lúpulos. Como estilo de cerveja mutante, a imperial lager pode ser ao mesmo tempo bela e brutal.

Pretty Things American Darling

Cambridge, Massachusetts, EUA
ABV: 7%
Lúpulos: Saphir, Perle, Hallertauer

Quanto mais cervejas Pretty Things eu bebo, mais fico apaixonado por elas. Algumas cervejarias simplesmente têm um toque especial, e isso é coisa rara: há leveza em tudo o que eles fazem; uma drinkability absoluta mesmo nas cervejas mais fortes; uma história curiosa por trás de tudo; um jeito brincalhão; e as cervejas são muito boas também — quem não pegaria uma garrafa deles e a levaria direto para o caixa? A American Darling não é cerveja só para matar a sede: ela difere de outras imperial pilsners por usar apenas ingredientes alemães. Armazenada por seis semanas para ganhar uma incrível profundidade, é dourada como o sol, floral e com aroma de gramíneas e fresca como uma manhã orvalhada de primavera — simplesmente deliciosa.

Mikkeller Draft Bear

Copenhague, Dinamarca
ABV: 8%
Lúpulos: Amarillo, Cascade

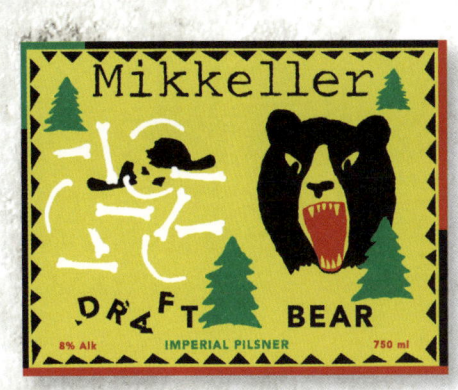

Algumas cervejas fazem você parar e dizer "uau". A Draft Bear é uma delas. Surpreenderam-me a imponência do aroma, o frescor, o brilho. Foi como mergulhar em uma tigela de suculentas laranjas, tangerinas e grapefruits. Não imagino como é possível obter dos lúpulos esse toque tão frutado — eles conseguiram torná-los mais frutados que a própria fruta. Gostaria de guardar esse aroma e carregá-lo comigo sempre num frasco, como um dependente de lúpulos, sempre precisando de uma dose. Depois de um gole — UAU! —, quis comprar uma caixa dessa cerveja para poder sempre ter uma em casa. Mais IPA do que lager em sabor, tem um toque de doçura e a límpida profundidade do malte pale; é bebível a ponto de criar dependência e exala laranja escandalosamente de várias maneiras.

Epic Brewing Larger

Auckland, Nova Zelândia
ABV: 8,5%
Lúpulos: Pacific Jade, Kohatu, Liberty, Tettnang, Santiam

Luke Nicholas é o cara por trás da Epic, cervejaria que não tem quatro paredes sólidas e que usa o tempo ocioso dos tanques de outras cervejarias. Famosa pelas explosivas IPAs, a Epic tomou outra direção e lançou uma lager. De cor ouro-claro, tem aroma de um frutado fugidio que eu simplesmente não consigo decifrar. Há abacaxi, algo de gramíneo e de especiarias (cúrcuma e tomilho), assim como limão — esses são fáceis de captar —, mas há mais coisa: melão ou uva, talvez flor de sabugueiro... O mistério torna as cervejas mais interessantes, acho. A Larger é equilibrada ao extremo e muito mais leve de beber do que o teor alcoólico indica, pois seu corpo sólido controla os lúpulos antes do golpe de 70 IBUs. Harmonize-a com frango assado temperado com tomilho, limão e alho, além de muito sal e pimenta-do-reino.

Dogfish Head e Birra Del Borgo: My Antonia

Milton, Delaware, EUA
ABV: 7,5%
Lúpulos: Warrior, Simcoe, Saaz

A My Antonia é a cerveja que introduziu esse novo estilo de lager, numa colaboração entre a Dogfish Head e a Birra del Borgo. As duas cervejarias têm versões próprias, tão populares que continuam a ser produzidas independentemente. Você sabe que essas cervejas terão bom sabor antes mesmo de as abrir, porque sua aparência é impressionante. O mix de lúpulos europeus e americanos cria um fundo picante, de limão, e um toque de tomilho e especiarias, antes que prevaleça o frescor de pinho e cítricos. Com um corpo como o de uma Belgian tripel, as cervejas têm base de malte seca e límpida, com um amargor intenso, equilibrado entre o insuficiente e o excessivo. Os lúpulos são adicionados de modo continuado, ou seja, durante todo o processo de fervura, e não no início, no meio e no fim, como na maioria das cervejas. Compre as duas versões, se puder, para compará-las. Sirva com espaguete à carbonara.

IMPERIAL LAGER

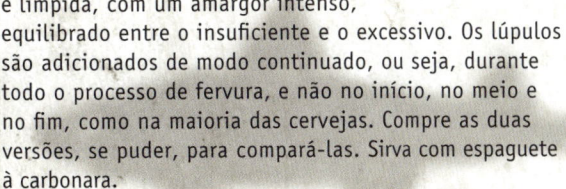

VIENNA ✶ MÄRZEN ✶ OKTOBERFEST

Esse trio de German lagers compartilha muita história, que no entanto não é linear. Algumas centenas de anos atrás, a märzen era feita em março e maturada em adegas frias para durar verão adentro, quando ficava quente demais para a fermentação. A Vienna lager surgiu graças a um novo tipo indireto de secagem no processo de maltagem, que criou os maltes pale. Em 1841, uma cerveja no estilo märzen, inspirada nas novas lagers de Viena, foi produzida em Munique pela cervejaria Spaten e introduzida na Oktoberfest daquele ano, embora só em 1872 a Spaten tenha lançado a cerveja chamada "Oktoberfestbier". A Vienna lager inspirou o que se tornou a oktoberfest, que era originalmente uma märzen. Deu para entender?

Os três estilos são suficientemente parecidos para comporem um grupo: teor alcoólico entre 5% e 6%, corpo médio, cor que vai do ouro ao vermelho, amargor equilibrado entre 20 e 30 IBUs. O caráter do malte será tostado e límpido na oktoberfest e na märzen, ganhando perfil de nozes na Vienna. Os lúpulos tipicamente são discretos, ficando mais gramíneos e pronunciados na Vienna. Há alguma sobreposição entre as märzen ou Vienna e as American amber lagers; as variedades de lúpulo americanas costumam ser o fator diferencial.

HACKER-PSCHORR OKTOBERFEST MÄRZEN

Munique, Alemanha
ABV: 5,8%
Lúpulo: Hallertauer

CLÁSSICA

A festa da cerveja mais famosa do mundo começou em outubro de 1810 para celebrar o casamento do príncipe herdeiro Ludwig com a princesa Teresa da Baviera. A festa durou alguns dias e foi tão boa que se decidiu repeti-la no ano seguinte, e assim a tradição surgiu. Com o tempo, ela se estendeu a quase três semanas de diversão, as datas mudaram, na expectativa otimista de aproveitar o sol do fim de setembro, com o término da festa no primeiro fim de semana de outubro, e ela se tornou o maior evento de bebidas do mundo. A primeira cerveja estilo märzen evoluiu para as versões douradas, que assumiram as torneiras e são agora despejadas em massa nas canecas *maß*. A Oktoberfest Märzen da Hacker-Pschorr tem fundo com um tostado de cereal, um pouco de caramelo, pão e toque de marzipã, com lúpulos discretos e equilibrados. Ideal para servir em uma grande tenda para 6 mil pessoas.

Metropolitan Dynamo Copper Lager

Chicago, Illinois, EUA
ABV: 6,2%
Lúpulos: Horizon, Vanguard, Mt. Hood

"Se o malte e o lúpulo são os dois polos da produção, essa cerveja é o doce ponto de suave rotação entre eles." É assim que a cervejaria descreve a Dynamo em seu site. A Metropolitan produz uma gama de excelentes lagers em um armazém pequeno num subúrbio arborizado de Chicago. Doug Hurst, seu mestre cervejeiro, trabalhou na Alemanha, o que explica seu amor pela lager e por sabores elegantes e balanceados. A Dynamo é uma lager estilo Vienna feita com lúpulos cultivados nos EUA, de origem europeia. Um sutil aroma de limão e flores paira no copo, convidando você a entrar; o corpo tem toques de pão, é tostado e enriquece graças ao teor de álcool, antes que os lúpulos o tornem seco com seu amargor cítrico. O site da Metro diz que "a melhor hora para curtir a Dynamo é quando você tem sede". Gostei disso.

Lakefront Brewery Riverwest Stein Lager

Milwaukee, Wisconsin, EUA
ABV: 5,7%
Lúpulos: Willamette, Cascade

Milwaukee é o lar da lager na América. Entre meados e fim do século XIX, milhares de imigrantes alemães cruzaram o Atlântico, e formou-se uma população de europeus na cidade, à beira do lago. Eles não queriam beber as ales escuras e turvas de influência colonial — preferiam as lagers de sua terra natal. No início do século XX, as cervejarias de Milwaukee, como Pabst, Blatz, Schlitz e Miller, estavam entre as maiores da América. Hoje, só a Miller é produzida ainda no local, mas uma nova revolução das lagers está em andamento, calcada na tradição herdada e também modernizando-a. A Riverwest Stein da Lakefront é um ótimo exemplo disso. De cor âmbar como uma clássica Vienna, tem toffee e tostado no centro e obtém seu aroma floral, levemente cítrico, dos lúpulos americanos, que deixam um grande e duradouro amargor. Se voltássemos ao fim do século XIX em Milwaukee, as lagers talvez fossem um pouco como ela...

Les Trois Mousquetaires Oktoberfest

Brossard, Canadá
ABV: 6%
Lúpulos: Hallertauer, Perle

A Les Trois Mousquetaires adiciona, nessa cerveja, muitas camadas de sabor: cereais tostados, pão integral e oleaginosas torradas, com toques de frutas silvestres e a fragrância condimentada e floral dos lúpulos alemães. O malte domina o gole, embora nunca se mostre pesado; já os lúpulos promovem ótima drinkability e vontade de tomar mais. Beba-a acompanhada de linguiça alemã, chucrute e pretzels. Como prova das propriedades saudáveis e restauradoras das cervejas oktoberfest, em 2011 havia entre os objetos perdidos uma cadeira de rodas elétrica, um par de muletas e 370 óculos. Um viva à cerveja!

Nils Oscar Kalasöl

Nyköping, Suécia
ABV: 5,2%
Lúpulos: Fuggles, Cascade, Saaz

O nome dessa cerveja pode ser traduzido como "cerveja de festa", e ela é uma versão sueca da oktoberfest. Originalmente produzida como sazonal, ficou tão popular que hoje está disponível o ano todo, dentro da variada gama de rótulos que a Nils Oscar produz. A Kalasöl tem cor de cobre, espuma densa e cremosa, e seu aroma combina malte e lúpulos, lembrando no fim uma torrada com toque de toffee e gotas de cítricos. O trio de lúpulos é um sucesso inesperado: há o terroso e condimentado Fuggles britânico, com seu amargor brusco; o Cascade americano, com notas de grapefruit e flores e sua untuosidade; e o delicado e fragrante Saaz tcheco, que equilibra os outros dois ao entrar com frutas e ervas. Para beber oktoberfest, você precisa de comida. Coloque frango, linguiça, joelho de porco e pretzels em sua lista de compras. E compre mais do que acha que vai precisar.

Bamberg Die Wiesn

Votorantim, São Paulo, Brasil
ABV: 5,7%
Lúpulos: Hallertauer Magnum, Hallertauer Mittelfrüh, Hallertauer Saphir

"Wiesn" é como os alemães chamam a Oktoberfest. A palavra significa "campina" e se deve à terra em que se situa, Theresienwiese (que, por sua vez, recebe o nome da noiva para quem a primeira festa foi realizada). Talvez um apelido sereno demais para o maior festival de cerveja do mundo — é como chamar o carnaval do Rio de uma tranquila reunião para beber com os amigos. As cervejas da Bamberg, feitas por Alexandre Bazzo, seguem o preceito de cerveja Reinheitsgebot, que decreta que sua produção deve levar apenas malte, água, lúpulos e levedura. Além disso, todas as cervejas da Bamberg têm inspiração alemã e são interpretações fiéis, introduzindo no Brasil vários estilos desse país. A Die Wiesn apresenta biscoito, tostado e caramelo no corpo, com os lúpulos alemães dando uma nota floral, herbácea. Há uma real leveza e um sabor límpido, fresco. Maturada por longo tempo em tanques, é um lançamento sazonal, próprio para a festa de setembro.

Avery The Kaiser Imperial Oktoberfest

Boulder, Colorado, EUA
ABV: 9,3%

Lúpulos: Magnum, Sterling, Tettnang, Hersbrücker

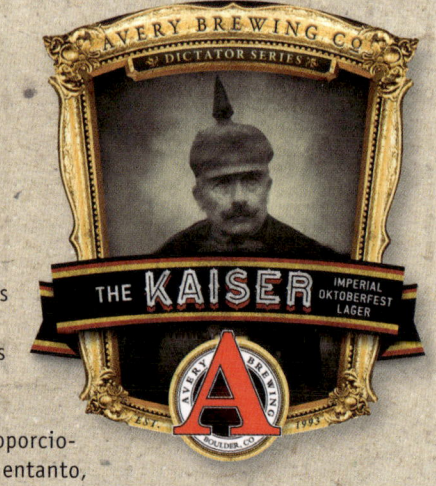

Como parte da série Ditadores, da Avery, The Kaiser Imperial Oktoberfest governa junto com a The Maharaja (imperial IPA) e a The Czar (imperial stout) para criar um poderoso triunvirato que objetiva ver o quanto você consegue expandir os estilos tradicionais. The Kaiser é a que leva as coisas mais longe. De cor cobre, tem predomínio de malte tostado, caramelo e pão; lembra um bolo por sua baunilha e amêndoas, mais inebriantes maçãs ao forno e frutas com caroço. Os lúpulos respondem com notas condimentadas, florais, amargas, equilibrando, mas sem impactar demais na boca. É grande, dominante, poderosa, e o atrai com uma afrontosa drinkability proporcionada por sua força — é uma oktoberfest como você nunca viu antes e, no entanto, conserva uma característica essencial do estilo, o que é impressionante. Você vai querer o maior pretzel do mundo para acompanhá-la.

Antes de os produtores dominarem o malte pale, o espectro de cor da cerveja se restringia ao vermelho, ao marrom e ao preto. Apenas no fim do século XIX estabeleceu-se uma produção regular de cervejas mais claras ao redor do mundo. Claro, antes disso algumas dessas cervejas eram feitas localmente, mas só então tiveram difusão mundial. As dark lagers evocam um gosto de cerveja de outros tempos, e as German dunkels e schwarzbiers, assim como as Czech dark lagers, são as clássicas desse grupo. "Dunkel" significa "escura", e "schwarz" significa "preta"; as schwarzbiers contêm mais cevada torrada, que lhes dá um sabor mais escuro, com mais amargor do malte. A Baviera é o lar da dark lager, que era a bebida cotidiana antes da chegada da helles. Não é o estilo mais popular fora da Europa Central, o que surpreende, pois pode se mostrar delicada e refrescante, assim como muito complexa.

DARK LAGER

O malte sobressai nesse tipo de cerveja, mas o faz com sutil elegância (pelo menos nos melhores exemplos). A cor vai de marrom-avermelhado a preto opaco, e o corpo varia de leve a cheio. Sabores de pão, chocolate, caramelo e malte tostado (cujo amargor é baixo) compõem o fundo, e os lúpulos em geral trazem equilíbrio, às vezes com toques de aroma fragrante. Com frequência, o sabor é mais leve do que o tom escuro sugere, e o teor de álcool fica entre 4% e 6%. Essas cervejas combinam bastante com comida e são bem aceitas no mundo todo: prove-as com pratos fortes de carne do Leste Europeu, com sushi ou culinária mexicana, na qual o cacau é usado para aplacar a temível pimenta.

U Fleků

PRAGA, REPÚBLICA TCHECA
ABV: 4,6%
LÚPULO: SAAZ

CLÁSSICA

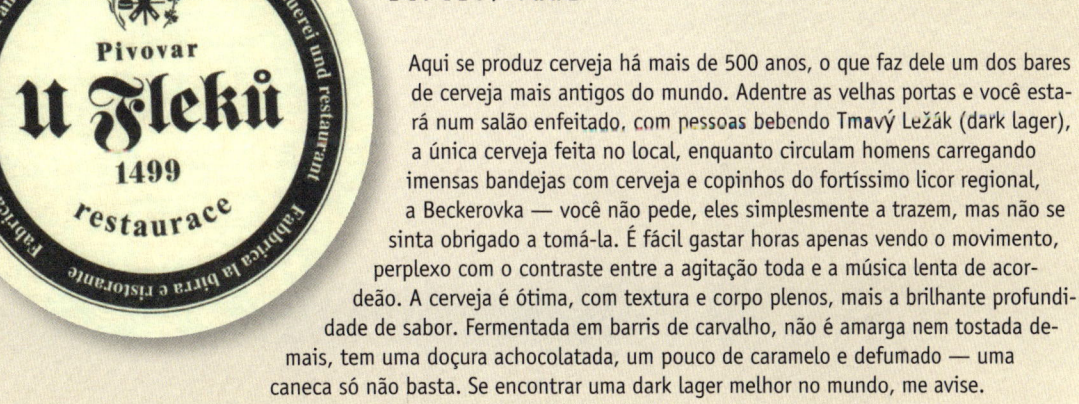

Aqui se produz cerveja há mais de 500 anos, o que faz dele um dos bares de cerveja mais antigos do mundo. Adentre as velhas portas e você estará num salão enfeitado, com pessoas bebendo Tmavý Ležák (dark lager), a única cerveja feita no local, enquanto circulam homens carregando imensas bandejas com cerveja e copinhos do fortíssimo licor regional, a Beckerovka — você não pede, eles simplesmente a trazem, mas não se sinta obrigado a tomá-la. É fácil gastar horas apenas vendo o movimento, perplexo com o contraste entre a agitação toda e a música lenta de acordeão. A cerveja é ótima, com textura e corpo plenos, mais a brilhante profundidade de sabor. Fermentada em barris de carvalho, não é amarga nem tostada demais, tem uma doçura achocolatada, um pouco de caramelo e defumado — uma caneca só não basta. Se encontrar uma dark lager melhor no mundo, me avise.

Port Brewing Hot Rocks

San Marcos, Califórnia, EUA
ABV: 6,2%
Lúpulos: Hallertauer Magnum, Tettnang

Essa é uma stein ("pedra") beer, que segue um método raro de produção praticado por centenas de anos até o início do século XX. Como alguns cervejeiros ainda usavam recipientes de madeira, que não funcionavam bem quando aquecidos pelo fogo por baixo, acrescentavam pedras em brasa à brassagem ou ao mosto da stein beer para criar uma súbita superfervura. Usava-se uma pedra especial, o basalto cinza, que suportava a transição do fogo para o líquido sem se quebrar. Brincar com fogo não é muito seguro, e o processo caiu em desuso quando o mundo adotou o aço inox, até que os cervejeiros voltaram a atirar pedras na fogueira. Lançamento sazonal de março e abril, a versão da Port Brewing tem cor de refrigerante de cola, corpo cheio, um tostado sutil, toques de toffee dos açúcares caramelizados pelas pedras, defumado intenso, amargor terroso e aroma floral de lúpulos. Uma pedreira!

Bamberg Schwarzbier

Votorantim, São Paulo, Brasil
ABV: 5%
Lúpulos: Hallertauer Magnum, Hallertauer Mittelfrüh

Com o nome de uma das cidades cervejeiras alemãs mais famosas, essa microcervejaria brasileira pratica uma gama de estilos clássicos alemães (e ganha muitos prêmios por isso), entre eles uma dunkel chamada Munchen e essa schwarzbier — fãs de dark lager devem provar ambas. A Schwarzbier deles é quase preta, o tipo de preto que é apenas avermelhado nas bordas. A farta espuma se assenta e forma uma camada fina; depois, há chocolate, café e crackers, mas nada exagerado, sempre como um leve toque. O amargor do lúpulo e do malte combinados é seco, torrado, floral e sacia a sede. A Munchen é mais clara e exala caramelo em vez de tostado. As duas são produzidas em moldes clássicos e têm finalização extremamente competente. Ótimas para acompanhar uma boa feijoada.

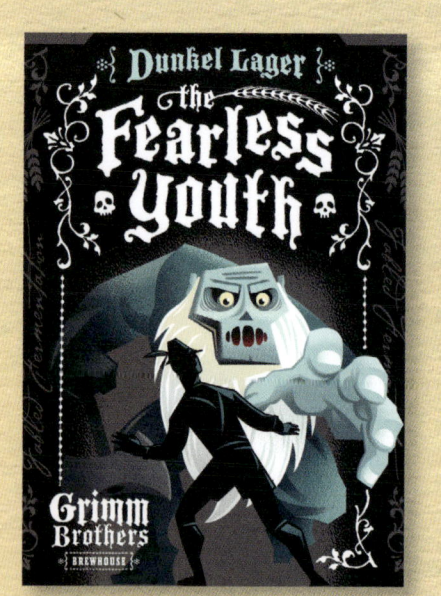

Grimm Brothers The Fearless Youth

Loveland, Colorado, EUA
ABV: 5,2%
Lúpulo: Magnum

As cervejas dos Grimm Brothers, de estilo alemão, têm por tema contos germânicos, como o nome sugere. O Fearless Youth ["Jovem Destemido"] é um rapaz ingênuo que não treme de medo mesmo diante dos desafios mais terríveis. Um dia, um dono de pousada diz para ele passar três noites num castelo assombrado. Muitos haviam tentado, mas ninguém conseguira. O castelo iria ensiná-lo a tremer ou, se ele aguentasse três noites, ganharia a filha do rei e as riquezas do castelo. Depois de três noites sem sentir medo diante de macabros desafios, ele se casa com a princesa, mas vive se queixando com ela por não ser capaz ainda de sofrer tremores. Uma noite, ela joga um balde de água gelada do rio na cabeça dele, e ele enfim consegue tremer. The Fearless Youth tem cor marrom-rubi. Com limpidez magnífica, é fácil de beber. Apresenta toques de uva-passa, nozes, caramelo e tostado, mas sem doçura; o malte impera, e os lúpulos finalizam o conjunto, como o "Fim" escrito ao término de um conto.

Ca l'Arenys Guineu Coaner

Valls De Torroella, Espanha
ABV: 4,7%
Lúpulos: Galena, Saaz

A cerveja artesanal espanhola demorou para deslanchar, mas está evoluindo e ganhando força. A Guineu tem uma gama de rótulos interessantes, desde uma pale ale com muito lúpulo e 2,5% de álcool a uma sólida American stout. A Coaner é uma dark lager marrom-rubi, a meio caminho entre a schwarz e a dunkel, feita com um pouco de malte defumado. Exala primeiro chocolate e malte tostado, depois açúcar mascavo, ameixa e uva-passa, um defumado adocicado e até um toque de especiarias. Encontra-se mais do mesmo a seguir, com o defumado atuando como um líder que mantém o conjunto coeso. Frutas secas, coco, nozes tostadas e depois um pouco de lúpulo floral e secura, previsível pelos 37 IBUs de amargor. Harmonize cerveja e comida locais: vá de presunto defumado ou linguiças catalãs (*botifarras*), ou cozidos à base de tomate, cuja acidez é atenuada pela Coaner.

Austin Beerworks Black Thunder

Austin, Texas, EUA
ABV: 5,3%
Lúpulos: Magnum, Tettnang, Saaz, Hallertauer

"Mantenha Austin Bizarra" virou um adesivo de carro da capital do Texas, e uma maneira de promover a criatividade dos negócios locais. Embora não seja bizarra, a Austin Beerworks sem dúvida é diferente e está fazendo algo de bom pela cerveja local. A Black Thunder é a sua versão da German schwarz. De cor marrom-escura, mostra primeiro chocolate, nozes tostadas, torrado queimado e caramelo; depois, há uma nota de fruta assada. Límpida e leve para beber, tem um toque de carbonatação que a torna refrescante para o sol texano, antes que os lúpulos terminem deliciosamente secos, marcando presença, mas não de forma gritante. É uma cerveja para carnes grelhadas ou defumadas, nas quais o sabor de tostado da cerveja equilibra o torrado do churrasco. Beba da lata enquanto grelha a carne.

Pretty Things Lovely St. Winefride

Cambridge, Massachusetts, EUA
ABV: 7%
Lúpulo: Hersbrücker

Tomo notas sobre as cervejas que bebo num caderninho preto. Algumas anotações têm cinco ou seis linhas; a maioria ocupa uma página inteira. Só uma foi além disso: essa cerveja — duas páginas inteiras. A Lovely Saint Winefride é uma brown lager vertida com uma espuma bronzeada e intenso aroma de chocolate, nozes tostadas, baunilha, lúpulos terrosos e florais e um toque de tabaco. O corpo é o que dá o prazer de bebê-la: pleno e ágil, cada gole é incrivelmente satisfatório, com um pouco de doçura, um pouco de malte escuro, uma leveza espantosa, uma nota apetitosa de sabor e um amargo seco e prolongado, tudo com uma refrescante brisa de lúpulos. A anotação em meu caderninho parece uma carta de amor: começa com "Como é que eles fazem algo tão bom?" e termina com um "Uau!".

A FAMÍLIA BOCK

Conheça bock, doppelbock, hellerbock e maibock, uma família alemã de lagers fortes. A bock e a doppelbock foram criadas nos séculos XVI e XVII, respectivamente. Einbeck, no sul da Alemanha — cidade famosa por sua cerveja de gosto forte, que foi exportada para toda a Europa —, é o lar da bock. Ela ficou tão popular que um cervejeiro foi trazido de Einbeck para Munique — o equivalente hoje à transferência milionária de um astro do futebol — para fazer bock na Baviera, e o estilo então se difundiu.

A doppelbock nasceu num convento de Munique, cujos monges faziam uma versão mais forte da bock e tiveram a antevisão de dirigir a cerveja artesanal para versões imperial e double. Sintetizando a visão da cerveja como "pão líquido", a doppelbock era bebericada pelos monges no jejum da quaresma. A maibock e a hellerbock são versões âmbar e dourada do estilo, tradicionalmente lançadas na primavera e com maior vigor de lúpulos.

A bock e a doppelbock apresentam uma suave profundidade de malte, qualidade que define essas cervejas. Têm doçura de pão líquido e de malte tostado (mais rica nas doppelbocks), baixa presença de lúpulos e cor do ouro ao preto, embora o mais comum seja o espectro vermelho-amarronzado. O corpo é médio, às vezes com doçura residual conforme ficam mais fortes. O amargor raramente chega a 30 IBUs. As bocks, incluindo a mai e a heller, têm 6% a 7,5% de álcool, e as doppelbocks, entre 6,5% e 8%. Espere nessas cervejas verdadeiras odes ao malte.

AYINGER CELEBRATOR DOPPELBOCK

AYING, ALEMANHA
ABV: 6,7%

CLÁSSICA

Todo amante de cerveja deveria ter uma coleção dos pequenos bodes de plástico tirados de cada Ayinger Celebrator que beberam. Por que eles penduram um bode no gargalo da garrafa, não faço ideia, mas é uma boa diversão quando você bebe uma. "Bock" significa "cabrito macho" em alemão, e muitas marcas têm um bode no rótulo. Uma história divertida a respeito conta que um duque e um cavaleiro estavam numa estranha disputa para ver quem conseguia beber mais, e que o cavaleiro desabou bêbado e pôs a culpa num bode. Como Einbeck era o lar do estilo, é mais provável que pedir "ein beck" logo evoluísse para ser pronunciado como "ein bock" e daí teria surgido o bode. A cerveja quando vertida é marrom-escuro com uma espuma bronzeada. Não é doce, mas tem chocolate, frutas secas, uma nota de torrado (que vem junto com um fiozinho de defumado), grande complexidade e sabor de lúpulo com suave equilíbrio.

Emelisse Lentebock

Kamperland, Holanda
ABV: 7,5%
Lúpulos: Saaz, Motueka

Pense nas bocks num espectro sazonal. Tradicionalmente lançadas no outono, elas chegam como as primeiras cervejas feitas com a nova safra de ingredientes. Conforme fica mais frio e mais escuro, as doppelbocks o aquecem no inverno, como o pão líquido necessário para passar a Quaresma. Depois, conforme os dias ficam mais claros, as bocks vão também clareando, e as maibocks ou hellerbocks são lançadas. As versões pale, primaveris, do estilo são mais leves em álcool e mais vivas em seu final de lúpulos. As maibocks trazem um pouco de frescor antes que as bocks deem uma pausa para que as helles e pilsners entrem prontas para o sol do verão. A Lentebock da Emelisse é âmbar-clara, com damasco e pêssego, frutas tropicais, vigor de cítricos, grama cortada e um pouco de grão. Com mel e floral, malte toffee no centro, uma forte pontada de lúpulos traz intenso amargor fresco. Sabor de um dia de primavera.

A FAMÍLIA BOCK

Scharer's Little Brewery Bock

Sydney, Austrália
ABV: 6,4%

Geoffrey Scharer é um herói pioneiro da cerveja artesanal australiana. Ao pedir um formulário a fim de solicitar a licença para abrir uma cervejaria, foi informado de que não existia um, apesar de haver uma pilha de formulários para o fechamento desse tipo de negócio... Em 1981, ele obteve a primeira licença da Austrália para instalar uma cervejaria e pôde então fazer as cervejas inspiradas nas alemãs que ele adorava e vendê-las no pub do qual era dono, o George IV Inn. Seu primeiro rótulo só saiu em 1987, e então a Burragorang Bock ficou famosa. Em 2006, David Wright e Luke Davies assumiram o pub e a cervejaria e continuam fazendo a bock, rebatizada como Scharer's Bock. É uma cerveja marrom-escura, tostada, achocolatada, um pouco torrada; tem frutas secas e um amargor que equilibra tudo por trás de um corpo leve. Geoffrey Scharer faleceu no início de 2012. Os cervejeiros australianos devem muito a ele.

Great Lakes The Doppelrock

Cleveland, Ohio, EUA
ABV: 6,2%
Lúpulo: Hallertauer

Era uma rodada de degustação, com seis cervejas por lote. À nossa frente, dezoito cervejas. "Uau, essa doppelbock é deliciosa!", eu disse ao provar a The Doppelrock. Estava com meus parceiros, Matt e Mark, num bar de Milwaukee. Eles ficaram chocados. "Essa é a única vez em que você dirá isso!", observou Matt. O fato é que a doppelbock não é um estilo como pilsner ou pale ale, com o qual você enche a geladeira, principalmente porque pode ser doce e forte; não é um estilo que eu beba muito, pois quase sempre prefiro o lúpulo ao malte. Íamos dando goles das amostras, com "ohs" de aprovação e "humpfs" de rejeição, quando Matt e Mark pararam na The Doppelrock e disseram: "Uau, essa doppelbock é deliciosa!". Tem pão, frutas secas e notas de chocolate; o corpo é cheio e enche a boca (aquela questão do pão líquido que você já sabe). É seca, não doce, complexa, interessante e — como dissemos — deliciosa.

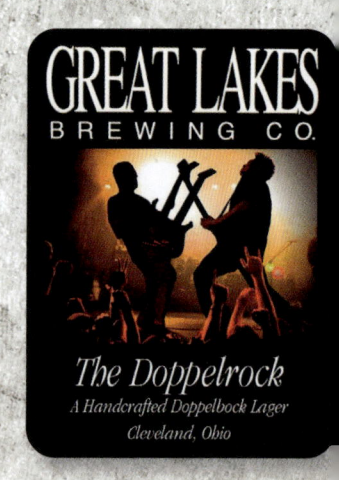

Birrificio Italiano Bibock

Lurago Marinone, Itália
ABV: 6,2%
Lúpulos: Magnum, Hersbrücker

Estávamos no Ma Che Siete Venuti a Fà, em Roma. É conhecido também como o Pub do Futebol por aqueles de língua menos ágil. O nome significa algo como "Mas o que vocês vieram fazer aqui?". Pedi uma Bibock e na hora me apaixonei pelo frescor do aroma: é como enfiar a cabeça num saco de lúpulo alemão, à medida que o aroma frutado, gramíneo e floral emana do copo. Para uma bock, que não se destaca pela presença de lúpulos, tem um nariz incrível. A Bibock verte uma cor vermelho-caramelo; há um suave toque de malte caramelo sob esse lúpulo, e ela tem um final seco e vivo, exalando mais lúpulo conforme você bebe, com um frescor gramíneo, condimentado — eu ainda podia me lembrar dos lúpulos na manhã seguinte. Os italianos fazem ótimas interpretações das cervejas clássicas seguindo a receita e depois introduzindo seus lúpulos. Ma Che Siete Venuti a Fà? Tomar Bibock.

Coney Island Human Blockhead

Nova York, Nova York, EUA
ABV: 10%
Lúpulos: Warrior, Tettnang, Liberty, Crystal, Cascade

Uma imperial American bock. O rótulo, com um homem de bigode martelando um prego no nariz, dá uma ideia das loucas mentes por trás da cervejaria Coney Island (ou de sua matriz, a Schmaltz). A Blockhead é uma grande doppelbock feita com lúpulos alemães e americanos. O malte domina, com caramelo, tostado, açúcar mascavo, pão, nozes e a doçura de frutas secas. Os lúpulos equilibram e dão uma nota floral, condimentada, e um amargor com algo de botânico. Imagine a mulher gorda do circo andando na corda bamba — é esse o tipo de coisa que você está obtendo: improvável, mas da qual não se consegue tirar os olhos, querendo mais. Procure a versão envelhecida em barril de bourbon — ela está agora andando na corda bamba e fazendo malabarismos com fogo.

Cervejaria Way Amburana Lager

Pinhais, Paraná, Brasil
ABV: 8,4%

Envelhecer cerveja em barris de madeira é algo feito há centenas de anos. O aço assumiu, mas agora os cervejeiros resgatam a madeira e usam diferentes variedades para transmitir sabores e texturas a suas cervejas. O carvalho é o mais comum. Os barris são preenchidos com cerveja (eles podem ter já contido vinho ou outra bebida alcoólica) ou acrescentam-se lascas de madeira aos tanques de aço. A *Amburana cearensis* é uma árvore nativa da América do Sul, e a Way a utiliza como lascas, que ficam embebidas na cerveja e, por sua vez, lhe dão sabor. A amburana confere à cerveja um fundo de baunilha, amadeirado, mais uma nota de cereja e profundidade de fruta sob o chocolate, o caramelo e as frutas secas da base de malte. Um amargor seco, herbáceo, se une ao tanino da madeira no final. Um sabor brasileiro único.

Baden Baden Bock

Campos do Jordão, São Paulo, Brasil
ABV: 6,5%

O Brasil tem uma grande população de origem germânica, e isso fica claro quando vemos os estilos de cerveja predominantes no país, com variações de pilsners, helles, dunkels e weizens. Embora a influência das americanas artesanais esteja presente, ainda não adquiriu a mesma força. Blumenau, na região Sul, foi fundada por alemães em 1850 e continua como um bolsão dessa colônia, onde cada ano é celebrada a Oktoberfest, com cerca de 1 milhão de visitantes (a cidade também abriga uma das maiores cervejarias artesanais do país, a Eisenbahn, que produz ampla gama de cervejas com influência alemã). No Sudeste, entre São Paulo e Rio de Janeiro, fica a Cervejaria Baden Baden, cuja linha de baixa fermentação contém a pilsner e essa bock. Cor de cobre, ela é cheia de malte tostado, com notas de chocolate, uva-passa e café, depois um toque apimentado e gramíneo de lúpulos. É como uma bock alemã, mas com a peculiaridade da cultura brasileira.

A FAMÍLIA BOCK

CURIOSIDADES ALEMÃS

Aqui temos um monte de cervejas incomuns e raras de baixa fermentação, originárias da Europa central, cada uma com sua base regional. Podem ser genericamente resumidas como cervejas azedas ou de trigo defumadas (às vezes as duas coisas) e representam estilos que remontam a centenas de anos e sobreviveram à extinção graças a modernos cervejeiros, que quiseram recriar seu sabor ancestral. A sutileza desses estilos geralmente é dada pelos lactobacilos ou ácido láctico, embora no passado possam ter sido fermentadas espontaneamente, como a lambic belga.

Procure por: Berliner weisse, pouco alcoólica, clara, uma cerveja ácida — é a mais comum do grupo, com um vigor refrescante, tradicionalmente misturada com xarope de framboesa ou aspérula para adocicá-la; gose, estilo regional de Leipzig, na Alemanha, uma ale de trigo, ácida, salgada, tradicionalmente de fermentação espontânea, com coentro e sal; grodziskie, ou grätzer, um estilo da Polônia, defumado e às vezes forte, com um amargor intenso; lichtenhainer, que fica entre a Berliner weisse e a grodziskie, leve, ácida, feita com malte defumado. Algumas cervejas estão basicamente extintas, mas podemos esperar um *revival* a qualquer momento... A broyan é uma cerveja escura, com pouco lúpulo, gosto doce e vigoroso, pouco alcoólica, predecessora da Berliner weisse, e que remonta ao século XVI; a mumme é uma cerveja amarga, escura, doce e forte.

BAYERISCHER BAHNHOF GOSE

LEIPZIG, ALEMANHA
ABV: 4,5%
LÚPULO: PERLE

CLÁSSICA

Gose é um estilo regional alemão raro, que tem viajado o mundo da cerveja artesanal graças à sedenta imaginação dos cervejeiros. O nome vem do rio Gose, que corta a cidade de Goslar. Em algum ponto da história, a cerveja foi transplantada para leste e virou o estilo de Leipzig. Hoje produzida com sais, originalmente era feita com a água salina e mineral de Goslar. Saindo de moda no século XX, volta agora, com os mestres cervejeiros colocando sal e coentro em seus tanques e obtendo uma azedeza intencional com o uso de bactérias lácticas. A da Bahnhof é um clássico. Tem ozônio, limão, minerais e especiarias, frescor e apelo únicos, um refrescante toque salgado, incomum, e sabor delicioso. O mestre cervejeiro da Bahnhof, Matthias Richter, faz algumas cervejas malucas, como uma gose com 10,5% de álcool envelhecida em barris de tequila, uma cerveja feita com a uva Gewürztraminer e uma porter com *Brettanomyces*.

Bell's Oarsman

Kalamazoo, Michigan, EUA
ABV: 4%

A convergência de algumas correntes diversas de tendências de cerveja faz a Berliner weisse se tornar um estilo cada vez mais popular. A sour beer vive um surto de apreciação, pois os bebedores procuram gostos diferentes; há um crescente interesse por estilos antigos de cerveja; as menos intensas estão recebendo maior atenção; as cervejarias usam cada vez mais trigo; e uma maturação das papilas gustativas leva o consumidor à procurar sutileza, em vez da pegada de lúpulos de uma bota número 44. A Berliner Weisse tem tudo isso, e a Bell's Oarsman é uma versão bem aproximada do estilo. Turva, dourado-clara, com um frescor límpido e leve, suave nos lábios, com aroma de limão, um vigor sutil, baixo amargor, uma nota de acidez láctica e um sabor refrescante como um drinque gelado ao sol do verão. Morrendo de sede num dia quente? Tome uma dessas.

Freigeist Bierkultur AbraxXxas

Colônia, Alemanha
ABV: 6%
Lúpulo: Spalter Select

Uma lichtenhainer aprimorada, de uma cervejaria artesanal alemã que faz as coisas de modo diferente. Trata-se de uma cerveja de trigo defumada, ácida, para ser bebida jovem, com teor alcoólico e amargor baixos. Pertence a um estilo quase extinto hoje, exceto por raros exemplos, por isso essa versão maior é como ver um unicórnio dançando no final de um arco-íris. A lichtenhainer em geral é fermentada com levedura ale e depois acidificada com bactérias lácticas. O malte defumado entra na cota de grãos, e fumaça e cinza de turfa são as primeiras coisas que você sente quando o aroma dessa cerveja dourada e brumosa emerge do copo. O defumado se funde ao aroma láctico, exalando cítricos e uvas como se uma tigela de frutas tivesse caído no fogo. Adstringente no início, persiste no final. Incomum, complexa, a AbraxXxas tem uma estranheza nada desprezível.

Upright Brewing Gose

Portland, Oregon, EUA
ABV: 5,2%
Lúpulo: Hallertauer

A gose me dá a sensação de bebericar champanhe sentado à beira-mar. Tem o ar salino, uma brisa fresca, borbulhas espertas e uma sutileza estimulante. A gose da Upright captou essa presença do sal, maravilhosamente apetitosa, que se espera do estilo e que funciona como um gatilho da fome no cérebro. Combinada ao toque áspero do sabor condimentado do coentro e a um final seco e refrescante, produz uma cerveja que faz você querer comer enquanto bebe. Escolha uma carne, pois o sabor da cerveja a realça, ou então queijos cremosos, aos quais o vigor da cerveja acrescenta um frescor fantástico. Além dessa gose, a Upright tem outras cervejas excelentes, envelhecidas em barril e com fermentações peculiares, algumas ótimas interpretações das belgas e também das cervejas americanas modernas.

CURIOSIDADES ALEMÃS

Professor Fritz Briem Piwo Grodziski

Freising, Alemanha
ABV: 4%
Lúpulos: Perle, Saaz

Estamos no último bar aberto da noite de Chicago, o Local Option, e andamos um tempão na chuva até chegar. Cansados, tudo o que queremos é uma boa IPA para acordar nossos sentidos embotados. Mas, assim que vejo a lista de cervejas engatadas disponíveis, meu radar de beer geek começa a piscar e vou até o balcão antes que os outros dois possam escolher qual bomba de lúpulo querem tomar. Volto com uma grodziski, uma Berliner weisse e uma gose. Sério. Na verdade, nem sei o que é uma grodziski; simplesmente quero uma. Estou animado; os outros dois, nem tanto. A grodziskie, ou grätzer, é ácida, cerveja de trigo de alta fermentação, feita com malte defumado na faia. Tem boa aparência, de um dourado-claro turvo, mas isso esconde o que reserva para o paladar: cítricos e vigor láctico, cravo, lenha queimada, doçura de banana e também um amargor brutal.

Farmers' Cabinet Layover in Berlin

Filadélfia, Pensilvânia, EUA
ABV: 3%

A primeira cerveja do dia é a escolha mais importante. Cometa um equívoco e se sentirá como se tivesse calçado o sapato no pé errado: vai sair tropeçando de cerveja em cerveja até recuperar o equilíbrio. Tome a decisão certa e abra aquele sorriso. Essa cerveja me deixou literalmente rindo de alegria depois de escolhê-la como a primeira do dia, assim que aterrissei em Copenhague para um festival de cerveja. Foi minha opção porque é leve e marcante, portanto perfeita para me reanimar e seguir em frente, mas me surpreendeu e me estimulou de muitas maneiras. Límpida e delicada, foi como um suave Sauvignon Blanc, com manga, groselha, maracujá e uva, refrescante, mas também complexa, marcante e notavelmente fresca. Continuei bebendo dela.

The Bruery Hottenroth

Placentia, Califórnia, EUA
ABV: 3,1%
Lúpulo: Strisselspalt

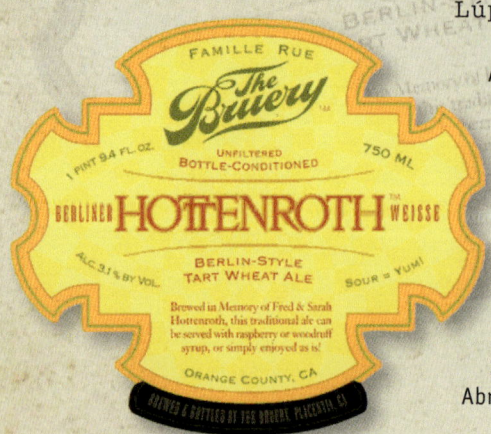

A Berliner weisse é em geral misturada com xarope de framboesa ou aspérula, para atenuar a pungência do estilo. Eu a prefiro pura — aprecio sua natureza límpida, refrescante. As Bruery compõem uma gama de cervejas deliciosamente esotéricas, de influência europeia, algumas delas azedas, de barril. A Hottenroth é feita com lactobacilos, o que confere uma nota cítrica e pungente, e levedura *Brettanomyces*, que torna a cerveja seca e com forte aroma (o de manta de cavalo é o clássico da Brett), sem acidez. De cor amarela muito clara, tem aroma de limão, láctico; é límpida, um pouco pungente, com algumas notas terrosas, toques de maçã e final seco (apenas 2 IBUs de amargor). Difícil achar algo mais refrescante. Tem sede? Abra uma no café da manhã ou prepare uma mimosa com cerveja.

Grimm Brothers Snow Drop

Loveland, Colorado, EUA
ABV: 5,2%
Lúpulo: Magnum

A Snow Drop faz parte do estilo de cerveja alemão köttbusser. Essa ale feita com mel, aveia e açúcar foi uma afronta à Reinheitsgebot, a lei alemã de pureza da cerveja, que originalmente só admitia cevada, água e lúpulos (mais tarde permitiu leveduras, trigo, centeio e açúcar). A Reinheitsgebot venceu, e a köttbusser foi extinta. Cada cerveja da Grimm Brothers é associada a um conto antigo, e esse é sobre como Floco de Neve virou Branca de Neve, embora o conto original tenha um final bem menos Disney, com a madrasta má obrigada a dançar até a morte calçando sapatos de ferro em brasa. A cerveja, feita com melaço, é dourada como a maçã na mão de Floco de Neve, com notas de mel floral, ésteres de banana e pera, mais um toque cítrico. O corpo é suave, os lúpulos, delicados, e o final é límpido. Conforme-se, Reinheitsgebot — a köttbusser está de volta.

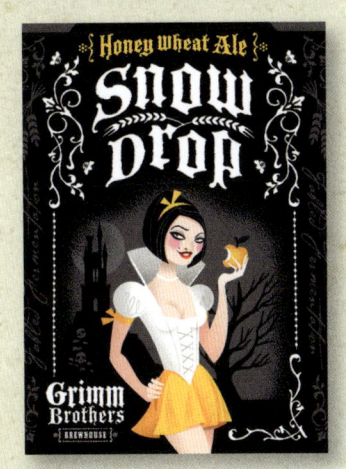

Schremser Roggen

Schrems, Áustria
ABV: 5,2%
Lúpulo: Malling

Roggenbier é um estilo alemão de ale que vem do século XVI, mas começou a desaparecer porque o centeio era visto como um ingrediente mais importante para as padarias do que para as cervejarias. O estilo retornou no fim do século XX, e há versões modernas como a dunkelweizen, com todo o trigo substituído por centeio maltado. A Schremser faz um dos poucos exemplos do estilo – e é um dos bons. Com uma turbidez amarronzada no copo, a cerveja tem a profundidade condimentada de pão e herbácea do centeio, além de um fundo floral, que se funde ao cravo e à banana da levedura; é suave, de corpo médio, com pão de centeio, toffee, especiarias, hortelã, um caráter de lúpulos terroso e o final seco, quase áspero, do centeio. É fácil harmonizar comida com essa cerveja: opte por um sanduíche de pastrame no pão de centeio, com muita mostarda e suculentos picles de pepino, no melhor estilo de Nova York.

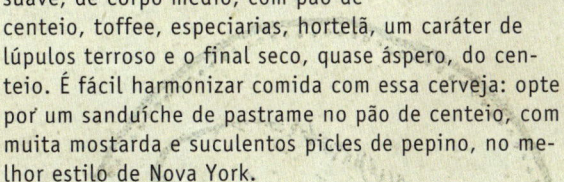

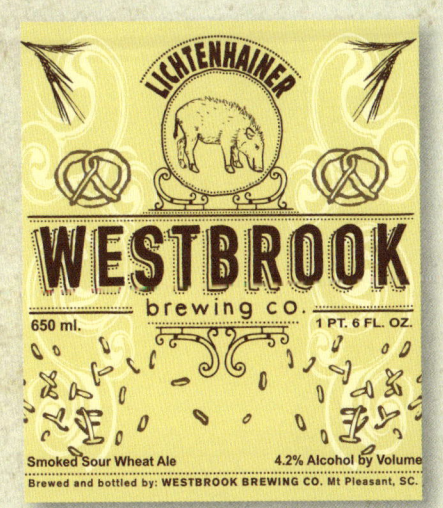

Westbrook Lichtenhainer

Mt. Pleasant, Carolina do Sul, EUA
ABV: 4,2%
Lúpulo: Millennium

Essa cerveja encanta olhos e ouvidos mesmo antes de chegar ao nariz e à boca: um redemoinho de borbulhas sobe pelo copo, efervescente, exuberante, rumo à espuma branca e densa do topo. Incline a cabeça mais para perto, e o sentido em geral esquecido da audição entra em cena: dá para ouvir as borbulhas sibilando, espoucando. Fiquei 5 minutos entretido com elas antes de dar um gole. Dulçor, aroma de carne defumada com suco de limão, é o que você sente — vem do malte defumado em faia e da aspereza láctica, similar à da Berliner weisse. Muita fruta e cítricos, e então o defumado persiste da mesma forma que se sente o cheiro de queimado na roupa após usá-la em um churrasco. É tudo estranhamente convidativo e se harmoniza como uma obra-prima maluca. O melhor é degustá-la como o rótulo indica: com carne de porco e pretzel.

CURIOSIDADES ALEMÃS

Cidade cervejeira, Köln (Colônia) sempre teve orgulho de sua produção. No fim do século XIX, com a chegada das pale lagers e a ameaça de se tornarem mais populares que os rótulos locais, a Corporação dos Cervejeiros de Colônia decidiu fazer uma cerveja para competir com elas. A kölsch é uma daquelas maravilhosas anomalias regionais que os cervejeiros artesanais escolheram para levar ao redor do mundo. Rodeada por lagers de baixa fermentação, é de alta fermentação, como sua vizinha, a alt. É servida em copos "Stangen" de 200 ml e lado reto e tem Denominação de Origem Controlada (DOC) — como o champanhe e o queijo roquefort — na União Europeia. É uma ale vestida de lager.

KÖLSCH

Fermentada com levedura de ale, a kölsch é maturada a frio lentamente, como uma lager. Os cervejeiros de Colônia definem a cerveja como de cor clara, bem atenuada e com muito lúpulo. A fermentação quente confere algo frutado ao aroma, e a água mole dá corpo leve e textura suave, quebrada pelo ataque seco dos lúpulos no final. Esse final seco e lupulado é acentuado pela filtragem da cerveja. Tradicionalmente, o teor de álcool fica em 5%, com cerca de 25 IBUs. É uma cerveja delicada, com grande drinkability, que vem se popularizando no mundo como alternativa às lagers.

PÄFFGEN KÖLSCH
COLÔNIA, ALEMANHA
ABV: 4,8%

CLÁSSICA

Você pode comprar garrafas de outras kölschs de Colônia (como Früh, Gäffel e Dom), mas, para beber uma Päffgen, precisa ir à própria cervejaria. O que é bom. Mesmo que às vezes o ideal seja sentar em casa, relaxar e curtir uma cerveja que venha até você, é bem melhor ir ao encontro da cerveja, ainda mais se for uma kölsch tão intimamente associada a um lugar. Se você for até a cerveja, terá uma experiência completa: poderá ver onde é feita e compartilhar isso com os outros. E ir até a Päffgen significa beber kölsch: eles só fazem esse estilo. Ela vem em copos pequenos — você dá dois goles e já pede outra. Leve e límpida, tem uma nota de malte no sabor, mas os lúpulos avançam, dão um toque frutado seco, herbáceo, e um final equilibrado, que sacia a sede.

Bi-Du Rodersch

Olgiate Comasco, Itália
ABV: 5,1%
Lúpulos: Magnum, Perle, Styrian Golding, Select

Olhar para essa cerveja verter seu dourado brumoso com a densa espuma branca no topo desperta a sede. A Rodersch tem mais lúpulo que muitas interpretações do estilo, mas é o que a torna tão deliciosa: floral e resinosa, frutada com laranja, pêssego e damasco e com uma nota doce herbácea no fim. Traz corpo leve e um toque cremoso por não ser filtrada (o que não é tradicional numa kölsch). Há ainda aromas de pão branco e malte biscoito antes do final prolongado, seco e frutado. O estilo kölsch pede comida, pois é leve, mas ainda assim assertivo e vivo o suficiente para não ser sobrepujado. Comida italiana combina bem, ainda mais com uma kölsch da mesma nacionalidade: massa com frutos do mar, risoto ou um pedaço de pizza.

Thornbridge Tzara

Bakewell, Inglaterra
ABV: 4,8%
Lúpulos: Perle, Tettnang, Mittelfrüh

Apesar de algumas cervejas estarem bastante vinculadas a um lugar, é possível replicar um estilo em qualquer parte do mundo, equilibrando a composição da água, escolhendo bem os maltes, os lúpulos, as leveduras e, claro, os cervejeiros. A Tzara é um manual de kölsch e um teletransporte para seu paladar — um gole o leva direto para Colônia. Verte um dourado-claro com uma fina camada branca de espuma. O aroma é sutil e límpido, com um pouco de limão, frutado e floral, devido aos lúpulos com uma pontinha de tutti-frutti; o tipo de aroma delicado, mas intrigante, que faz você sair atrás dele pelo copo, tentando entender sua complexidade esquiva. A sensação na boca é suave, a levedura é de cepa Kölsch, e os lúpulos, todos alemães. Excelente.

Metropolitan Krankshaft

Chicago, Illinois, EUA
ABV: 5%
Lúpulo: Santiam

A Metropolitan Brewery fica no bairro de Andersonville, no norte de Chicago. Essa cidade, junto com Milwaukee, representa um importante berço para a produção de American lager nos EUA. Ela abrigou grande população de alemães em meados do século XIX, sobretudo em sua porção setentrional, e constituía um forte mercado de cervejas em estilo germânico. Um grande incêndio, gângsteres, a Lei Seca e aquisições de cervejarias combinaram-se para expulsar da cidade a lager e a produção cervejeira por longo tempo — apenas na década de 2000 Chicago viu esta última ressurgir. A Krankshaft não é uma lager, mas traz de volta à cidade os sabores e estilos alemães. É a best-seller da Metro — dê um gole e entederá o porquê, conforme o suculento caráter frutado exalar do copo. Tem corpo leve, límpido e suave, e a pegada do amargor faz você querer mais.

KÖLSCH

A altbier é uma ale alemã originária de Düsseldorf, com frequência mencionada ao lado da kölsch como irmãs renegadas das cervejas alemãs. "Alt" significa "velho" e faz referência ao antigo estilo de fazer cerveja, e não ao fato de ela ser envelhecida. Como ocorreu com a kölsch, foram as pale lagers que catalisaram a manutenção das alts em circulação; quando as pilsners ameaçaram assumir o comando, a alt foi protegida e incentivada como a cerveja local de Düsseldorf. Quanto ao processo de fabricação, fica entre uma ale e uma lager, pois é fermentada a frio com levedura de ale (que em geral pede fermentação quente) e maturada a frio como uma lager. Outra similaridade com a kölsch: vem em copos de 200 ml chamados "Bechers". A sticke é uma versão da alt mais forte (até 6,5% de álcool) e mais amarga; a doppel sticke sobe ainda mais o teor alcoólico e chega até 8,5%.

ALT

Cor de cobre, às vezes indo para o marrom, a altbier tem entre 4,5% e 5,5% de álcool. O amargor é acentuado e realçado pela dureza da água. A alt clássica tem corpo médio, é maltada, mas não doce, às vezes um pouco frutada e tradicionalmente usa lúpulos alemães. O tempo estendido de armazenagem confere uma profundidade límpida, suave, à cerveja, diferenciando-a de suas primas não armazenadas a frio. Algumas alts são ajustadas para se parecerem mais com as descoladas amber ales (ou vice-versa, sendo que as amber lagers constituem uma espécie de versão intermediária). Tudo depende dos lúpulos e da rotulagem.

UERIGE ALT

Düsseldorf, Alemanha
ABV: 4,7%
Lúpulos: Hallertauer, Spalt

CLÁSSICA

O orgulho provinciano da cerveja local é o que mantém a kölsch e a alt na ativa — isso e o fato de serem ambas bebidas maravilhosas. Enquanto a alt responde por uma diminuta porcentagem da cerveja que se bebe na Alemanha, em sua cidade natal ela equivale a cerca de metade da cerveja vendida. O prazer de tomar uma alt vem de sua sutileza límpida e elegante, que só se consegue com um longo tempo no tanque, produzindo uma leveza que faz com que uma cerveja equivalente, mas não armazenada, pareça pesada e desajeitada. As semanas de descanso também permitem que as leveduras a limpem, reabsorvendo os ésteres frutados que usualmente se encontram em uma ale. O Uerige é um lindo pub no centro histórico de Düsseldorf, a poucos passos do Reno. De cor castanho-avermelhada e densa espuma, essa produção local apresenta corpo médio, gosto tostado de pão integral e uma maltosidade de nozes antes que o amargor entre com uma terrosidade picante.

Nils Oscar Ctrl Alt Delete

Nyköping, Suécia
ABV: 4,5%
Lúpulo: Spalt

Cor de cobre, com uma espuma branca rendada e aroma de frutas vermelhas e pão integral, límpida de beber, fresca, talvez um pouco cítrica, com um travo terroso e amargo no final. Tem mais — tantas coisas que o paladar nem dá conta de sentir: uma sutil complexidade, uma inesperada abundância dos lúpulos, grande profundidade... Fico olhando para a cerveja enquanto bebo e tento pensar a respeito dela. Qual é o sabor que não consigo captar, qual o truque que os lúpulos estão aplicando, que malte é usado para obter essa profundidade? Mas a cerveja me olha por sua vez e diz: "Seu tonto, apenas beba e pare de pensar!". Ctrl Alt Delete. Dê um *restart* no seu cérebro. Apenas beba. Esse é o tipo de cerveja que paralisa o cérebro; não demanda atenção, mas mesmo assim é danada de boa.

Freigeist Bierkultur Hoppeditz

Colônia, Alemanha
ABV: 7,5%
Lúpulos: Spalter Select, Tettnang, Hersbrücker, Saphir, Northern Brewer

Embora a tradição prevaleça na maioria das *brauhäuser* alemãs, a Freigeist Bierkultur ri de todas as demais. Ela se destaca com a produção de cervejas nada tradicionais, incluindo uma porter ácida, recriações de estilos incomuns, como gose e lichtenhainer, e cervejas com acréscimo de frutas e ervas, algo que a Reinheitsgebot não vê com bons olhos. A Hoppeditz é uma doppel sticke, uma ale alemã forte, similar a uma barleywine em sua grande base de malte e nos lúpulos usados sem amarras. A cor pende para o marrom-âmbar, e imediatamente o aroma lhe diz para esperar algo diferente: toffee, frutas secas, tâmaras, frutas vermelhas e muitos lúpulos terrosos e gramíneos. Corpo grande, que carrega os mesmos sabores e mais uva-passa e chocolate, chá e especiarias, além de um golpe de pimenta e pinho no final, para compor uma mistura realmente complexa de malte e lúpulos. É o lado alternativo de uma alt.

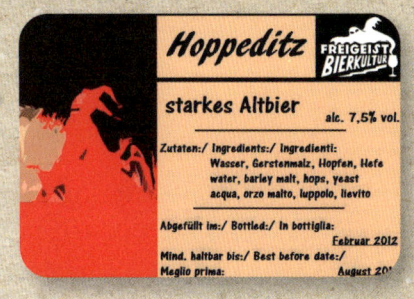

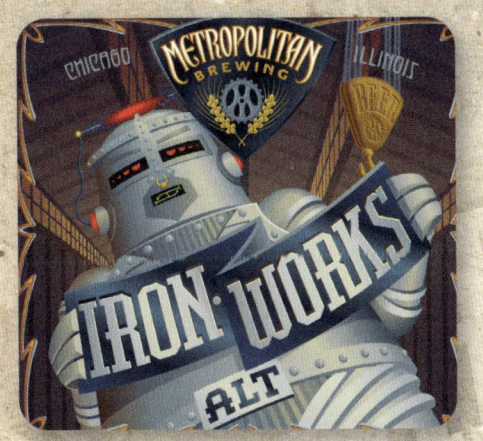

Metropolitan Iron Works

Chicago, Illinois, EUA
ABV: 5,8%
Lúpulos: Mt. Hood, Vanguard, Horizon

Düsseldorf e Colônia ficam a apenas 40 km uma da outra, e a rivalidade entre elas é antiga. As cidades diferem por dois fatores: a margem que ocupam do rio Reno e suas cervejas. A atitude da Metropolitan é tentar aproximá-las com uma homenagem a ambos os estilos cervejeiros, portanto produz uma alt e uma kölsch. A Iron Works é uma alt de cor cobre-avermelhada, com predomínio frutado dos lúpulos americanos, exalando frutas vermelhas e um aroma gramíneo, cítrico e herbáceo. O amargor é intenso e duradouro, com uma aspereza seca final que cria um agradável contraste com o toque de pão integral do malte. O site da cervejaria sugere que ela vai bem, entre outras coisas, com speed dating, hóquei ao ar livre e punk rock. Combine isso tudo e mande os convites da festa.

CREAM E STEAM BEER

Dois estilos de cerveja nativos americanos, cream beer e steam beer são híbridos das produções americanas e europeias e nasceram para brigar com as pale lagers que se espalhavam pelo país.

A cream beer assemelha-se à kölsch por ter alta fermentação (ou uma combinação de leveduras de alta e baixa fermentação) sob temperatura fria e por ser depois submetida a condicionamento a frio. Remonta ao fim do século XIX e se desenvolveu como alternativa de ale às populares lagers. Hoje é um estilo incomum, e parece que ninguém sabe de fato muito a respeito dela ou de onde vem seu nome... Com cor do amarelo-claro ao âmbar, 4-5,5% de álcool e amargor na faixa das 20 IBUs, em geral usa lúpulos americanos da velha escola (Cluster e Northern Brewer), que dão equilíbrio em vez de audácia. Corre o risco de ser substituída por estilos mais na moda como kölsch e amber, mas ainda circula por aí.

A steam beer se desenvolveu quando os americanos migraram para o oeste no século XIX, em busca do calor e da potencial riqueza da costa do Pacífico. Ali, cervejeiros de lager que não tinham ainda refrigeração artificial, ou fácil acesso ao gelo, faziam as leveduras agirem em temperaturas mais quentes que o usual e, aos poucos, criaram uma cepa para esse tipo de fermentação. São Francisco é o lar dessas cervejas, também chamadas de California common. Têm cor de dourado a âmbar, malte tostado no centro e lúpulos de discretos a enérgicos. Usam em geral variedades amadeiradas, herbáceas, de lúpulos americanos, como Northern Brewer. Têm 4,5-5,5% de álcool e IBU de 25-45.

ANCHOR STEAM BEER

SÃO FRANCISCO, CALIFÓRNIA, EUA
ABV: 4,9%
LÚPULO: NORTHERN BREWER

CLÁSSICA

A Anchor Steam detém a marca Steam Beer, daí o nome alternativo California common. Antes, a cerveja era resfriada no telhado da cervejaria, então dava a impressão de que o prédio exalava vapor, o que gerou o apelido. Outra explicação etimológica é que se tratava de cerveja de alta carbonatação, e os barris soltavam vapor quando abertos. A Anchor Steam é feita com uma cepa especial de levedura e fermentada à temperatura de ale. Usa lúpulo Northern Brewer, de frescor amadeirado de hortelã, que acabou se tornando a variedade definidora do estilo. Ao ser vertida tem a cor cintilante que os garimpeiros da Corrida do Ouro sonhavam encontrar; boa carbonatação, fundo tostado, malte caramelo, praticamente sem ésteres; o final lupulado é seco e sacia a sede. É feita em São Francisco desde 1896, embora provavelmente tenha ficado boa só a partir da década de 1970.

Gadds' Common Conspiracy

Ramsgate, Inglaterra
ABV: 4,8%
Lúpulos: Northern Brewer, Cascade

Essa foi originalmente um esforço conjunto de Eddie Gadd, da Ramsgate Brewery, e de dois amigos seus cervejeiros, Phil Lowry e Steve Skinner (daí o ESP no rótulo). Um dia, tomando uma Anchor Steam, começaram a discutir o estilo e nasceu a ideia da Common Conspiracy — hoje um lançamento anual especial da cervejaria. Tem corpo sólido de malte pale ale, que dá estrutura para os lúpulos americanos vivos e cítricos, e para uma pegada botânica, herbácea. Apresenta toques de grapefruit, ervas aromáticas, doce e fragrância floral, antes que o final, longo e seco, se instale. O nome da cervejaria é Ramsgate, mas todos a chamam de Gadds, por causa do afável Eddie, dono e mestre-cervejeiro. Não se produzem muitos rótulos no litoral de East Kent, portanto essa é uma boa desculpa para visitar o balneário e tomar uma cerveja de qualidade.

Bad Attitude Bootlegger

Stabio, Suíça
ABV: 6,94%
Lúpulos: Amarillo, Perle, East Kent Goldings

Se eu tivesse uma cervejaria, faria o envase em garrafas bojudas como as que a Bad Attitude usa. Elas me lembram das lagers francesas baratas que meu pai trazia para casa depois de cruzar o Canal da Mancha, e segurá-las na mão desperta uma nostalgia de infância: é como rever os adultos bebendo, lembrar de como minha mão pequena não segurava direito o copo gelado, recordar aquele primeiro gole amargo. A Bootlegger é uma California common feita na Suíça por italianos. Usa lúpulos americanos, alemães e ingleses, coentro e cana-de-açúcar, e é fermentada com levedura de lager em temperaturas quentes. A cor é ouro-brumoso, e os lúpulos aparecem primeiro com uma nota floral, de pêssego e cítricos; o corpo tem cremosidade, e o final é seco e apimentado. Tome direto na garrafa — é mais divertido.

Sixpoint Sweet Action

Brooklyn, Nova York, EUA
ABV: 5,2%
Lúpulos: Horizon, Glacier, Cascade, Centennial

Nem a própria cervejaria sabe classificar direito essa cerveja, colocando-a em algum lugar entre pale ale, wheat ale e cream ale. Gosto desses três estilos, então por mim tudo bem. De cor âmbar, tem pinho e casca de laranja e grapefruit no aroma, apontando para uma pale ale. O malte enche a boca, em uma cremosidade suave com um toque de mel, destacando primeiro as características de cream e wheat ale, antes que o amargor de cítrico e pimenta a traga de volta para uma pale. Acho que não há lugar melhor para bebê-la do que o Barcade, no Brooklyn, talvez a cervejaria mais legal do mundo. Nesse espaço escuro, tipo garagem, fliperamas antigos se alinham pelos cantos enquanto gente muito descolada se dedica animadamente a apertar botões ou a tomar chope de uma magnífica seleção de marcas. Diversão acompanhada por uma cerveja maravilhosa.

CREAM E STEAM BEER

A FAMÍLIA WEISSBIER

Weissbier, hefeweizen ou weizenbier são a mesma coisa e compõem essa família de cervejas de trigo de estilo alemão. A tradução comum de "hefeweizen" é "trigo de levedura", e essas duas coisas definem as cervejas: elas usam cepas de levedura características, que dão um aroma de ésteres, frutado. Você vai notar banana, baunilha, cravo, tutti-frutti e, às vezes, uma ponta de cítricos. O trigo compõe pelo menos 50% da cota de grãos, conferindo à cerveja suavidade e turbidez, graças à proteína no grão. A levedura é a chave para esse estilo, por isso os níveis de lúpulo costumam ser baixos — em geral estão ali para dar equilíbrio, e não para ser notados. A carbonatação é alta, e as cervejas são bem atenuadas, por isso têm final seco; podem apresentar gosto doce no início, mas note como isso desaparece no fim.

Há uma boa variedade de cervejas de trigo, e a melhor maneira de compreendê-las é pela cor: a dourada é a clássica hefe; a âmbar tem nome impronunciável nos guias de estilos: bernsteinfarbenes (ou estilo do sul da Alemanha); marrom-escuras são as dunkelweizens. Nessas, o sabor de malte evolui de sutil com aromas de pão a caramelo e chocolate. Pode-se também considerar o tamanho: a leichtes ("leve") é a versão menor da hefe, encontrada na Alemanha e em poucos outros lugares, com cerca de 3% de álcool, enquanto a weizenbock é uma versão mais forte (6-9% de álcool). A kristalweisse é uma versão filtrada, sem as leveduras.

WEIHENSTEPHANER HEFE WEISSBIER

Freising, Alemanha
ABV: 5,4%
Lúpulos: Perle, Magnum

CLÁSSICA

A cervejaria mais antiga do mundo faz a melhor weissbier do mundo e é o exemplo definitivo do estilo; tão definitivo que muitas outras cervejarias usam a levedura da Weihenstephan em suas cervejas de trigo. Em 1021, foi fundado um mosteiro no alto do monte de mesmo nome e, em 1040, começou ali a produção de cerveja. Em 1803, a abadia beneditina fechou, e o governo da Baviera assumiu a cervejaria. A hefe é a cerveja-símbolo da Weihenstephan. Turva, âmbar-clara e tem uma espuma branca cremosa. Seu aroma é o que aqueles que fizeram o manual de cervejas sentiram quando descreveram a hefeweizen: banana, tutti-frutti, cravo, limão e um toque de lúpulo floral. Um gole e você tem uma nota doce, nozes tostadas e caramelo, depois ela fica seca de repente, e os aromas de ésteres participam do sabor. Essa cerveja enche a boca, é prazerosa de beber e deve ser vertida num copo grande para se apreciar sua elegância, que é leve, mas saborosa.

Live Oak HefeWeizen

Austin, Texas, EUA
ABV: 5,2%
Lúpulos: Saaz, Hallertauer, Saphir, Tettnang

Iniciada por cervejeiros caseiros, a Live Oak traz as cervejas alemãs para o Texas, com estilos clássicos feitos à moda tradicional. A HefeWeizen é um exemplo brilhante de German weissbier e é vista como uma das melhores dos EUA. De um dourado brumoso com muita espuma, tem banana, cravo picante, baunilha, frutas com caroço e algum lúpulo floral. Tem uma cremosidade exuberante, que eu aprecio nesse estilo, rica e também leve, e com uma profundidade que faz você querer beber mais. No final, um pouco de lúpulo frutado e de cítricos, quando desce. A Live Oak faz também a Primus, uma weizenbock genial, maior e mais forte que a hefe.

Matuška Pšenicńé

Broumy, República Tcheca
ABV: 5,1%
Lúpulos: Saaz, Premiant

Não, eu também não sei como pronunciar isso. Tampouco tinha ideia de que estilo era quando pedi uma num bar em Praga. Só sabia que queria beber a cerveja da Matuška, o que quer que fosse. Depois de falhar na tentativa de dizer "Pšenicńé" — significa "trigo", mas ainda não sei pronunciar —, decidi apontar e acenar, e então o garçom me perguntou num inglês impecável o que eu desejava. A Matuška (a pronúncia é Ma-tuch-ca) faz algumas das cervejas modernas mais interessantes da República Tcheca. Eles também produzem ótimas versões de estilos clássicos, exatamente o que a Pšenicńé é. Dourado brumoso, densa espuma, ela tem tudo o que você quer e um pouco mais, com corpo cheio e profundidade de sabor. Há ainda uma versão mais forte excelente, felizmente bem mais fácil de pronunciar. É chamada simplesmente de "Weizenbock".

Bogota Beer Company Chía Weiss

Bogotá, Colômbia
ABV: 4,6%
Lúpulos: Magnum, Golding

Moderna cervejaria na capital da Colômbia, a Bogota Beer Company é uma das poucas artesanais do país. A Chía é uma ótima cerveja, dourado-clara, com leve turbidez; os ésteres estão lá, mas não são como alguém esfregando uma banana amassada no seu nariz. Límpida, com uma carbonatação ágil, um pouco cremosa, tem uma nota fresca de cítricos que a torna muito fácil de beber. Com alguns pubs espalhados pela cidade, a BBC está difundindo uma gama de boas cervejas para os colombianos. Para dar mais autenticidade a sua experiência, prove a cerveja com um prato regional, como o ajiaco, uma sopa de frango e milho, engrossada com batatas e servida com creme, alcaparra e abacate. A Chía vai entrar com sua rica cremosidade e dar um toque cítrico que combina com as alcaparras.

Moo Brew Hefeweizen

Tasmânia, Austrália
ABV: 5,1%
Lúpulo: East Kent Goldings

Você vai notar um padrão recorrente neste livro: gosto de cervejas com bom aspecto. Não só no copo, mas antes mesmo de estarem prontas para ser consumidas, há garrafas de cerveja que são obras de arte, como algumas da Moo Brew. É o que se poderia esperar de uma cervejaria que começou no Museu de Arte Antiga e Moderna de Hobart, Tasmânia (num bloco cilíndrico com fachada de vidro defronte ao mar, como o covil de um super-herói). Tipicamente australiana em sua franqueza, a cervejaria diz: "A peculiar garrafa da Moo Brew tem a arte de John Kelly na frente, bobagens atrás e a cerveja no meio". A cor é de um dourado turvo, e o aroma é de banana, baunilha e cravo, mais suave que nas fortes versões alemãs. O corpo é liso e límpido e termina com ímpeto, como uma refrescante e bem-realizada mistura de alemã antiga e australiana moderna.

Birrificio Italiano VùDù Weizen

Lurago Marinone, Itália
ABV: 5,5%
Lúpulo: Hallertauer Magnum

Acho que a Italiano faz as melhores interpretações modernas de clássicos europeus de todas as cervejarias do mundo. Pilsners, bocks e cervejas de trigo — todas apresentam tal competência que os clássicos originais até parecem sem graça. A sua B. I. Weizen tem profundidade e é deliciosa, suave e cremosa, sem deixar de ser refrescante e leve. A VùDù é uma dunkelweizen produzida uma ou duas vezes por ano. De cor de chocolate ao leite com uma espuma instável, é um delírio visual. Muito aroma de banana e chocolate, frutas secas, maçã e canela, uma profundidade cremosa, mais uma carbonatação viva. Os lúpulos trazem cítricos leves e amargor herbáceo e dão mais do que se esperaria do estilo, o que a deixa fácil de beber e você querendo mais. Mágica. Ou talvez uma cerveja vodu.

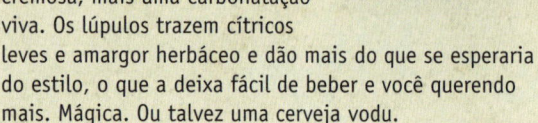

Schneider Aventinus Weizen Eisbock

Kelheim, Alemanha
ABV: 12%
Lúpulo: Hallertauer Magnum

É uma weizenbock que congelou parcialmente. Como o álcool congela a temperaturas mais baixas que a água, o gelo que se forma primeiro é só água. Ao retirá-lo, o álcool e o açúcar ficam mais concentrados, e a cerveja, mais forte. A história original (criativamente mitificada) é que numa noite gélida, quando a cerveja era despachada, um funcionário negligente deixou alguns barris ao relento, e a cerveja congelou em parte. Temendo a demissão, ele retirou o gelo e viu que a cerveja ficou com gosto excelente. Essa prática é tecnicamente uma destilação parcial, ilegal em alguns países, como os EUA. A Eisbock da Schneider tem cor de mogno e espuma clara. Sentem-se uva-passa, maçã, ameixa, frutas escuras, marzipã, banana assada, baunilha, especiarias e chocolate. É suave, calorosa, doce, complexa e rica.

Schneider Weisse Tap 5 Meine Hopfenweisse

Kelheim, Alemanha
ABV: 8,2%
Lúpulos: Hallertauer Tradition, Hallertauer Saphir

"Fogos de artifício de lúpulos" é sua descrição oficial. Para uma cervejaria que fazia a mesma cerveja desde que abriu em 1872, ainda mais num país tradicionalista como a Alemanha, essa hopfenweisse causou um furor no mundo cervejeiro. Tudo começou quando a Schneider estabeleceu uma colaboração com a Brooklyn Brewery; ambas faziam uma weizenbock e depois a submetiam a dry-hopping — a Schneider usando Hallertauer Saphir, e a Brooklyn, Amarillo e Palisade. As cervejas eram tão boas que a Schneider as incluiu como itens permanentes. A Tap 5 é uma cerveja incrível, que combina banana e os aromas de ésteres da levedura com laranja, damasco e o frescor resinoso dos lúpulos — uma obra-prima olfativa. De corpo suave e rica em malte, tem ainda muito sabor de lúpulo, que lhe dá um amargor terroso, um final seco botânico e uma intensa presença de lúpulos, como a de uma weizen IPA. É o encontro da Alemanha tradicional com a América pioneira.

Fujizakura Heights Kougen Weizen

Yamanashi-ken, Japão
ABV: 5,5%
Lúpulo: Perle

A Fujizakura não tem uma linha extensa de cervejas, mas as que ela produz são excelentes. As weizens parecem ser as favoritas, com uma versão defumada, uma weizen chocolate e uma weizenbock. Mas é a convencional que deve despertar sua sede. Amarelo-brumosa, com uma espuma branca cremosa, tem banana, tutti-frutti, maçã, baunilha e cravo, todos sussurrando delicadamente em vez de gritarem como loucos participantes de algum concurso. Suave, equilibrada, mais cremosa que a maioria e autenticamente alemã, tem um toque de carbonatação que a mantém leve. É definitivamente uma opção para sashimi — o condimentado sutil e a cremosidade combinam com a textura do peixe e controlam o furor do wasabi. Os aromas frutados da weizen e sua profundidade refinada têm feito dela um dos estilos de cerveja mais populares do Japão.

Piece Dark-n-Curvy

Chicago, Illinois, EUA
ABV: 6%

O Piece é um pub de cerveja e pizzaria que apresenta qualidade em ambos os ramos de negócio. Era noite de karaokê quando estive lá, e apesar de termos comido fantásticas pizzas de massa fina (em Chicago, cidade famosa pela deep dish pizza que mais parece uma torta), tinha gente demais subindo no palco para vociferar versões ruins de canções clássicas. Felizmente, no que se refere às cervejas, o cervejeiro Jonathan Cutler acerta em cheio nos clássicos, especialmente nas de trigo, que cintilam com medalhas e prêmios. A Dark-n-Curvy é uma deliciosa dunkelweizen, de cor chocolate, com aquele ótimo aroma de banana e tutti-frutti, e mais um pouco de chocolate do grão escuro. O corpo enche a boca, mas o final tem uma secura condimentada, com um toque de açúcar mascavo e baunilha. Prove também a Top Heavy, uma hefeweizen esplêndida, suave, de imensa drinkability e cheia de sabor. Excelente com pizza, divertida com karaokê.

A FAMÍLIA WEISSBIER

AMERICAN WHEAT

Esse é um estilo americano moderno, situado em algum ponto entre a Hefeweizen, a Wit, a Kölsch e a American pale ale. Em geral claras e feitas com alta proporção de trigo na mistura (30-60%), são cervejas de bela turbidez, com leveduras de American ale em vez das típicas cepas bávaras ou belgas. Isso significa que os grandes ésteres de banana ou de cravo não devem ser dominantes, embora em parte possam de algum jeito aparecer e funcionar maravilhosamente. Os lúpulos se destacam aqui, e costumam-se empregar variedades americanas, sejam discretas, sejam generosas. Combinar o uso tardio do lúpulo ao dry hopping para criar um duplo ataque frutado, de lúpulo e levedura, é uma ótima ideia para essas cervejas suaves, fáceis de beber e aromáticas.

Nesse estilo, o teor de álcool fica em 4-6%, com amargor começando baixo e alcançando 40 IBUs nos exemplos mais intensos. A cerveja é quase sempre não filtrada, embora às vezes haja filtragem, e a levedura suspensa dá plenitude de corpo e profundidade de sabor prazerosa. Conforme as cervejas de trigo se difundirem pelo mundo, o estilo vai provavelmente se popularizar, combinando os clássicos europeus com a influência americana.

Three Floyds Gumballhead

Munster, Indiana, EUA
ABV: 5,5%
Lúpulos: Cascade, Amarillo

Provei essa cerveja pela primeira vez na própria cervejaria. Eu estava lá para o Dark Lord Day, evento anual em que a Three Floyds lança a sua arrasadora imperial stout, a Dark Lord. Com 6 mil pessoas espremidas num espaço insuficiente para tal lotação e um monte de gente na fila para pegar quatro garrafas desse rótulo raro, minha melhor memória do dia foi o primeiro gole de Gumballhead. Eu estava perdido no meio daquela loucura de gente, mas o frutado tropical de pêssego, limão e manga me fez parar de me importar se estava ali ou numa praia paradisíaca. O corpo é um pouco cremoso e supersuave, o amargor, equilibrado, e a bebida ganha vida com os lúpulos frutados e suculentos. Uma cerveja perfeita, definidora do estilo — mesmo que o segundo pint tivesse enchido minha bexiga por completo e ainda houvesse uma fila enorme na minha frente.

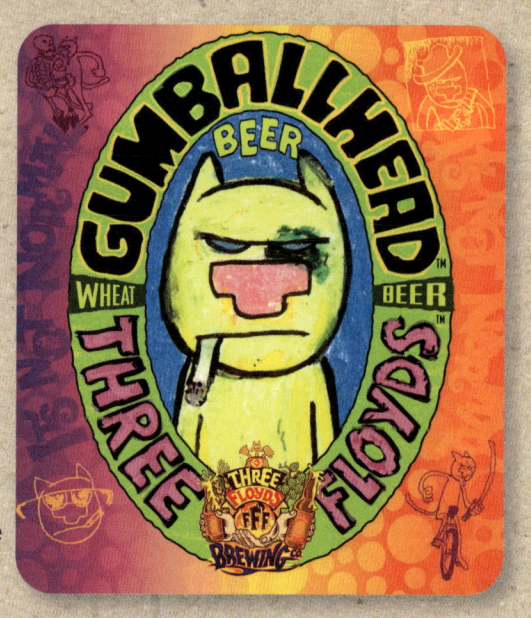

Bell's Brewery Oberon

Kalamazoo, Michigan, EUA
ABV: 5,8%
Lúpulos: Saaz, Hersbrücker

A Oberon tem uma cor laranja dourada turva. Segure o copo contra a luz e seus dedos vão parecer sombras distantes vistos através do copo. Cerveja não filtrada tem algo de sexy, uma sensualidade que a filtrada raramente exibe, pois parece límpida ou polida demais. Um frutado sutil, tanto dos ésteres quanto dos lúpulos, sobe pelo copo e faz você querer mergulhar nele. A beleza dessa cerveja está no quanto ela é fresca e suave de beber. Tem um pouco de limão, um toque terroso e um amargor picante no final, exatamente o que se esperaria de lúpulos europeus. Fácil de beber e ótima para saciar a sede. O estilo vai bem com o calor do chili, já que seu corpo fresco, cheio e não filtrado é capaz de extinguir as chamas da escala de Scoville. Fica excelente também com comida mais leve — saladas, queijos cremosos e peixe grelhado.

Jandrain-Jandrenouille VI Wheat

Jandrain-Jandrenouille, Bélgica
ABV: 6,5%

É isso que ocorre quando comerciantes belgas de lúpulos trabalhando com os melhores cultivos do Pacífico Noroeste abrem uma cervejaria em sua terra natal. Inspirada pelas cervejas americanas e belgas, a J-J faz um trabalho melhor que o de todas as outras, juntando as duas influências em cervejas elegantes, equilibradas e fantásticas. A VI Wheat é uma cerveja de trigo com lúpulos americanos (as variedades específicas são um segredo do produtor). De um amarelo turvo com uma espuma nebulosa, tem delicioso aroma de tangerina, pêssego e abacaxi. Laranja, manjericão e flores de árvores frutíferas persistem no fundo como uma suave brisa de verão, enquanto as borbulhas estouram na boca e atiçam as papilas. O amargor é bem baixo, uma nota de cravo discreta aponta para sua terra natal, mas depois foge, sendo expulsa pelos atrevidos lúpulos americanos. Uma cerveja impressionante. Beba do barril, se possível.

3 Cordilleras Blanca

Medellín, Colômbia
ABV: 4,6%

Na vanguarda da produção artesanal colombiana, a 3 Cordilleras vem oferecendo cervejas melhores para novos consumidores. Basta olhar suas páginas nas redes sociais para ver que está fazendo um grande trabalho — com eventos regulares e noites com bandas ao vivo na cervejaria, tem se tornado um lugar de festa para os jovens colombianos, todos sorrindo para a câmera e segurando copos de cerveja. A Blanca é uma cerveja de trigo clara fermentada com leveduras de American ale e com lúpulos de variedades britânicas e alemãs. Você sente notas florais e terrosas, um frutado intrigante das leveduras, bom corpo e amargor que, embora leve, é persistente. Se estiver na Colômbia, procure também a Mestiza, a American pale ale da 3 Cordilleras — cítrica, suculenta, divertida e *muy buena*.

A CERVEJA BRANCA DE ESTILO BELGA É CONHECIDA COMO WITBIER (OU BIÈRE BLANCHE, NA FRANÇA). SUA ATUAL POPULARIDADE SE DEVE A DOIS ACENOS DE AGRADECIMENTO, CADA UM NUMA DIREÇÃO: UM PARA PIERRE CELIS, O HOMEM POR TRÁS DA HOEGAARDEN, E O OUTRO PARA A BLUE MOON, MARCA DE CERVEJA ARTESANAL DA MOLSONCOORS.

WITBIER

Trata-se de um estilo intenso, turvo, condimentado, popular por centenas de anos no norte da Europa, particularmente na região de Flandres, rodeada pelos cultivos necessários à cerveja — cevada, trigo e aveia — e próxima das especiarias da Holanda. A última fábrica de cerveja branca, a Tomsin, em Hoegaarden, fechou em 1955, e o estilo desapareceu. Pierre Celis, um carteiro local que trabalhara na Tomsin quando jovem, decidiu trazer de volta a cerveja branca. Em 1966, abriu uma cervejaria e deu à cerveja o nome de sua cidade natal. Outros passaram a copiar o estilo, e a Hoegaarden cresceu e virou a mais famosa cerveja branca do mundo. De um amarelo-palha, com aroma que aponta para coentro e casca de frutas cítricas, corpo distinto e suave, equilibrado e refrescante, é uma grande cerveja. A Hoegaarden fez sucesso nos EUA, onde Celis depois abriu outra cervejaria, no Texas. Suas duas cervejarias foram adquiridas por grandes marcas. Pierre Celis morreu em abril de 2011 — ao redor do mundo, produz-se muita witbier, e toda ela remete a Celis.

A popularidade da wit deve-se também à Blue Moon, que do nada foi parar em toda parte. Mas não deve preocupar o fato de uma marca artesanal crescer rápido e virar macro; ao contrário, devemos celebrar seu sucesso, devido ao número de witbiers artesanais hoje produzidas. Servindo como estilo acessível de transição para aqueles ainda não prontos para o compromisso total de pedir uma double IPA, a witbier está levando muitos consumidores para o lado das artesanais. Feita com laranja e coentro, a Blue Moon incita a colocar uma rodela de laranja no copo. Isso realça todo o sabor de laranja da cerveja, mas também implica beber com um pedaço de fruta no copo... Prefiro ela pura, sem o artifício de uma fruta, apenas a cerveja, implacável, sutil, suave e fresca.

As wits belgas são feitas com trigo e às vezes com trigo não maltado e aveia; têm também especiarias, em geral coentro, laranja-amarga e casca de laranja. São turvas e claras graças à cota de grãos, enquanto a cepa de levedura dá personalidade, exalando cítricos, cravo e sabores condimentados, realçados pelo uso desses ingredientes no processo — a combinação de especiarias e de leveduras típicas diferencia as wits das weizens de estilo alemão. O teor de álcool vai de 4,5% a 5,5%, e o IBU é baixo, raramente alcançando ou passando de 20. Espere um corpo suavemente cremoso, em geral com uma ponta de cítricos ou de acidez, e um fundo de especiarias. A cerveja branca se espalhou pelo mundo, portanto agora é só sentar e observar todas as experiências estimulantes que fazem com ela — por exemplo, deixá-la azeda, temperá-la de modo mais exótico ou torná-la maior.

Hitachino Nest White Ale

Ibaraki, Japão
ABV: 5,5%
Lúpulos: Perle, Styrian Goldings, Sorachi Ace

Essa é uma wit realmente boa, uma daquelas cervejas capazes de fazer você reavaliar o que imaginava saber a respeito de um estilo. Feita com a clássica junção de coentro e casca de laranja, exala ainda noz-moscada e suco de laranja, este último responsável por um frutado fantástico e por uma profundidade suave, enquanto a noz-moscada confere um fundo complexo que combina com o par floral e terroso formado por laranja e coentro. Apresenta explosões de especiarias, que se projetam do copo e voltam, depois de atiçar suas narinas, fazendo a cerveja ganhar um sabor vivo e estimulante. Mas é o corpo pleno que a torna mais prazerosa de beber — enchendo a boca, sem deixar de ser leve e elegante.

Einstök Icelandic White Ale

Akureyri, Islândia
ABV: 5,2%
Lúpulo: Hallertauer Tradition

Se você quer saber o que uma boa água pode fazer por uma cerveja, beba essa Einstök. Ela é produzida no porto pesqueiro de Akureyri, norte da Islândia, apenas 97 km ao sul do Círculo Ártico. Rodeada de montanhas, a água glacial flui sobre antigos campos de lava e entra num moderno tonel de brassagem, onde a cervejaria produz porter, pale ale e a sazonal doppelbock. Mas é a wit que eu adoro — e é a água que a torna tão boa. Ela tem uma mineralidade viva, uma suavidade fresca, uma leveza limpa, e tudo isso vem da excelente água. Misture essa base com coentro, casca de laranja e levedura delicadamente condimentada e terá uma cerveja suave, refrescante, com muita laranja e cítricos de intensidade espumante. Você geralmente não nota a qualidade da água numa cerveja, a não ser que ela seja muito ruim ou, como no caso da Einstök White, excelente.

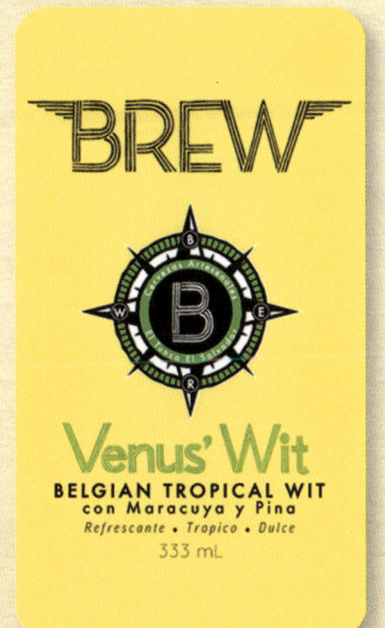

BrewRevolution Venus' Wit

Tamanique, El Salvador
ABV: 5,3%
Lúpulos: Willamette, Mt. Hood, Sterling, Mittelfrüh

Diga "hola" à BrewRevolution, primeira cervejaria artesanal de El Salvador e a salvadora da cerveja nacional! Inspirada pela produção artesanal americana, a BrewRevolution faz uma gama limitada de cervejas interessantes, cada uma com um ingrediente local acrescentado, como mel, café, frutas ou flores. A Mercurio IPA (com rapadura) e a Venus' Wit (com abacaxi e maracujá) são dois rótulos essenciais de sua linha. A Venus' Wit é dourado-clara e turva, seu frutado vem primeiro com a doçura do abacaxi e o gosto intenso e floral do maracujá — que se combinam magnificamente numa wit. Com final condimentado e seco, é uma versão exótica do estilo. Tome a Venus' Wit com uma pupusa de queso salvadorenha, uma espécie de tortilha de milho com requeijão — a intensidade frutada da cerveja se dá muito bem com a untuosidade do queijo.

WITBIER

Bäcker Exterminador de Trigo

Belo Horizonte, Brasil
ABV: 5%
Lúpulo: Amarillo

Acho que você precisa ser muito tonto para não comprar uma garrafa de cerveja que tenha a imagem de um homem montado num crocodilo, mas minha opinião é suspeita, pois sou fanático por rótulos bacanas e sempre tive vontade de montar num crocodilo. A Exterminador faz parte da série Três Lobos da Cervejaria Bäcker e é uma wit com capim-limão. Não filtrada e com lúpulos cítricos americanos, que enfatizam o sabor doce e amadeirado do capim-limão, ela fica em algum ponto entre a wit e a American wheat. Os lúpulos estão em primeiro plano, florais e intensos, e deixam para trás o toque de amargor, de frescor aderente e terroso do capim-limão, enquanto as leveduras se escondem quietas, como se tivessem medo de fazer barulho e levar uma mordida do crocodilo.

Good George White Ale

Hamilton, Nova Zelândia
ABV: 4,5%
Lúpulos: Pacific Jade, Motueka, Wakatu

No local que já foi a Igreja de São Jorge, fica hoje um gastrobar divino. Um híbrido do estilo, a White Ale inspira-se tanto nas wits belgas como nas American wheats e é chamada pelo cervejeiro Kelly Ryan de uma "wit neozelandesa". Ela leva levedura de American ale em vez da clássica levedura condimentada de wit e substitui coentro por especiarias nativas que crescem no local; o toque ágil vem da laranja navelina da Nova Zelândia. Com seu lindo amarelo-palha e espuma branca firme, a cerveja é um exercício de sutileza controlada, com a provocação do doce da laranja, a relativa picância das especiarias na língua e os lúpulos suculentos, variedades neozelandesas que dão um frutado distante e fragrante. Você vai querer mais de uma, por isso tome a primeira lendo o cardápio de comida — fica excelente com frutos do mar ou pizza de frango defumado. A Good George também produz sidra, incluindo uma versão com dry hopping, que saltita na zona de fronteira entre maçãs e ales.

Funkwerks White

Fort Collins, Colorado, EUA
ABV: 6%
Lúpulo: Saphir

A Funkwerks faz cerveja no estilo belga. Tem as blondes lupuladas, as vigorosas cervejas de trigo e uma pilha de barris envelhecendo dentro da pequena e bem arrumada cervejaria. O carro-chefe da casa é a suprema saison. Uma cerveja simples e gloriosa, elegante, com deliciosa leveza, um delicado fundo condimentado com uma sensação de boca suave, contrastada pela ágil carbonatação — quando uma cervejaria acerta numa saison, você sabe que os caras são bons. A White é uma sazonal de verão em algum lugar entre a saison e a wit. Feita com laranja e limão, coentro e gengibre, é fermentada com a mesma levedura da saison, com o toque de especiarias e o vigor da wit dando um quê de fruta, fragrância e terrosidade, enfatizando a refrescante vivacidade do fundo. Eles têm uma salinha de degustação anexa à cervejaria, onde vendem queijo de fazenda para saborear com sua cerveja de estilo farmhouse — uma combinação perfeita.

BELGIAN BLONDE E PALE ALE

Dois estilos bem emparelhados, graças ao seu local de origem e à similaridade na cor clara e na presença de lúpulos, essas cervejas se desenvolveram inspiradas nas pale ales britânicas e nas lagers alemãs. Os cervejeiros belgas costumavam dar seu toque especial com o uso característico dos lúpulos (de um amargor forte, chamativo) e de uma cepa de levedura aromática (que traz especiarias terrosas e ésteres de frutas). As formas clássicas dessas cervejas datam do pós-guerra, embora uma nova leva tenha surgido em anos recentes, de blondes e pales com mais aroma de lúpulo, sabor, amargor e criatividade.

Com cor que vai do palha ao dourado-profundo, essas cervejas têm teor de álcool entre 4,5% e 7% (as pale ales quase sempre ficam na parte inferior desse espectro). O amargor é acentuado em ambas — o clássico uso de lúpulos europeus confere um caráter seco, terroso e apimentado (até 30 IBUs). Ao lado dos exemplos tradicionais, a nova onda dessas cervejas mostra um emprego mais ousado dos lúpulos, com ainda maior amargor (até 45 IBUs) e a prática de adição tardia ou dry hopping, para dar o toque final de aromas cítricos e de variedades tropicais. A levedura introduz ésteres de pimenta e frutados, e a carbonatação viva acrescenta uma qualidade refrescante por cima da secura bem atenuada. Embora alguns exemplos infelizmente tenham características muito iguais, quase como a das lagers produzidas em massa, trata-se de um belo estilo de cerveja, sutil e sedutor — escolha uma das boas.

ORVAL

FLORENVILLE, BÉLGICA
ABV: 6,2%
LÚPULOS: STRISSELSPALT, HALLERTAUER HERSBRÜCKER, HALLERTAUER TRADITION

CLÁSSICA

Cerveja trapista da abadia Notre Dame d'Orval; seu nome deriva de "Vale de Ouro". A lenda fala de uma condessa que perdeu o anel em um lago do vale e prometeu construir um mosteiro se ele fosse encontrado; nesse instante, surgiu uma truta heroica da água com o anel na boca. É o mosteiro mais antigo das cervejarias trapistas, mas a produção moderna começou como um meio de bancar as reformas no pós-guerra. A Orval passa por dry hopping, e acrescenta-se *Brettanomyces* às garrafas: beba-a fresca e sentirá os lúpulos; se envelhecida, sentirá a levedura. Gosto mais dela depois de um ano engarrafada, quando se sente o aroma condimentado e terroso dos lúpulos fundindo-se com a nota de couro e limão da Brett. O amargor é presente, acentuado pela secura da cerveja e pela viva carbonatação. Maravilhosamente complexa e interessante, a Orval sempre tem um gosto um pouco diferente graças a seu modo de evoluir na garrafa. Para mim, é uma das melhores cervejas do mundo.

Brasserie de la Senne Taras Boulba

Bruxelas, Bélgica
ABV: 4,5%
Lúpulo: Saaz

Este capítulo inteiro poderia ter sido dado apenas às cervejas da Brasserie de la Senne. A Zinnebir é uma blonde com 5,5% de álcool; a Band of Brothers é uma blonde seca, com muito lúpulo, feita para o Moeder Lambic, um dos melhores bares de cerveja de Bruxelas; e a Brussels Calling é uma blonde amarga superfrutada, que vale uma viagem ao país. A Brasserie de la Senne faz cervejas fantásticas pegando estilos clássicos e decorando-os com mais lúpulos. A Taras Boulba é uma "Extra Hoppy Ale" dourado-clara e é a cerveja que eu sempre quero ter na geladeira. O corpo tem uma discreta fartura sem muito sabor de malte — ele quase não está ali, esconde-se, e projeta os lúpulos: intensos, de grapefruit, florais, com especiarias, limão e lima, pêssego, tudo isso só com Saaz. Há especiarias no corpo, pimenta, coentro moído e depois um grande amargor, que no início sacia a sede e depois a desperta. Sempre que tomo essa cerveja, sinto estar me apaixonando por ela de novo.

Dieu du Ciel! Dernière Volonté

Montreal, Canadá
ABV: 7%
Lúpulo: Sterling

O Dieu du Ciel é um acolhedor pub-cervejaria de esquina, que o convida a entrar exibindo seus reluzentes tanques a quem passa pela rua; entre, e a lista de cervejas vai fazê-lo ficar. Eles produzem três ou quatro pequenos lotes de cerveja por semana, com muita variedade e experimentação. Têm ainda uma unidade de produção próxima, onde as criações mais bem-sucedidas vão para tanques maiores. A Dernière Volonté ("Último Desejo") é uma Belgian blonde com muito lúpulo. De cor turva amarelo-alaranjada, tem espuma arrojada e lúpulos que lhe dão aroma floral e cítrico, ocultando o fundo apimentado, resinoso, de fruta de caroço.
O corpo é cheio, com um fundo de mel, mas leve; o amargor é realçado pelo aroma, e depois a levedura acrescenta um final picante. "Dieu du Ciel!" significa "Deus do Céu!", que é o que você vai exclamar ao tomar a cerveja deles.

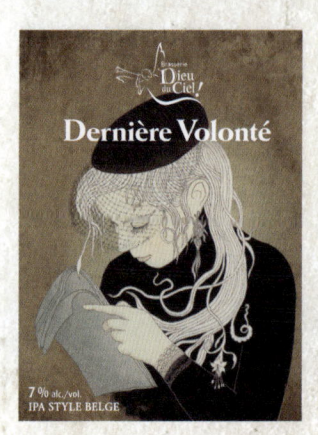

Feral Golden Ace

Baskerville, Austrália
ABV: 5,6%
Lúpulo: Sorachi Ace

Talvez fosse o caso de conceder a essa cerveja uma nova categoria de estilo própria. Entre uma blonde e uma wit, ela tem a profundidade da influência e das especiarias belgas, e depois você sente o aroma frutado característico do lúpulo Sorachi Ace, desenvolvido pelos japoneses. É diferente das demais variedades de lúpulo em seu perfil de sabores: limão, lima, melão, tutti-frutti, hortelã, capim-limão, coco e abacaxi (podem ainda exalar um toque de queijos azuis). Na Golden Ace, ele dá um toque frutado, tropical, um aroma delicioso e inusual, que combina muito com a base blonde. A levedura é sutil: como uma boa música de fundo, torna a atmosfera melhor sem que você note sua presença. Com seu sabor à la tailandesa, essa cerveja vai bem com curries fragrantes e pratos à base de coco ou peixe grelhado regado com suco de limão ou laranja.

86 AS MELHORES CERVEJAS DO MUNDO

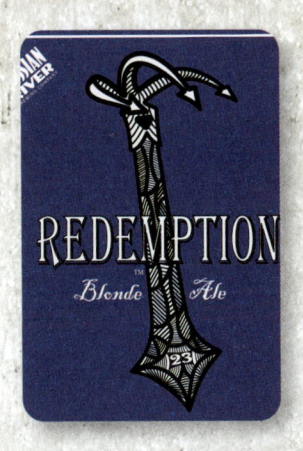

Russian River Redemption

Santa Rosa, Califórnia, EUA
ABV: 5,15%
Lúpulos: Styrian Goldings, Saaz

A Russian River lidera a reinvenção e revolução das cervejas belgas nos EUA, fazendo um incrível trabalho com suas interpretações dos estilos clássicos. A Redemption verte uma bela cor loira turva, com uma espuma branca macia, e a primeira coisa que você sente no copo é um quê de flor de laranjeira e seiva e alguns ésteres frutados discretos. O corpo é magnificamente leve, e a carbonatação faz as borbulhas dançarem elegantes na boca. Sutil e também complexa, tem nitidez e termina seca; dá para bebê-la o dia inteiro. Como uma single (vindo antes da dubbel e da tripel), é como uma cerveja de mesa, se bem que isso talvez não lhe faça justiça — a não ser que você a beba na mesa mais gloriosa do mundo.

Birrificio del Forte Gassa d'Amante

Pietrasanta, Itália
ABV: 4,5%
Lúpulos: Hallertauer Northern Brewer, Perle, Styrian Goldings

Com nome que significa "bolina", um dos nós náuticos mais básicos, as cervejas da Del Forte têm todas temas de viagens e um sentido de aventura: a aventura de abrir uma cervejaria, de fazer boas cervejas artesanais e de bebê-las. A cervejaria chama a Gassa d'Amante de companheira de longas viagens, portanto, amarre um nó no seu gargalo, jogue-a por cima do ombro junto com um kit de emergência composto por abridor de garrafas, copo de cerveja e uma foto do seu amor, e pé na estrada. A cor é dourado-clara, com uma incrível profundidade de lúpulos com notas de pêssego e damasco, mais ésteres de banana e maçã. O gosto é seco e límpido, com a levedura exalando pimenta-rosa e temperos, seguida por um amargor refrescante. Se tiver espaço na mala, leve os ingredientes para uma massa com frutos do mar — combina muito bem.

Furthermore Fatty Boombalatty

Spring Green, Wisconsin, EUA
ABV: 7,2%
Lúpulos: Perle, Saaz

Imagine uma Belgian wit e uma blonde se juntando e decidindo tornar as coisas um pouco mais frutadas, convidando também uma American pale ale... É como podemos definir a Fatty Boombalatty. Ela verte uma cor âmbar, com a levedura fazendo um primeiro avanço, exalando banana, tutti-frutti e um quê de baunilha. O corpo é liso e suave, um pequeno beijo doce surge no meio, com uma sensação de boca arredondada, antes que os lúpulos deem o toque final com um condimentado terroso, pêssego e cítricos realçados pela dupla coentro/casca de laranja usada na fervura. Diferente da Belgian ale missionária, essa junta três estilos, americanizados pelo uso farto de Saaz em adição tardia, todos complementando o conjunto e se encaixando numa cerveja deliciosa de inspiração belga com influência moderna.

BELGIAN DUBBEL E DARK STRONG ALE

Tradicionalmente feita por monges belgas, a dubbel é uma ale escura de média para forte. É famosa por seu vínculo monástico, mas, como outros estilos belgas, desafia teimosamente rótulos e pode ser vista como uma ale belga escura e forte. A Westmalle ganha os créditos por ter desenvolvido os estilos que conhecemos hoje como dubbel e tripel — a dubbel surgiu em 1926, quando os monges fizeram uma "dubbel bruin", e a tripel, na década de 1930. Das cervejas trapistas, podemos supor que as de centenas de anos atrás são parentes distantes da dubbel (ao contrário das tripels douradas, que entraram na irmandade bem mais recentemente).

Essas cervejas são de cor escura, indo do marrom-rubi ao chocolate amargo. Podem ser feitas com malte pale e escurecidas pelo uso de açúcar-cande caramelizado (esse é o jeito belga de produzi-las), embora alguns cervejeiros também usem maltes escuros. O teor de álcool vai de 6% a 7,5% nas dubbels e de 7% a 10% nas dark ales de transição entre dubbel e quad. O amargor costuma ficar mais em segundo plano, dando equilíbrio com cerca de 25 IBUs; os lúpulos acrescentam um toque herbáceo ou terroso. O sabor vem do malte, do açúcar e das leveduras, com frutas secas, cereja, caramelo, chocolate e ésteres de fruta (em geral, banana, que surge com as altas temperaturas de fermentação). Pode haver alguma doçura residual na cerveja, embora muitas apresentem uma secura bem atenuada no final.

ST. BERNARDUS 8

WATOU, BÉLGICA
ABV: 8%
LÚPULOS: GOLDINGS, MAGNUM

CLÁSSICA

Essa não é uma cervejaria trapista, mas está bem perto disso. Em 1946, o abade no comando da Abadia Sint Sixtus decidiu dar menos atenção à cerveja e transferiu a produção da Westvleteren para a St. Bernardus. Quando a Westvleteren reassumiu a produção em 1992 (porque uma nova regra dizia que as cervejas trapistas tinham que ser feitas no próprio mosteiro), a St. Bernardus continuou em atividade e lançou a própria linha de cervejas. A 8 é carmesim na cor; tem o toque de fruta seca que se espera, um pouco de coco e caramelo, especiarias festivas e uma pontada de lúpulos fragrantes, cultivados ao lado da cervejaria. Quem bebe aponta uma similaridade entre a St. Bernardus e a St. Sixtus, que seria de esperar, já que os monges trouxeram leveduras e receitas da Westvleteren para Watou. A cerveja é feita perto de uma antiga fábrica de queijos, portanto, use essa informação e faça uma escolha inspirada de comida: a 8 fica ótima com queijos, cremosos ou granulosos.

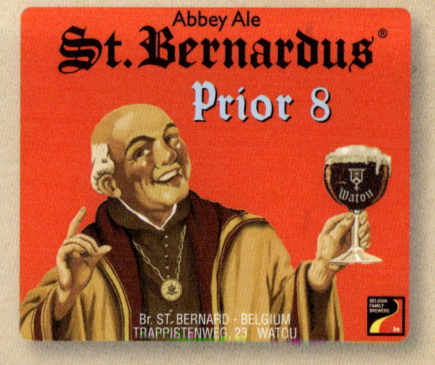

Hitachino Nest XH

Naka, Japão
ABV: 8%
Lúpulos: Chinook, Styrian Goldings

Antes de 1994, uma cervejaria só obtinha licença no Japão se produzisse 2 milhões de litros por ano. A lei mudou, permitindo uma produção anual de 60 mil litros, e então a cerveja artesanal tornou-se uma opção realista. Desde 1994, abriram mais de 200 pequenas cervejarias no país, que tem hoje uma das cenas mais variadas e interessantes do mundo, com muita influência alemã e americana e mais alguns elementos bem japoneses. As cervejas Hitachino Nest da Cervejaria Kiuchi estão entre as mais disponíveis e celebradas do Japão. A fábrica faz também saquê e uma versão destilada dessa bebida, o shochu. A XH é uma cerveja belga escura maturada por três meses em barris de shochu. Encorpada, rica, tem frutas vermelhas, ginja, coco, frutas de caroço, especiarias e lúpulo floral, e o barril dá um sabor único e uma complexidade intensa, quente e doce.

Goose Island Pere Jacques

Chicago, Illinois, EUA
ABV: 8%
Lúpulo: Saaz

Em 2011, a Goose Island foi comprada pela gigante AB InBev. Aqueles que de início temiam que isso deixaria a G.I. mais leve ou menos deliciosa ficaram aliviados. A produção cresceu, e a cervejaria em Chicago começou a fazer mais cervejas envelhecidas em barril, além de uma linha em estilo belga chamada "Vintage Ales", que inclui uma farmhouse ale envelhecida em barril de vinho, uma dark saison, uma blonde à moda de Orval e fruit beers ácidas. A Pere Jacques é uma ale de estilo belga, escura; tem ameixa, nozes, doces, pão de banana e açúcar mascavo, e é levemente condimentada. Embora tenham todas inspiração belga, não são meras cópias. São interpretações interessantes de cervejas clássicas, feitas com um toque delicado que, segundo alguns, originou novos estilos de cerveja.

Sierra Nevada Ovila Dubbel

Chico, Califórnia, EUA
ABV: 7,5%
Lúpulos: Challenger, Styrian Goldings

Essa história é incrível: em 1190, foi construída em Trillo, Espanha, a abadia de Santa Maria de Ovila. Em 1931, a abadia estava em ruínas, e William Randolph Hearst, o supermagnata dos jornais, comprou-a, mandou desmontá-la e a despachou para São Francisco, onde planejava construir um castelo. Isso não aconteceu, e as pedras foram deixadas em caixas de madeira no Golden Gate Park até 1994, quando foram entregues à Abadia de New Clairvaux, no norte da Califórnia, onde a antiga abadia começou a ser reconstruída. A série Ovila da Sierra Nevada é uma colaboração entre a cervejaria e a abadia, com o dinheiro da cerveja ajudando a bancar as obras de restauração da abadia. Uma grande ideia e uma grande cerveja: tem cor marrom-acobreada e uma espuma que parece creme inglês; o aroma é suave, docemente maltado com frutas secas, com toques de chá, nozes, chocolate e especiarias. A sensação na boca é cremosa e, no entanto, vivaz, devido à carbonatação. Incrivelmente equilibrada, é uma reverente interpretação de um clássico.

Charlevoix Dominus Vobiscum Double

Baie-Saint-Paul, Canadá
ABV: 8%
Lúpulos: Brewers Gold, Strisselspalt

As cervejarias americanas podem ter demorado um pouco para olhar para as cervejas belgas, mas as canadenses vêm fazendo excelentes exemplos e interpretações há muitos anos. A Microbrasserie Charlevoix é uma das melhores. A Double é feita com uma base belga clássica e tem também coentro moído, laranja-amarga e camomila. É borgonha-marrom no copo, e seu aroma é uma sedutora mistura de frutas secas, ameixa, chocolate amargo, alcaçuz e um fundo cítrico terroso de especiarias. A sensação de boca é exuberante, e o baixo amargor a torna redonda e suave, deixando um retrogosto que funde todas as notas frutadas e de malte com um toque condimentado picante e anisado que vem da levedura e dos lúpulos. Dubbels e ales belgas escuras combinam com queijos: essa vai bem com queijos azuis, fortes, com as notas doces de anis da cerveja perpassando a pungência do bolor.

New Belgium Abbey

Fort Collins, Colorado, EUA
ABV: 7%
Lúpulos: Willamette, Target, Liberty

Antes que a New Belgium virasse uma cervejaria real, de alvenaria, ela fazia uma dubbel (chamada Abbey) e uma amber (chamada Fat Tire). Cervejeiro caseiro e cofundador da New Belgium, Jeff Lebesch tinha essas duas cervejas e construiu uma cervejaria em torno delas, fazendo-a crescer e virar uma das mais bem-sucedidas dos EUA. O nome já indica a influência, e, de fato, a New Belgium foi uma das primeiras a se concentrar nas cervejas belgas clássicas no país. A Abbey é uma grande versão de uma dubbel. De cor marrom-acobreada, tem banana, tutti-frutti e pera, além de condimentos terrosos e um toque de fruta seca. Cremosa no meio, exala caramelo, tabaco, frutas secas e lúpulos herbáceos antes de terminar límpida, seca e picante — o tipo de final que pede outro gole para obter mais uma rodada de doçura. A Grand Cru Abbey Ale é uma versão maior, mais rica e mais redonda da dubbel.

Maltus Faber Extra Brune

Gênova, Itália
ABV: 10%
Lúpulos: Northern Brewer, East Kent Goldings

Marrom-escura turva, com farta espuma no topo, a Extra Brune é como um monge que um dia decide tirar o hábito e sair em férias. Entra numa academia, assiste a alguns filmes, namora e curte a liberdade da vida secular, antes de voltar feliz da vida, revitalizado e inspirado. "Andou malhando?", os outros comentam. "Belo corte de cabelo", alguém diz. "Que fragrância maravilhosa é essa?", pergunta um terceiro. Você sente fruta fresca, coco, folhas de chá, pão integral, especiarias terrosas e açúcar mascavo, mais uma apetitosa nota salgada. O corpo é cheio e liso, suave, macio e ricamente maltado, com a levedura e seus ésteres servindo uma tigela de frutas maduras, com banana, pera e maçã. É uma dubbel, mas maior; revitalizada e inspirada por novos gostos.

ESTILO BELGA E MONGES EM VOGA

Os estilos de cerveja belgas estão entre os mais famosos do mundo, embora não sejam levados muito em conta pelos belgas ao beber — eles se eximem da necessidade de categorizar as cervejas. Mas os estilos evoluíram e ficaram tão populares que são copiados ao redor do mundo.

A diferença mais difundida é entre as cervejas trapistas e as de abadia. A cerveja trapista é rara. Só um pequeno número de cervejarias no mundo a produz oficialmente; as cervejas de abadia não são trapistas, mas feitas na tradição monástica. Os mosteiros trapistas seguem a regra de São Bento, uma ramificação cisterciense, e são autossuficientes. Os monges fazem produtos que trazem dinheiro suficiente para cobrir suas despesas e destinam todo excedente para caridade.

Trapista não é um estilo — é uma denominação usada para indicar onde o produto foi feito e por quem. O tipo de cerveja que os monges fazem não importa (eles poderiam produzir uma IPA trapista, se quisessem). O que importa é que seja feita dentro dos critérios trapistas, quais sejam:

1. A cerveja deve ser produzida dentro das paredes de um mosteiro trapista, quer por monges, quer por equipe sob sua supervisão.
2. A cervejaria deve ter importância secundária dentro do mosteiro e deve ser gerida de acordo com as práticas de negócios próprias de um modo de vida monástico.
3. A cervejaria não deve ser um empreendimento que vise a lucro. A renda cobrirá as despesas básicas dos monges e a manutenção do edifício e área adjacente. O que exceder será doado em caridade para obras sociais e para ajudar pessoas necessitadas.
4. Cervejarias trapistas são continuamente monitoradas para garantir a irrepreensível qualidade de suas cervejas.

Os mosteiros fazem cerveja há mil anos, parando e retomando a produção devido a guerras e mudanças monásticas. Mas as cervejas que hoje associamos aos monges datam das décadas de 1930 e 1940. À medida que essas cervejas monásticas ganharam apelo, cervejeiros seculares quiseram fazer os mesmos tipos. Para manter a distinção entre trapistas e não trapistas, foi criada uma regra em 1962 segundo a qual apenas cervejas feitas com os critérios mencionados poderiam ser chamadas de trapistas. As outras podiam usar o termo "abadia".

As cervejas trapistas clássicas em geral formam poucas categorias: a single (enkel), que pode ser clara ou escura, raramente deixa a cervejaria e é para consumo dos monges; a dubbel é uma cerveja escura, meio forte, com fundo de frutas secas; e a tripel é uma blonde forte com uma intensa presença de lúpulos. Um acréscimo é a quadrupel, a mais forte, mais escura e mais complexa cerveja feita na tradição trapista. Alguns outros exemplos não se encaixam: a Orval é uma cerveja com muito lúpulo e levedura selvagem; algumas cervejas ficam entre dubbel e quad; La Trappe, a cervejaria monástica de concepção mais avançada, faz uma wit, uma bock e uma quad envelhecida em carvalho.

Single, dubbel e tripel são nomes que vêm de épocas de analfabetismo, quando as cervejas eram rotuladas por cruzes para indicar sua intensidade: X era a mais fraca, XXX, a mais forte. Originalmente, eram extraídas da mesma fermentação: os primeiros lotes doces do mosto eram fortes (XXX), enquanto os últimos (X) eram fracos. Depois, as cervejas foram feitas separadamente, mas os nomes ficaram.

Para complicar, ou talvez para esclarecer a natureza da cerveja belga e a falta de necessidade dos cervejeiros de definir estilos, a Westmalle e a La Trappe são as únicas cervejarias trapistas que usam dubbel e tripel (e quad para La Trappe) em nomes de cervejas.

As cervejas da tradição monástica são populares em todo o mundo, sejam feitas por monges, sejam inspiradas por eles. Em se tratando de estilo, cervejeiros trapistas e de abadia têm produzido algumas das melhores cervejas simplesmente fazendo o que seus ancestrais fizeram por décadas.

BELGIAN TRIPEL E STRONG GOLDEN ALE

A tripel é uma ale de estilo belga, forte e dourada. Antes conhecida como XXX, era escura, mas a cor mudou na década de 1930, quando a Westmalle ampliou a parte de cervejaria do mosteiro. Eles começaram a vender cerveja, e com isso surgiu uma cerveja dourada que chamaram de tripel. Como as dubbels, as tripels têm uma família grande, que foi estendida para incluir as strong golden ales, cujo exemplo clássico é a Duvel.

De cor amarela a dourado-profundo, costumam ser encorpadas, embora o sabor do malte seja propositalmente discreto, sem interferir na levedura e nos lúpulos. Estes conferem um amargor dominante (40 IBUs), embora sejam ainda contidos e não se sobreponham, dando também o final seco. O aroma pode ser herbáceo, resinoso ou levemente frutado (frutas de caroço, entrecasca de cítricos ou ésteres — em geral, banana e pera — das altas temperaturas de fermentação). Os lúpulos europeus são clássicos. A carbonatação, graças à refermentação nas garrafas, será viva (as versões em barril nunca alcançam essa carbonatação, por isso a maioria das Belgian tripels são engarrafadas). O teor de álcool fica em 7,5-9,5%. As tripels e as golden ales são parecidas, mas não são a mesma coisa. Stan Hieronymus, em *Brew Like a Monk*, explica que a diferença essencial entre tripel e golden ale é a levedura: as da tripel são condimentadas, e as da golden ale, frutadas. Os lúpulos do Novo Mundo podem assemelhá-las às IPAs, mas nunca devem se sobrepor à elegância do estilo: o que se quer é uma bela dança entre malte e lúpulos, na qual os lúpulos conduzam os passos e façam a reverência no final, mas o malte controla o tempo e o andamento.

Westmalle Tripel

Westmalle, Bélgica
ABV: 9,5%
Lúpulos: Saaz, Tettnang, Styrian Goldings

Essa cerveja é o guia de estilo da tripel. Nascida em 1934, a Westmalle clareou a cor de sua cerveja mais forte, e as outras foram atrás. O mosteiro que sedia a produção é o de Nossa Senhora do Sagrado Coração. Criado em 1794, começou a vender cerveja em 1856 (mas em volume pequeno), adotando escala mais comercial na década de 1920, o que levou à ampliação da cervejaria na década de 1930. Hoje, é uma das maiores cervejarias trapistas. Como tripel de manual, a Westmalle é de cor dourado-clara com uma espuma branca divina. Pêssego, laranja, banana, pimenta, amêndoa, chocolate branco e maçã, todos estão na espuma, que deixa um rendilhado no copo. Os lúpulos são ousados, mas elegantes. O corpo dá uma sensação lisa na boca, rica, que provém do malte e do álcool (com um toque de destilado, mas não de bebida forte) e é bem preenchido pelo sabor dos lúpulos — apimentados, frutados e florais. É infinitamente interessante de beber.

Brasserie de la Senne Jambe de Bois

Bruxelas, Bélgica
ABV: 8%
Lúpulos: Hallertauer, Spalt

Uma blonde forte, a Jambe de Bois ("perna de pau") é outra cerveja fenomenal da Brasserie de la Senne. Verte uma cor atraente, laranja-opaca. O malte dá suavidade, mais um toque de doçura de bolo, com notas de baunilha e amêndoa. O uso assertivo dos lúpulos confere amargor, com abacaxi, grapefruit, frutas de caroço, laranja e ervas apimentadas e um quê adicional e fugidio de fruta, mais bem descrito apenas como "frutado". Embora tenha muito lúpulo, ele nunca se sobrepõe ao malte, e ambos se harmonizam o tempo todo. Festiva mas delicada, é uma daquelas cervejas que você toma rápido porque está adorando e porque tem uma qualidade mágica, um "je ne sais quoi", algo que não se consegue definir. Deve combinar com comida tailandesa, cujos pratos salgados, picantes e agridoces serão envolvidos pela fruta tropical e corpo pleno da cerveja.

Duvel Tripel Hop

Breendonk, Bélgica
ABV: 9,5%
Lúpulos: Saaz, Styrian Goldings, mais um lúpulo que muda a cada ano

Todo mundo já provou uma Duvel, certo? É a quintessência da strong golden ale. Ouro-luminoso, muita espuma branca, maçã, damasco e especiarias, final seco que mata a sede, superlímpida e leve para os seus 8,5% de álcool, é uma bela cerveja, sempre interessante. Uma vez por ano, eles lançam uma versão dry hopped da Duvel: "Houblonnage Extra Intense", é o que o rótulo diz. Em 2011, foi feita com Amarillo e, em 2012, com Citra. É uma versão mais forte da cerveja-base da Duvel, com mais lúpulos, que vão ao tanque de fervura e ao de fermentação. A versão com Citra tem pêssego, uvas, damasco, groselha, vigor cítrico e floral num aroma fantástico; o corpo é liso e com lúpulos terrosos, suculentos, superfrutados, de um amargor perversamente nítido. Depois disso, você nunca mais vai olhar uma Duvel do mesmo jeito, pois vai desejar o lúpulo da tripel. Um clássico reinventado.

Falke Tripel Monasterium

Ribeirão das Neves, Minas Gerais, Brasil
ABV: 9%
Lúpulos: Galena, Hallertauer Tradition

Inspirada pelos monges belgas, a Monasterium afirma ser a primeira tripel brasileira. O som festivo de uma rolha explodindo da garrafa é o que você obtém ao abrir essa cerveja, e fica imediatamente empolgado. Ela é feita com coentro em pó, laranja-amarga, malte pilsen, trigo e aveia, mais um pouco de malte escuro — e esses grãos de malte lhe dão um corpo redondo, talvez até mais redondo do que nas tripels tradicionais ou nas Belgian strong ales, e um fundo macio de caramelo e cereais. Fica leve e viva com a carbonatação de champanhe, e os lúpulos entram com frutas de caroço, um amargor seco e um toque cálido de destilados. Levedura e especiarias dão uma qualidade picante, sabor laranja, mais um pouco de maçã e pera. Crie um contraste entre a garrafa elegante e a comida tradicional de rua e prove-a com acarajé.

Anchorage The Tide and Its Takers

Anchorage, Alasca, EUA
ABV: 9%
Lúpulos: Sorachi Ace, Styrian Goldings

Segure-se: essa é uma tripel feita com lúpulos Sorachi Ace e os clássicos Styrian Goldings. É fermentada uma vez no tanque com levedura belga, depois vai para barris de carvalho, que antes continham Chardonnay, onde passa por uma segunda fermentação com *Brettanomyces*, seguindo para uma terceira fermentação na garrafa, para disparar a carbonatação. Amarelo-palha no copo, tem aroma que se destaca imediatamente, exalando a terrosa e peculiar Brett, um pouco de limão do lúpulo Sorachi Ace, uma doçura de tutti-frutti e alguns sabores do barril. Tem gosto de tripel, mas depois vem toda aquela complexidade que a envolve: vinho, textura de carvalho, baunilha, hortelã, limão, melão e lúpulos perfumados; é apimentada, terrosa, condimentada e seca, devido à levedura; e de uma doçura de mel de flor. Talvez você nunca consiga definir a complexidade intrigante dessa cerveja.

Allagash Curieux

Portland, Maine, EUA
ABV: 11%
Lúpulos: Tettnang, Hallertauer

Inspirado por cervejas belgas, Rob Tod fundou a Allagash em 1995, e hoje a cervejaria faz seis cervejas de estilo belga ao longo do ano. A Curieux é uma versão envelhecida em barril de bourbon da incrível tripel deles. A cerveja de base é dourada, macia, seca e condimentada; há nectarina, abacaxi e banana no aroma; tem a extrema complexidade da tripel, mas é leve; com eflúvios de lúpulos herbáceos e florais. Deixe-a num barril de bourbon por oito semanas e recolha notas de coco, baunilha, noz-de-cola e toffee, obtendo uma cerveja mais redonda e doce que a original, com um final amargo de carvalho dos taninos, mais uma profundidade de sabor que funciona bem com a levedura frutada. O barril não se sobrepõe, mantendo a base da cerveja equilibrada. É ótima com sobremesas: bolo de cenoura, cheesecake de baunilha ou crumble de maçã combinam com o fundo de caramelo do bourbon e o amargor seco.

Red Hill Temptation

Red Hill, Austrália
ABV: 8%
Lúpulos: Golding, Hallertauer

Não são muitas as cervejarias que têm uma plantação de lúpulos no local. A Red Hill tem. Eles cultivam Hallertauer, Tettnang, Willamette e Goldings, este último de nome apropriado, já que a cervejaria foi criada por Karen e David Golding. Os lúpulos são cultivados, colhidos, secos e usados em todas as cervejas. A Temptation leva Golding para obter os 30 IBUs de amargor e depois Hallertauer para um aroma floral e fragrante de ervas, uvas e leve toque de fruta tropical — é o Hallertauer à moda do hemisfério Sul. Fortes ésteres de banana surgem no início, e uma sutil nota condimentada de levedura aparece no final. Entre eles há um toque de toffee sem ser doce, e a carbonatação realça a cerveja, deixando-a límpida e leve para seus 8% de álcool. Uma elegante tripel australiana, com lúpulos cultivados em casa.

BELGIAN QUADRUPEL

Uma cerveja monástica ou de abadia que seja maior que a dubbel e maior e mais escura que a tripel resulta logicamente em uma quadrupel. O estilo, porém, não compartilha a mesma história dos outros e foi admitido há pouco nas cervejarias, onde seu nome não é consenso. Das normas da Brewers Association e das de estilos do BJCP [Beer Judge Certification Program], não consta "quadrupel" — em vez disso, você acha "dark strong ale"; não há verbete dela no *The Oxford Companion to Beer*; Michael Jackson não usa o termo em seu *Great Beers of Belgium*... A quadrupel foi batizada na década de 1990 pela Cervejaria Koningshoeven, e o termo pegou e se difundiu. Você também vai ver o nome "Abt", talvez mais apaziguador, pois dá à mais forte cerveja de uma cervejaria um status igual ao do chefe do mosteiro, o abade ("abbot").

São cervejas com 9-14% de álcool, de um marrom-rubi escuro, com densa espuma. No sabor, destaca-se a profundidade de malte e leveduras, que trazem frutas secas, chá, chocolate, especiarias, caramelo, frutas vermelhas e pão. É comum o uso de açúcar-cande para dar cor e sabor. Os lúpulos tradicionalmente são alemães, ingleses ou belgas — às vezes as cervejas têm bastante lúpulo (de 20 a 50 IBUs), embora em geral apresentem aroma terroso e picante no final, realçado pela viva carbonatação. Umas podem ser bem atenuadas, enquanto outras têm certo dulçor. Complexas e interessantes, são para tomar sem pressa. Algumas das cervejas mais reverenciadas do mundo fazem parte desse santificado estilo.

ROCHEFORT 10

ROCHEFORT, BÉLGICA — **CLÁSSICA**
ABV: 11,3%
LÚPULOS: STYRIAN GOLDINGS, HALLERTAUER

A Abadia de Notre-Dame de Saint-Rémy abriga a Brasserie de Rochefort, onde se produziu cerveja pela primeira vez em 1595. Eles fazem a 6, a 8 e a 10, todas escuras, ricas, com muita ameixa, que vão ficando mais fortes e complexas conforme o número aumenta. A Rochefort 10, feita com malte pale e depois escurecida com açúcar-cande, também tem um pouco de coentro moído, embora o perfil dominante seja seu corpo suave e complexo, que exala fruta seca, nozes tostadas, banana, figo, pão maltado, chocolate amargo e caramelo, sem nunca ameaçar ser doce. Os lúpulos são terrosos e tipicamente apimentados, acrescentando maior complexidade a essa cerveja de renome mundial. Graças ao ABV alto e à refermentação na garrafa, essas cervejas envelhecem bem por vários anos, após o que você pode esperar mais maltosidade de chá, mais fruta seca e talvez até um fundo de nozes e xerez.

Sharp's Quadrupel Ale

Rock, Inglaterra
ABV: 10%
Lúpulos: Centennial, Hallertauer, Aurora, Simcoe

Ao lado da linha regular de cask ales, Stuart Howe, o mestre-cervejeiro da Sharp's, um sujeito falante, franco, jogador de rúgbi, faz também a Connoisseurs Choice, uma seleção de especiais lançadas uma vez por ano, a partir de inspirações antigas e novas. Uma olhada na escalação de lúpulos permite ver que essa não é como as outras quads. Feita com quatro lúpulos diferentes (incluindo o dry hopping com Simcoe) e quatro cepas de levedura, tem corpo e malte clássicos, com frutas vermelhas, uva-passa, alcaçuz, xerez Oloroso e uma profundidade torrada, de chocolate amargo; no entanto, os lúpulos, que entram com pinho, entrecasca de cítricos, flores e grapefruit, são como um grupo de turistas com camisas coloridas invadindo Bruxelas aos gritos. É uma ótima interpretação do estilo, dando novo sotaque lupulado à base clássica.

Struise St. Amateus 12

Oostvleteren, Bélgica
ABV: 10,5%
Lúpulos: Challenger, Styrian Goldings

A Westvleteren 12 é a quadrupel mais famosa. Arrasadora, é vista como um das melhores cervejas do mundo. Oostvleteren, cidade vizinha de Sint Sixtus, abriga a sede da De Struise Brouwers, que faz a St. Amateus 12, assumidamente inspirada na Westvleteren 12. Como se fosse um sorriso de ironia belga dirigido a seus vizinhos, a St. Amateus é uma cerveja rubi-escura com densa espuma. Quando fresca, os lúpulos dominam; quando envelhecida, eles amadurecem e permitem que a levedura e o malte ganhem destaque. Frutas secas, condimentos, cherry brandy, aromas de lúpulos, coco, cacau, um pouco de ésteres de banana e pera; tem corpo médio, com pão, frutas vermelhas, melado e mais amargor que a maioria das quads. Há profundidade de sabor, complexidade e uma sombra de rivalidade, do tipo qualquer coisa que você faça, posso tentar fazer melhor.

Dieu du Ciel! Rigor Mortis

Montreal, Canadá
ABV: 10,5%

A Rigor Mortis é feita e lançada uma vez por ano, por isso consiga uma garrafa sempre que puder. Com espuma densa e cremosa sobre o corpo escuro, parece fantástica, mas isso é só o começo. Apresenta banana e rum no aroma, cereja, frutas secas e um fundo doce de pão. É forte, mas, ao beber, parece bem mais leve, com uma cremosidade macia e maravilhosa; tem uva-passa, ameixa seca, chocolate, caramelo, anis, baunilha e, no final, lúpulos terrosos, condimentados. Cada gole é diferente e mais interessante que o anterior, o que é uma boa qualidade numa cerveja como essa e faz você mergulhar seu nariz mais fundo no copo a cada investida. A cervejaria diz que a cerveja fica melhor depois de seis meses, por isso tente esperar todo esse tempo — ou compre mais garrafas.

Lost Abbey
Judgment Day

San Marcos, Califórnia, EUA
ABV: 10,5%
Lúpulos: Challenger, East Kent Goldings, German Magnum

A Lost Abbey e a Port Brewing são duas metades da mesma cervejaria, perto de San Diego. A primeira faz uma linha de cervejas belgas inspiradas, incluindo envelhecidas em barril e sours, enquanto a segunda é a que celebra as vitórias sob os holofotes, com suas cervejas de lúpulos realçados. A Port Brewing surgiu primeiro, depois a Lost Abbey cresceu e passou à linha de frente. Eles têm uma sala de degustação incrível, onde você pode provar cervejas dos dois lados. E aí vai uma informação de beer geek: quando a Stone Brewing se mudou de seu endereço em San Marcos, a Port Brewing e a Lost Abbey assumiram o lugar. A Judgment Day é uma quad feita com uva-passa. Ela verte uma cor marrom-rubi profunda, e você sente cacau, nozes tostadas, frutas secas, caramelo, frutas vermelhas e um fundo terroso de lúpulos. Escura, intensa, é para beber enquanto você contempla o dia do seu julgamento (ou simplesmente vendo TV).

Boulevard Brewing Bourbon Barrel Quad

Kansas City, Missouri, EUA
ABV: 11,8%
Lúpulos: Perle, Hallertauer Tradition

O sabor de uma quad combina naturalmente com o perfil do bourbon (toffee, frutas secas, especiarias), por isso não surpreende o crescente número de quads que vão para o barril. É o caso dessa, que tem ainda a adição de cereja e é um lançamento raro da cervejaria de Kansas City. A "The Sixth Glass", a cerveja quad da Boulevard, passa por vários barris, fica até três anos em alguns e então é mesclada, antes de ser engarrafada, para equilibrar melhor o sabor. Toffee, baunilha, carvalho, ginja, cereja, noz-de-cola, figos, especiarias, uva-passa e açúcar mascavo, todos sobressaem, e você obtém no copo o melhor da cerveja e do barril. Tem ainda uma profundidade suave, que aquece, e é o tipo de cerveja para compartilhar com amigos, de preferência com uma sobremesa, como crème brûlée ou torta de cereja.

Cervejaria Wäls Quadruppel

Belo Horizonte, Brasil
ABV: 11%
Lúpulos: Galena, Styrian Goldings, Saaz

A cachaça é uma bebida alcoólica destilada do caldo de cana fermentado. Pode ser branca, quer dizer, não envelhecida, ou dourada, quando maturada em barris de madeira. Trata-se de uma das bebidas mais populares do Brasil e é a base do mais famoso coquetel nacional, a caipirinha. A Quadruppel da Wäls é envelhecida em carvalho francês embebido em cachaça, o que acrescenta um fundo cálido de destilado, um pouco de banana e ainda uma nota exótica de fruta tropical à baunilha, caramelo, figo assado, melado e chocolate da cerveja. É macia, cremosa e encorpada, com a madeira criando textura antes que os 35 IBUs dos lúpulos compareçam com seu firme amargor. Nessa ótima versão do estilo, o destilado funciona muito bem com a rica cerveja, perfeita com brigadeiro.

BELGIAN QUADRUPEL 97

BELGO-AMERICAN

As cervejas Belgo-American e Belgian IPAs dão impressão de que deveriam ficar lado a lado na árvore genealógica, mas não é assim. São estilos que juntam sabores belgas e americanos, mas a diferença está no ponto de partida: a Belgo-American começa como cerveja belga e depois é incrementada por lúpulos americanos ou do Novo Mundo (ganhando sabores cítricos, florais ou tropicais), enquanto a Belgian IPA começa como uma American IPA e depois revive com a fermentação de cepas belgas de levedura (ganhando profundidade apimentada, condimentada, de ésteres). Como numa intersecção de conjuntos, há estilos que se movem por áreas comuns, onde nada é claramente definido; de qualquer forma, são ambos estilos de cerveja atuais, que reúnem o Velho Mundo das belgas ao sabor frutado das artesanais americanas.

Essas cervejas costumam desafiar uma categorização única, o que as torna ainda mais estimulantes. Podem começar como saison, blonde ou strong ale; o teor de álcool fica em 5-10%; o amargor vai de 20 a 80 IBUs; e elas podem incluir especiarias, levedura selvagem e envelhecimento em barril de madeira. A conexão está no uso de lúpulos aromáticos, frutados, americanos e do Novo Mundo, que dão um perfil suculento de aroma e sabor, em suave fusão com o fundo de malte e levedura. Isso ainda as mantêm fiéis à sutil complexidade de sua origem belga — em suma, têm gosto de cerveja belga com sotaque americano.

JANDRAIN-JANDRENOUILLE IV SAISON

JANDRAIN-JANDRENOUILLE, BÉLGICA
ABV: 6,5%

CLÁSSICA

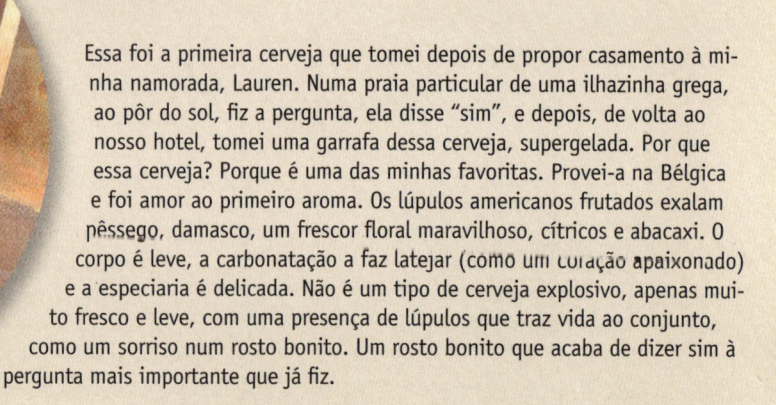

Essa foi a primeira cerveja que tomei depois de propor casamento à minha namorada, Lauren. Numa praia particular de uma ilhazinha grega, ao pôr do sol, fiz a pergunta, ela disse "sim", e depois, de volta ao nosso hotel, tomei uma garrafa dessa cerveja, supergelada. Por que essa cerveja? Porque é uma das minhas favoritas. Provei-a na Bélgica e foi amor ao primeiro aroma. Os lúpulos americanos frutados exalam pêssego, damasco, um frescor floral maravilhoso, cítricos e abacaxi. O corpo é leve, a carbonatação a faz latejar (como um coração apaixonado) e a especiaria é delicada. Não é um tipo de cerveja explosivo, apenas muito fresco e leve, com uma presença de lúpulos que traz vida ao conjunto, como um sorriso num rosto bonito. Um rosto bonito que acaba de dizer sim à pergunta mais importante que já fiz.

Extraomnes Zest

Marnate, Itália

ABV: 5,3%

Lúpulos: East Kent Goldings, Citra

O cenário da cerveja artesanal italiana vem criando as próprias regras conforme se desenvolve, mas a inspiração vem da Bélgica e dos EUA, com um toque local e uma reverência aos vinicultores do país. Tudo isso resulta em novos perfis de sabores, peculiarmente italianos. A Extraomnes Zest é um ótimo exemplo; uma Belgian blonde com dry hopping de Citra, combinando esse corpo seco, límpido e leve com o toque frutado dos lúpulos. Manga, maracujá, damasco, grapefruit e pêssego vêm todos do Citra. O corpo é límpido, com notas de ervas secas e pimenta, antes que surja o forte amargor; ele surpreende e então cresce, agarrando na língua, ameaçando passar da conta. Agressivo mas prazeroso, tem aquele tipo botânico clássico de amargor de lúpulo belga, que o dry hopping realça e alivia com um frescor perfumado e frutado.

Houblon Chouffe

Achouffe, Bélgica

ABV: 9%

Lúpulos: Magnum, Hallertauer, Amarillo

Essa "Dobbelen IPA Tripel" da Brasserie d'Achouffe foi uma das primeiras cervejas belgas (lançada em 2006) a ter uma influência de lúpulos superdimensionada. Ainda é uma das melhores. Com dourado turvo e espuma bem branca, tem aroma de lúpulos sedutor, com notas cítricas, grama recém-cortada, damasco, nectarina, juta e ervas florais, arredondados por alguns ésteres de banana e especiarias. O corpo é cheio mas leve, o malte é macio na boca, com uma nota doce que disfarça os 9% de álcool e faz você beber gole a gole. Os lúpulos exalam ainda frutas de caroço, entrecasca de cítricos e um amargor herbáceo misturado ao condimentado picante da levedura. Combina bem com frango assado com páprica, ainda mais se recheado com ervas e alho.

Anchorage Love Buzz Saison

Anchorage, Alasca, EUA

ABV: 8%

Lúpulos: Simcoe, Amarillo, Citra

Uma cerveja artesanal das mais fantásticas. Belgian ale reinventada? Um tique. Lúpulos americanos? Tique, tique, tique. Ingredientes incomuns? Vários tiques para fruto da roseira, pimenta-do-reino e casca de laranja. Envelhecimento em barril? Tique para carvalho francês de Pinot Noir. Levedura selvagem? Tique para *Brettanomyces*. E um tique de bônus para um ótimo rótulo. Verte uma cor laranja turva com uma nuance cor-de-rosa através dela. Cheire e sentirá pimenta recém-moída (salgada e floral), lúpulos e levedura picantes. Lúpulos e casca de laranja combinam-se para dar um fundo frutado, floral à *Brettanomyces*, que exala um pouco de limão e couro. O vinho provê uma sutil trava no corpo condimentado, que é como um abraço triplo entre lúpulos, especiarias e carvalho. Com ideias tão disparatadas reunidas num barril, você poderia esperar um tumulto; em vez disso, tudo se complementa e realça os demais elementos. Dez tiques e um enorme sorriso no rosto.

FARMHOUSE ALE

Tradicionalmente feitas em fazendas, mas há muito tempo transferidas para cervejarias, essas cervejas eram originalmente produzidas apenas no inverno, pois a falta de refrigeração artificial tornava as temperaturas de verão altas demais para se conseguir bons resultados. Tinham o propósito de saciar a imensa sede dos agricultores em seu trabalho duro, constituíam uma forma de nutrição nos campos e estavam presentes à mesa depois que o labor diário era concluído. Agora feita o ano todo, a saison está virando um estilo de cerveja importante e aberto a interpretações criativas.

As saisons são da região belga de Hainaut. Secas e condimentadas (devido aos lúpulos, à levedura e às vezes à adição de especiarias), aromáticas, elusivamente frutadas (cítricos, frutas de pomar e de caroço) e com amargor refrescante, saciadoras embora complexas, rústicas mas refinadas. Têm 5-8% de álcool, amargor de até 40 IBUs, cor de palha a dourado e alta atenuação. A bière de garde ("cerveja para guardar") é o único estilo nativo da França, desenvolvido no norte do país, na fronteira com a Bélgica. São cervejas com maior projeção de malte, mais redondas que as saisons, mais delicadas, suaves, doces, com qualidade herbácea e às vezes aroma de adega. Têm 6-8,5% de álcool, amargor de até 30 IBUs e cor no espectro do dourado ao âmbar. Os dois estilos em geral usam lúpulos europeus. As versões modernas têm notas de cítricos e de frutas tropicais, dadas pelos lúpulos americanos e do hemisfério Sul, que funcionam bem nas saisons.

SAISON DUPONT

HAINAUT, BÉLGICA
ABV: 6,5%
LÚPULOS: STYRIAN GOLDINGS, EAST KENT GOLDINGS

CLÁSSICA

Essa cerveja é uma saison clássica, mas até a década de 1980 não era o principal produto da cervejaria. Ao ser levada para os EUA, no entanto, virou uma superestrela. A cepa de levedura da casa dá muita personalidade: frutada, picante, condimentada e muito seca — outras cervejarias usam a mesma cepa para obter qualidades de saison similares em suas cervejas. Dourada e turva, com espuma farta, é uma cerveja bonita. Os lúpulos dão um toque terroso, uma picância e notas de frutas de caroço, antes do final seco refrescante, com amargor prolongado. Se deparar com a versão dry hopped, prove-a, pois é melhor ainda que a original: exala maçã, baunilha, especiarias, abacaxi e amêndoa, e tem mais aroma, complexidade e profundidade. As duas são ótimas com comida: a sutileza é perfeita para pratos tailandeses, a secura funciona bem com peixes untuosos e seu toque condimentado realça o sabor de carnes fortes.

Brasserie Theillier La Bavaisienne Ambrée

Bavay, França
ABV: 7%
Lúpulo: Brewers Gold

A poucos quilômetros da fronteira com a Bélgica, a Brasserie Theillier é da mesma família desde 1835 e a mais antiga cervejaria francesa em operação. Ela interrompeu sua atividade apenas uma vez, na Primeira Guerra Mundial, quando os alemães invadiram o país e requisitaram seus recipientes. La Bavaisienne é uma bière de garde. Os lúpulos vêm primeiro, com um aroma terroso, resinoso e uma nota condimentada. A textura é plena e maltosa, há notas de toffee, nozes tostadas, cereal e pão, e também um pouco de levedura fenólica agindo, acrescentando toques defumados ao fundo. O amargor comparece, mas não deixa a cerveja seca: mantém uma plenitude que satisfaz e relembra os dias em que o estilo fazia a cerveja suprir a necessidade de nutrir. Um vestígio de umidade de fazenda a torna especialmente boa com queijos artesanais, carnes curadas e pão fresco.

Dark Star Saison

Brighton, Inglaterra
ABV: 4,5%
Lúpulos: Saaz, Styrian Goldings, Belgian Goldings

A Dark Star faz algumas das melhores cervejas da Grã-Bretanha, e essa é uma das minhas favoritas. Todo ano aguardo que seja lançada (é um especial de verão), e aí começa minha missão de procurar em todos os pubs que conheço até achá-la — então peço um pint, sento, tomo e em seguida peço outro. Usando a levedura Dupont, o mestre-cervejeiro Mark Tranter cria uma ótima mistura de sabores belgas e britânicos, com um corpo suave, um pouco de ésteres frutados, entrecasca de laranja, lúpulos picantes, frutas de pomar e de caroço e uma drinkability fantástica. Servida do cask, é macia, redonda e condimentada, além de plena, devido à baixa carbonatação; servida de um barril, fica mais incisiva, com efervescência que realça os lúpulos e a torna mais leve e clara. Uma fantástica interpretação de baixa intensidade da saison.

De Glazen Toren Saison d'Erpe-Mere

Aalst, Bélgica
ABV: 6,9%
Lúpulos: Saaz, Magnum, Hallertauer Mittelfrüh

Essa cerveja vem envolta em papel. Como a maioria das coisas embrulhadas em papel — fish & chips ou presentes de aniversário —, é muito boa. Quando dois futuros amigos, Jef van den Steen e Dirk de Pauw, se conheceram em Erpe-Mere, em 1988, talvez não imaginassem o que os aguardava. Depois de iniciarem uma produção doméstica, matricularam-se num curso de fabricação de cerveja e se formaram mestres-cervejeiros em 1994. Arrumaram um local e equipamento e abriram sua cervejaria em 2004. A Saison d'Erpe-Mere foi a primeira cerveja que produziram. Amarela e turva na cor e com um aroma inebriante, tem limão-siciliano, maçã, abacaxi, coco e frutas tropicais, além de uma terrosidade gramínea e cheiro de fazenda. Delicada, macia e leve de beber, apresenta textura elegante, incrível, e efervescência que mata a sede.

FARMHOUSE ALE 101

Hill Farmstead Arthur

Greensboro, Vermont, EUA
ABV: 6%
Lúpulos: Variam — às vezes Saaz, East Kent Goldings

Hill Farmstead. Diga essas duas palavras e os joelhos de um beer geek bambeiam. É uma cervejaria muito badalada: são difíceis de contatar, muito procurados, e renomados pelos estilos farmhouse e pelas cervejas lupuladas. A Arthur é uma saison incrível — uma daquelas cervejas que você bebe, encosta na cadeira e fica imaginando o que será que eles fazem que ninguém consegue copiar. O prazer da Arthur é a sensação de boca, leve, flutuante, deslizante — nunca vi uma cerveja assim. Ela tem um belo e delicado aroma de maçã, damasco e pêssego; notas de especiarias da levedura; o malte mostra uma presença fugaz. Mas tudo se resume à sensação que ela produz quando você a bebe — aquela leveza impossível é impressionante (eles usam a água do próprio poço; talvez seja encantada). Então, é continuar badalando os caras e indo atrás de suas cervejas.

Del Ducato New Morning

Soragna, Itália
ABV: 5,8%
Lúpulos: East Kent Goldings, Saaz, Chinook

Uma cerveja inspirada na primavera, aquela época do ano esperançosa, quando o mundo à nossa volta revive, espreguiçando-se da letargia do inverno. O estilo saison se encaixa bem nessa ideia: simplesmente há algo nele que evoca o frescor de uma brisa efêmera, como se fosse orvalho na grama, como uma flor. Tudo isso é despertado pela ágil carbonatação, a fugaz condimentação que reanima, o aroma floral fresco e o toque de grama dos lúpulos. A New Morning, citação à canção de Bob Dylan, é condimentada e perfumada com flores silvestres, camomila, coentro moído, pimenta-verde em grão e gengibre. É redonda, sutil e límpida; a camomila confere uma doçura relaxante, a pimenta atiça e as flores evocam madressilva e cerejeiras; há uma nota de cítricos, um corpo e um final adequadamente vivos. É uma cerveja para tomar ao ar livre, enquanto as flores desabrocham e o sol aquece o corpo.

Stillwater Artisanal Ales Cellar Door

Baltimore, Maryland, EUA
ABV: 6,6%
Lúpulos: Sterling, Citra

Brian Strumke, o homem por trás da Stillwater, já fez cerveja com muita gente ao redor do mundo, de raridades únicas e cervejas especiais a uma pequena gama de cervejas convencionais, tudo com influência farmhouse. Ele está na vanguarda do atual movimento de cervejarias ciganas, de produção terceirizada, que dá fama de astros de rock a cervejeiros que não possuem um tanque de brassagem, mas alugam tempo ocioso de outros ou colaboram com novas cervejas. A Cellar Door é uma American farmhouse ale feita com sálvia branca. É dourado-clara e turva, com aroma floral, frutado e herbáceo que atrai com seu corpo delicado. Tem uma ponta de carbonatação, condimentado e profundidade da levedura. A sálvia abre o apetite, e me deu vontade de comer um bahn mi de porco ou bolinhos asiáticos no vapor. Os suculentos lúpulos conferem frescor e um toque frutado nessa versão criativa de um velho estilo.

BEBER CONFORME A ESTAÇÃO

Minha sede encontra-se sempre ligada ao clima, conforme o ano avança e as estações vão passando. A cerveja que escolho em janeiro não é a mesma que peço em julho, e a satisfação de saciar um tipo específico de sede é difícil de superar.

O produto mais sazonal do calendário cervejeiro é certamente a cerveja green-hopped. Como as comidas mais raras, as cervejas feitas com lúpulos recém-colhidos aparecem uma vez ao ano em cada hemisfério e duram apenas breves momentos. Os lúpulos costumam ser colhidos e depois imediatamente secos. A rapidez é importante, porque de outro modo eles começam a oxidar e a perder sabor. Após secos e compactados, os lúpulos duram, na melhor das hipóteses, um ano, até que a colheita seguinte esteja no ponto. Nas cervejas de lúpulo verde, lúpulo fresco ou lúpulo úmido, as flores vão diretamente do talo para o caldeirão, pulando o processo de secagem. Os cervejeiros localizados perto das fazendas de lúpulo podem estar ali no dia da colheita, pegar seus sacos de lúpulo e voltar correndo para a cervejaria. As cervejas feitas com esses lúpulos frescos são produtos únicos, específicos de um certo momento. Os lúpulos verdes não têm o sabor intenso dos secos; ao contrário, são mais herbáceos e mais delicados e conferem um sabor muito diferente do usual — pense na diferença entre tomates frescos e tomates assados lentamente. Esse é o tipo de diferença que se aplica a lúpulos verdes em relação aos secos.

No hemisfério Norte, após a corrida verde de setembro vem um escurecimento das cervejas, conforme as cores das canecas acompanham as das folhas das árvores, passando de ouro a vermelho e depois a marrom. Os frutos silvestres e a terrosidade aparecem nas cervejas, até passarmos pela fumaça das fogueiras e entrarmos no sabor torrado do inverno, reforçado por especiarias, mais forte para nos aquecer do frio, e um aliado concreto contra o ameaçador céu nublado. As cervejas refletem dentro do copo o que está acontecendo fora, personificando as estações, a mentalidade, os sentimentos, os sabores.

De maneira gradual, esperançosa e maravilhosa, a primavera chega de novo com um sopro de frescor, vida, luminosidade e verde, e as cervejas acompanham o movimento — ficam douradas e claras, estridentes e vibrantes com os lúpulos colhidos apenas alguns meses antes. Conforme a primavera se aquece e se torna verão, as cervejas relaxam, perdem seu gume de amargor e ganham uma espécie de sociabilidade dos goles, direcionada para compartilhar com os amigos, sentados todos do lado de fora das casas. E então voltamos à colheita, aos lúpulos verdes, ao escurecimento dos dias no outono, e o ciclo se repete.

O vínculo entre céu, copo e prato também é relevante. Essa evolução sazonal dos gostos se estende ao que comemos — saladas de primavera combinam com as pale ales claras; a kölsch é a cerveja de verão perfeita, para beber enquanto se grelha uma carne na churrasqueira; as brown ales funcionam muito bem com abóbora no outono; e as stouts complementam os substanciosos cozidos de inverno.

É claro, todos bebemos stouts no verão e wits no inverno, mas nada sacia a sede melhor do que uma cerveja que tem um gosto parecido com o do mundo ao redor dela.

FLEMISH BRUIN E FLANDERS RED

Essas cervejas marrons e vermelhas, originárias da Bélgica, podem ter também o prefixo "Oud". São ales fermentadas em tanques, depois envelhecidas para desenvolver um caráter agridoce, vinoso, mais para o acético (vinagre) do que para o ácido (limão) de suas vizinhas lambic e gueuze. A definição dessas cervejas vem da levedura selvagem e das bactérias e dos efeitos do prolongado envelhecimento — as marrons são envelhecidas em tanques, e as vermelhas, em barris de carvalho. Os lotes são maturados por até dois anos, e, crucial para os estilos, cervejas jovens e velhas são mescladas antes do envase, para ganhar equilíbrio perfeito entre azedo e doce. São estilos frutados, e ambos usados também como bases para fazer fruit beers, em geral com cereja.

A cor de ambas fica no espectro vermelho-amarronzado-bordô. Têm entre 4,5% e 8% de álcool, baixo aroma de lúpulos e amargor (menos de 25 IBUs) e exibem taninos de madeira e acidez. O sabor vem do malte, da levedura, das bactérias e do tempo de envelhecimento. São cervejas frutadas, complexas: as vermelhas têm ésteres frutados, profundidade vinosa, cereja, ameixa, uva-passa, madeira e riqueza acética; as marrons em geral apresentam caráter mais maltado, sem carvalho, menos acidez que as vermelhas, embora os estilos possam se sobrepor e perder definição ao redor do mundo. O equilíbrio é chave aqui: trata-se da mescla certa de cerveja doce jovem com cerveja azeda, envelhecida.

RODENBACH FOEDERBIER

ROESELARE, BÉLGICA
ABV: 6%
LÚPULOS: BELGAS DE POPERINGE

CLÁSSICA

A Rodenbach é a clássica cerveja de Flandres. É feita e refermentada por quatro semanas em tanque e depois transferida para um dos 300 imensos tonéis Rodenbach de carvalho, chamados *foeders* (alguns datam de 1830), onde ficam maturando por até dois anos em grandes adegas. Esses tonéis variam de tamanho, de 14 mil litros a colossais 65 mil litros. Os microrganismos inerentes à madeira criam o azedume, que se mostra acético em vez de ácido. No padrão Rodenbach, são três partes de cerveja fresca mesclada com uma parte de envelhecida, e ela é também adoçada. Você consegue um pouco de maciez, mas em geral obtém-se madeira, cereja, baunilha e algo de frescor floral. A Foederbier só está disponível perto da cervejaria e é não filtrada, não adoçada, tirada diretamente dos barris. Definida, rica e mais amadeirada e intensa, merece ser provada na praça central de Roeselare, acompanhada por um croque monsieur e uma travessa de fritas.

New Belgium La Folie

Fort Collins, Colorado, EUA
ABV: 6%
Lúpulo: Target

Se quiser enlouquecer, vá até a cervejaria New Belgium e veja a carta de sours que eles têm. É inacreditável. La Folie é sua wild ale mais famosa. É chamada de "sour brown", mas é maturada como se fosse uma red, herança do mestre-cervejeiro Peter Bouckaert, que trabalhou na Rodenbach antes de se mudar para Fort Collins. É envelhecida em barris de carvalho grandes, altos, como os *foeders* da Bélgica. Em 2012, eles reformaram a cervejaria para poder acomodar mais *foeders* (acrescentaram 28 tanques, incluindo alguns imensos, de 21.900 litros). La Folie é um blend de cervejas envelhecidas por um a três anos. Cereja, ameixa, maçã e carvalho vêm primeiro, o corpo é rico em textura, arredondado com caramelo e maltes consistentes, e tem um toque acético, que lhe dá definição e maior presença de cereja, madeira, maçã e especiarias.

Panil Barriquée Sour

Parma, Itália
ABV: 8%
Lúpulos: Perle, East Kent Goldings

Uma sour red envelhecida em carvalho. Primeiro é fermentada em tanque, depois em barris de conhaque e por fim ganha efervescência na terceira fermentação, na garrafa. De um vermelho-acobreado vivo, apresenta no início um frutado com amora, ameixa, cereja e as notas de uva-passa de cerveja envelhecida e conhaque combinadas. Depois há um toque de vinagre balsâmico, mais um fundo de carvalho e um travo de azedume refrescante. Tem boa textura ao beber, e nota-se nela que o mosto, o barril e as bactérias desempenharam papéis diferentes, mas em harmonia, como três tenores entoando uma ária. Levemente acética, acrescenta profundidade em vez de impacto e é suavizada por mais fruta vermelha, pela secura de madeira tânica e salgada, uma nota doce e um fundo de conhaque. É o tipo de cerveja que deixa você com fome, trazendo um pouco dos cinco gostos.

Cascade Sang Noir

Portland, Oregon, EUA
ABV: 9,2%

Quando criança, você tinha devaneios de ficar trancado dentro de um supermercado a noite toda e poder comer o que quisesse, circular à vontade e deslizar de joelhos pelos corredores sem ninguém para ver? Eu tinha. A versão adulta disso é ficar trancado na Casa dos Barris da Cervejaria Cascade, com apenas um copo e um parceiro de crime (para ajudá-lo a alcançar os barris altos). A Cascade faz algumas das cervejas sours mais interessantes e excelentes dos EUA usando uma variedade de barris, frutas, mesclas e estilos. A Sang Noir é uma double red, envelhecida em barris de bourbon e Pinot Noir, e depois misturada com cereja. Soa bem? É excelente. Muita cereja, uma ponta acética, notas definidas de vinho, baunilha e carvalho, caramelo e uma aspereza arredondada pelo bourbon. É o tipo de cerveja que faz você abraçar o garçom que a sugeriu (e depois se esconder debaixo da mesa até eles fecharem para poder se enfiar na sala dos barris).

FLEMISH BRUIN E FLANDERS RED

LAMBIC E GUEUZE

Ácidas, secas, envelhecidas em barris da região de Pajottenland na Bélgica, em torno de Bruxelas. Ali, leveduras naturais carregadas pelo ar estão prontas para saltar nos tanques de cerveja, refestelando-se em seu açúcar e tornando a cerveja ácida. Antes que as leveduras fossem cultivadas, e que os cervejeiros tivessem noções científicas da fermentação, a maior parte da cerveja ganhava profundidade ácida por meio de leveduras selvagens; as lambics e gueuzes são intencionalmente ácidas.

Feitas com até 40% de trigo não maltado, essas cervejas passam por um processo tradicional de brassagem, depois fervura (quando se acrescentam lúpulos envelhecidos, que têm qualidades de preservação, não de amargor ou aroma). Em seguida, a cerveja vai para uma panela maior, a "coolship" ou "resfriadora", deixada aberta ao relento (em geral através de buracos no teto), onde esfria e recebe leveduras e bactérias do ar, que iniciam uma fermentação espontânea — ou seja, sem a adição física de levedura pelo cervejeiro. A cerveja é transferida então para barris de madeira, onde fica de um a três anos. O processo de fermentação é complexo e tem fases: álcool, acidez e depois profundidade de sabor de levedura selvagem.

A lambic é uma cerveja simples, sem mescla, servida sem carbonatação — é raro encontrá-la, e você precisa bebê-la perto do local onde é feita. A gueuze é uma mescla de várias safras de lambic, misturando-se barris de um, dois e três anos para chegar ao equilíbrio. A gueuze é carbonatada — a cerveja jovem na mescla ainda contém açúcares, que iniciam outra fermentação na garrafa, criando a efervescência de champanhe, marca do estilo. A carbonatação leva meses para ocorrer na garrafa, então a cerveja é envasada e armazenada na cervejaria até ficar pronta. A faro é uma versão de lambic delicadamente doce, para quem não gosta de cerveja muito forte. É comum adicionar fruta à lambic, mas evite as variedades adoçadas artificialmente, que podem conter sacarinas ou não ter o toque consistente do estilo.

Por mais complexas que se mostrem, essas cervejas são muito secas, com intensa acidez, texturizadas, refrescantes e às vezes se colocam como um desafio para quem não está familiarizado com a aspereza delas na boca. Seus lúpulos são envelhecidos por alguns anos e trazem sabores oxidados, de queijo, de fazenda; o barril solta carvalho e taninos; as bactérias e leveduras as tornam ácidas e dão-lhes um aroma peculiar, com muitas camadas de profundidade. Depois que você toma gosto por esse tipo de cerveja, passa a apreciá-las cada vez mais. Como estilos, elas ameaçaram desaparecer há pouco tempo, ainda na década de 1990, mas estão agora entre as mais amadas e desejadas do mundo, com as cervejarias tentando replicar as características e a complexidade das lambics e gueuzes.

CANTILLON LAMBIC

BRUXELAS, BÉLGICA
ABV: 5%
LÚPULOS: ENVELHECIDOS (TRÊS ANOS)

CLÁSSICA

Você precisa ir à Cervejaria Cantillon. Quer você adore cervejas azedas, quer seu paladar não se dê bem com elas, vá até lá. Esse museu da cerveja em operação, que tem tanques de fermentação até do século XIX, fica escondido numa rua secundária de Bruxelas. Conforme vai chegando, você sente o aroma incrível e convidativo: rico, frutado, amadeirado, vinoso, antigo, misterioso: o doce cheiro da fermentação. Barris espremidos por toda parte, madeira escura gasta, mofo pelas paredes, teias de aranha em volta de claraboias empoeiradas; um ar cheio de vida. A lambic, que passa uns dezoito meses no barril, verte suavemente seu ouro brilhante direto da jarra em que é servida. Tem a presença definida do limão no aroma, com maçã, e uma terrosidade de fazenda. É muito macia ao beber; tem um toque residual doce e então mostra uma espécie saciadora de acidez, seguida por um final seco, amadeirado, que confere uma intensidade rústica. Complexa, equilibrada, sem igual. Vá até a Cantillon.

Tilquin Gueuze Draft

Rebecq, Bélgica
ABV: 4,8%
Lúpulos: Mescla de lúpulos envelhecidos

A Tilquin não tem uma cervejaria física. Trata-se de uma "gueuzerie" ou mescladora, o que significa que ela compra o mosto (que já teve tempo suficiente para que a levedura selvagem penetrasse nele) de outras cervejarias de lambic próximas e então faz a fermentação em barris que são comprados de diversos vinhedos. Com o tempo, a Tilquin passou a criar as próprias mesclas entre todos os seus barris. A versão de chope é delicada e refrescante, fácil de beber e acessível, embora ainda apresente uma complexidade fascinante; tem uma nota definida de maçã-verde, muita fruta, acidez límpida e suave, um quê de spritz, uma doçura de sherbet e um fundo salgado, amadeirado, no final. No meio do gole, apresenta uma ponta de adstringência, mas de repente suaviza, arredondando todos os sabores. Existe também uma versão engarrafada chamada Oude Gueuze Tilquin à l'Ancienne, com 6% de álcool; ambas as versões são fantásticas.

Allagash Coolship

Portland, Maine, EUA
ABV: Variável

Pergunte a um cervejeiro de lambic se é possível fazê-la fora da região de Pajottenland e ele vai disparar um sonoro "não". Há algo especial no ar de lá, sem dúvida, mas cepas de levedura selvagem estão em todo lugar, e é possível fazer cerveja de fermentação espontânea em qualquer parte do mundo. Inspirada pelos belgas, a Allagash instalou um coolship em sua cervejaria em 2008 e fez várias cervejas de fermentação espontânea, captando a microflora da noite para o dia antes de levar a bebida para os barris até ficarem prontas. As primeiras cervejas foram engarrafadas em 2011 e estão chegando mais. Cervejas como essas são o derradeiro vínculo com os arredores, uma noção romântica de que o ar local tem algo especial, e a Allagash tenta captar essa essência. Muito raras, têm gostos únicos, próprios de um espaço bem particular do mundo, e exigem a paciência de esperar anos até que fiquem prontas e o talento para efetuar uma boa mescla.

WILD BEER E SOUR ALE

Seguindo a apaixonada popularidade das lambics e gueuzes, cervejeiros do mundo todo tentaram fazer suas próprias cervejas propositalmente ácidas. Em geral, as sour ales, ou New World sours, sofrem uma deliberada inoculação de cepas específicas de levedura selvagem (da família *Brettanomyces*) e de bactérias azedantes (como lactobacilos e *pediococcus*), se bem que algumas cervejarias fora da Bélgica tenham iniciado com sucesso fermentações espontâneas.

Essas cervejas seguem as belgas clássicas: são envelhecidas em barris de madeira; algumas fermentam em tanque e depois vão para a madeira (barris de vinho são muito usados), enquanto outras fazem toda a fermentação em barril. Como a gueuze, em geral são mescladas antes do envase, já que cada barril individual propõe uma maturação diferente, mesmo que apresente o mesmo conteúdo.

Não se aplicam regras a esse grupo de cervejas. A cerveja pode ser amarela bem clara ou preta, ter menos de 3% ou mais de 12% de álcool; envelhecer em aço, madeira ou mesmo em garrafa. O amargor costuma ser bem baixo, porque amargor e acidez tendem a se chocar — embora haja exceções. As melhores do grupo são ásperas, mas não acéticas ou avinagradas; equilibradas, secas, refrescantes e complexas. Dada a natureza dessas cervejas, muitas wild ales são de um só lote. Podemos esperar levas de sours nos próximos anos, conforme os barris escondidos alcancem a maturação.

Lovibonds Sour Grapes

Henley-on-Thames, Inglaterra
ABV: 6%
Lúpulo: Hersbrücker

A Lovibonds fazia uma pale ale de trigo, a Henley Gold, com baixo teor alcoólico e pouco lúpulo, e um dia um dos lotes pegou uma bactéria e azedou. Provando a cerveja, o cervejeiro Jeff Rosenmeier (e outros) viu o potencial da bebida que tinha em mãos (não sem antes ter jogado fora a maior parte do mosto). Quando um lote posterior azedou, Jeff pegou três barris de vinho francês e encheu-os com a cerveja, acrescentando levedura de sour e bactérias. Anos depois, em 2012, ele subia ao palco para receber a medalha de ouro da World Beer Cup pela melhor sour beer envelhecida em barril, uma das categorias mais concorridas. O aroma dessa cerveja clara e brilhante é um sonho: uva, cítricos, carvalho, vinho, levedura selvagem, limão. Tem fenomenal profundidade de carvalho, taninos e aspereza aliada a suave cremosidade. Seca, refrescante, leve e elegante. Um belo equívoco.

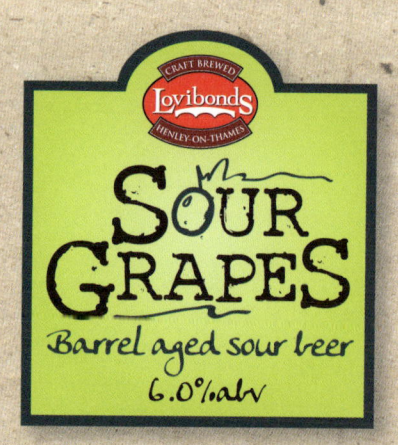

Russian River Temptation

Santa Rosa, Califórnia, EUA
ABV: 7,5%
Lúpulos: Styrian Goldings (envelhecido), Saaz (envelhecido)

As cervejas da Russian River regularmente são listadas ao lado de palavras como "melhor" ou "favorita". É a combinação de brilho e raridade que faz isso: todas as cervejas têm ótimo sabor e são difíceis de encontrar. A Temptation é uma blonde ale envelhecida em barris de Chardonnay e fermentada com *Brettanomyces*, *Pediococcus* e lactobacilos. É dourado-palha, cheia de borbulhas. O aroma traz vinho branco, madeira, cítricos e levedura selvagem. Você sente primeiro a acidez, um choque refrescante na língua, depois o vinho e o barril, e então vem a complexidade, com um final áspero mas limpo, prolongado. Tem uma simplicidade fresca, saciadora, embora seja também incrivelmente complexa. A Beatification tem fermentação espontânea, e a Russian River a chama de "Sonambic", nome da região vinícola próxima de onde a cervejaria obtém seus barris.

Captain Lawrence Cuvee de Castleton

Elmsford, Nova York, EUA
ABV: 6%

A Captain Lawrence faz diversas cervejas envelhecidas em barril de madeira. A Rosso e Marrone é uma sour ale rubi, maturada com uvas vermelhas e levedura selvagem em barris de carvalho, e a Golden Delicious é uma Belgian tripel, envelhecida em barris de brandy de maçã e submetida a dry hopping com Amarillo, aumentando a sensação alcoólica, trazendo gosto de maçã assada e sugestão de acidez. A Cuvee de Castleton foi a primeira sour da Captain Lawrence e continua sendo uma favorita. É uma Belgian blonde envelhecida em carvalho francês com uvas Moscatel e levedura selvagem, pungente e doce, com limão, uva e baunilha de carvalho no aroma. É limpa e definida, com uma secura que enfatiza a madeira, e a acidez a torna refrescante com elegância. A cervejaria fica a uma hora de trem de Nova York. Se puder, vá até lá — toda a linha de cervejas é ótima, especialmente a Captain's Reserve Imperial IPA.

Cascade The Vine

Portland, Oregon, EUA
ABV: 9,73%

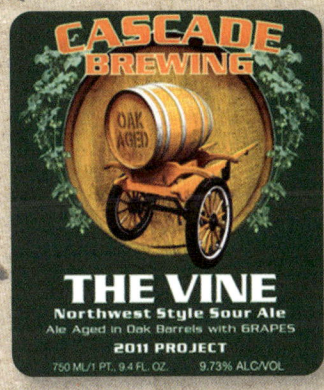

Classificando as próprias cervejas de "Northwest style sours", a Cascade dá procedência e uma nova identidade a esse tipo de cerveja americana, inspirada na Bélgica, e a torna diferente com o uso de cervejas-base de novos estilos, a adição controlada de leveduras selvagens e bactérias e barris com frequência obtidos no local, alguns deles de vinho e bourbon. A cerveja The Vine é feita com uva branca prensada, que é outra adição comum entre as American sours, tornando indefinida a fronteira entre fruta e campo. Dourado-profundo na cor, tem aroma intenso, límpido, com limão e casca de uva, sidra de fazenda e muita profundidade de barril de madeira (fica doze meses em barril e depois mais três com as uvas); é redonda, macia, com dulçor equilibrado, e depois se sentem mais uva e limão no final. É refrescante e impressionantemente leve, considerando seu alto teor alcoólico.

WILD BEER E SOUR ALE

The Bruery Tart of Darkness

Placentia, Califórnia, EUA
ABV: 5,6%
Lúpulo: Saaz

The Bruery é uma das principais cervejarias dos EUA por seu uso de barris e bactérias e por suas fantásticas cervejas não ácidas. No fim de 2012, eles tinham nada menos que 3 mil barris em sua adega, fazendo até vinte cervejas diferentes (incluindo as de barris de bourbon e as não ácidas). Esses barris estão maturando lentamente, e há bastante expectativa sobre o que vai sair deles. A Tart of Darkness é uma stout que vai para velhos barris de bourbon (que antes haviam abrigado a Black Tuesday, a famosa imperial stout da The Bruery), com bactérias acidificantes e leveduras selvagens. É uma daquelas cervejas que desafiam seu cérebro: parece que ela vai ter sabor de chocolate, mas apresenta aroma de limão, cereja, baunilha e café frutado; nota-se acidez, depois torrado, bourbon e carvalho, e ela termina acre e seca. Uma montanha-russa escura e uma das raras sour stouts.

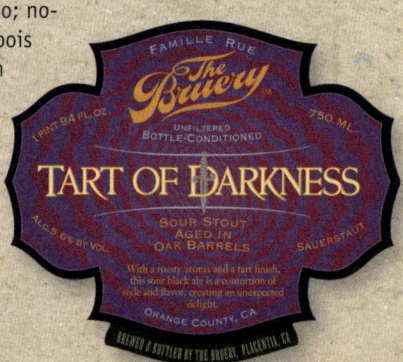

Feral Brewing Watermelon Warhead

Swan Valley, Oeste da Austrália
ABV: Varia
Lúpulos: Variam

Em 2012, a Feral Brewing e a Nail Brewing decidiram juntar forças e comprar uma cervejaria maior, compartilhando as instalações, já que ambas queriam fazer mais cerveja para o sedento mercado australiano. Com a manobra, a Feral conservou seu kit original e transformou-o na primeira cervejaria australiana dedicada às cervejas sour. A Feral já lançara várias sours, como a deliciosamente refrescante Watermelon Warhead Berliner Weisse (feita com frutas locais e maturada em barris de Chardonnay), a sour red Dark Funk (também envelhecida em barris de vinho), e produzira até a Swanambic, uma cerveja de fermentação espontânea com a viva microflora local. Considerando o tempo exigido para produzir algumas dessas cervejas, é uma sorte que a Feral já conte com um bom lote de barris — por estar em uma região vinícola, tem fácil acesso a eles —, que vão azedando, prontos para ser acompanhados por muitos mais.

LoverBeer BeerBera

Marentino, Itália
ABV: 8%

Misturando uva e grão, na atitude e nas receitas os cervejeiros italianos estão desenvolvendo linhas de wild ales mais rápido que outros países. O que não surpreende, dada a abundância de barris de madeira e o seu gosto por frutados ácidos. A BeerBera fica entre a cerveja e o vinho. Feita como uma cerveja convencional, passa do tanque para os tonéis de carvalho, onde se acrescentam uvas Barbera esmagadas, e a cerveja tem fermentação espontânea graças aos fermentos naturais da casca da uva. Ela verte cor púrpura-amarronzada, e você sente na hora uvas com um frutado escuro e ameixas ácidas, depois um aroma de celeiro com o toque do carvalho. É vinosa ao ser bebida; a pungência das uvas e da levedura selvagem encontra o corpo redondo do malte; tem uma carbonatação viva; depois, nota-se uma ponta incisiva e ácida de cereja. Interessante, diferente, uma bebida que transcende em alto estilo o vinho e a cerveja. Um aperitivo que desperta o apetite.

INFLUÊNCIA BELGA

Quando comecei a tomar cerveja e a perceber as diferenças entre cada tipo, considerava as belgas as melhores: excitantes, incomuns, variadas e — o que na época nos parecia um fator muito sedutor — fortes. Costumávamos beber no Belgian Bar, em Ramsgate, na Inglaterra. Ele fica à beira-mar, perto o suficiente da França para que às vezes se enxergue o continente do outro lado do canal; ou seja, quase dá para ver a Bélgica.

A Bélgica ficava tão perto, e, no entanto, as cervejas que tomávamos naquele bar estavam muito longe daquelas feitas à nossa volta, o que as tornava lindamente exóticas e diferentes. Gostar dos estilos belgas era o máximo para quem bebia cerveja, pois abríamos garrafas com elefantes cor-de-rosa no rótulo, nos contorcíamos com a acidez das guezes, curtíamos nossa precocidade em beber algo com mais de 10% de álcool, fazíamos frente às diabólicas golden ales, adorávamos cervejas com frutas ou especiarias, cervejas feitas por monges, cervejas claras, marrons, brancas e vermelhas. Uma visão utópica das cervejas?

Então, nossa sede deu uma guinada para o oeste quando notamos os acordes de punk rock das artesanais americanas. Esqueça a sutil complexidade da cerveja europeia — queríamos aguçar nossos sentidos com os lúpulos americanos. Saímos atrás das artesanais, e as belgas começaram a parecer datadas nas prateleiras, prestes a serem substituídas por novas garrafas vindas de mais longe.

Mas uma mudança estava ocorrendo nos EUA, e ainda não havíamos provado seu gosto. As líderes do movimento eram New Belgium, Ommegang, Russian River, Allagash e Lost Abbey, entre outras cervejarias, todas com fiéis interpretações e remixes de estilos belgas. Logo, cada vez mais cervejeiros artesanais passaram a fazer suas versões desses estilos. Antes disso, eles pareciam quase intocáveis: eram clássicos, cervejas definidoras de nações, e produzi-las na América era como tentar copiar um Da Vinci. Mas, depois que alguns tentaram e foram bem-sucedidos, outros quiseram fazer o mesmo, e as cervejas belgas deixaram de ser santificadas. Desenvolvê-las tornou-se permitido, depois necessário e, em seguida, estimulante.

A evolução do gosto, das inspirações e dos estilos significa que sempre há algo "na moda" a cada momento. IPA, envelhecimento em barril de bourbon, sour beer (inspirada na lambic e na gueuze) e envelhecimento em barril de vinho tiveram sua hora (e continuaram populares). A saison experimentou seus quinze minutos de fama, quando as cervejarias extraíam aquela pungência seca, efervescente, dos lúpulos frutados americanos. Então, alguém decidiu fermentar sua IPA com levedura belga, obtendo aromas perfumados por trás dos lúpulos. Mais estilos chegaram: as tripels ostentavam competência técnica, mas também compartilhavam o teor alcoólico e o tranco de lúpulos de uma double IPA; as quadrupels vieram somar outra cerveja forte ao portfólio; a witbier estava por toda parte; as leveduras de cheiro forte pararam de espantar os cervejeiros. E outros países ao redor do mundo passaram a fazer estilos belgas — os italianos produziram alguns dos melhores —, o que provocou um efeito-rebote na Bélgica. As cervejarias do país colocaram lúpulos americanos nas próprias cervejas, dando novo perfil de sabor aos estilos clássicos. E o resultado foi que esses se tornaram ainda mais reverenciados: as imitações e inspirações levaram a um desejo maior pelas originais.

A cerveja belga está agora influenciando muitas outras ao redor do mundo, pela fermentação espontânea, pela tradição monástica, pela dourada e forte Duvel ou pela seca e pungente Dupont. Longe de sair de moda, ela ainda cria as tendências mais recentes. E seus cervejeiros retribuem os elogios fabricando pale ales e IPAs no estilo americano.

FRUIT BEER

Na Bélgica, quem produz e mescla lambics e gueuzes costuma acrescentar frutas aos barris. Cereja (kriek) e framboesa (framboise) são dois clássicos, mas muitas outras frutas são usadas. Nas melhores versões belgas, a lambic já chegou a ser maturada por até dois anos, antes da adição de frutas; como a fruta entra numa cerveja que ainda está cheia de levedura faminta, os açúcares fermentáveis dela desencadeiam mais fermentação e ação no barril, onde a cerveja ainda fica por no mínimo mais um ano.

Fora da Bélgica, a fruta também é popular em sour beers e em cervejas não ácidas. Pode-se usar qualquer fruta, e ela pode ser adicionada de diversas formas — inteira e fresca, congelada, em purê, xarope ou extrato — e em diferentes estágios do processo: às vezes com os lúpulos tardios (no fim da fervura, no whirlpool, durante a fermentação ou no tanque após a fermentação) e às vezes antes do envase. Todas as combinações são capazes de produzir boas cervejas; apenas tenha cuidado ao usar xarope ou extrato para que não resulte em um gosto de fruta xaroposo, artificial.

A seguir, estão reunidas cervejas feitas com frutas frescas. Procure notas de sementes, casca ou caroço, e sabores do tipo éster, que são naturais nas frutas. A cerveja pode ser ácida, fresca, doce ou delicada, e a fruta deve ser parte da cerveja em vez de dominar seu sabor.

DRIE FONTEINEN SCHAERBEEKSE KRIEK

BEERSEL, BÉLGICA
ABV: 6%
LÚPULOS: ENVELHECIDOS

CLÁSSICA

Schaerbeekse são cerejas ásperas, ácidas, que crescem na região em torno de Bruxelas onde é feita a lambic. Houve um tempo em que eram a variedade usada por todos os produtores de kriek, mas agora vêm sendo substituídas por variedades de cereja mais prontamente disponíveis. Felizmente, a Drie Fonteinen ainda faz uma kriek com *schaerbeekse*, embora seja difícil encontrá-la. É cor-de-rosa profundo no copo, e a cereja revela-se imediatamente, mas sutil e delicada, com aroma floral e um pouco de amêndoa e baunilha. Intensamente ácidos, os bagos de cereja no fundo dão profundidade e um leve toque frutado — não mais que isso, portanto não abra a garrafa esperando suco doce de cereja. Essa cerveja realmente envelhece bem (por isso, se encontrá-la à venda, compre várias), exalando frutas vermelhas ou ameixa e mantendo sua definição.

Upland Strawberry Lambic

Bloomington, Indiana, EUA
ABV: 6%
Lúpulo: Hallertauer (envelhecido três anos)

A Upland faz oito fruit lambics. Oito! Produzida como uma Belgian lambic, a cerveja-base é uma mistura túrbida de trigo não maltado e lúpulos envelhecidos no tanque e segue para barris de carvalho com levedura e bactérias, onde fica o tempo necessário para ganhar a acidez certa. Nesse estágio, entra a fruta, que intensifica o processo de fermentação. Meses mais tarde, as cervejas estão prontas. As oito (oito!) frutas que a Upland usa são morango, framboesa, cereja, kiwi, caqui, mirtilo, amora e pêssego. O kiwi é muito interessante, dá profunda pungência floral e tropical, mas eu gosto do morango pelo fundo definido, de semente de fruta vermelha, que confere sua qualidade tânica de frutado sutil, fresco e naturalmente ácido. São cervejas secas, ácidas, que fazem franzir os lábios e têm cheiro mais forte que a maioria, decididamente rústicas, algo que aprecio muito.

Baird Brewing Temple Garden Yuzu Ale

Shizuoka, Japão
ABV: 5,5%
Lúpulos: Motueka, Cascade (Nova Zelândia), Santium

Feita com yuzu, uma fruta cítrica japonesa colhida num templo próximo à Cervejaria Baird, essa cerveja tem centeio e trigo na composição do malte, o que dá um fundo suave e picante à mistura âmbar. O cítrico local aparece na hora — limão delicado e grapefruit, uvas, mel de flores e algumas notas botânicas minerais. Ao beber, é seca e exibe muito cítrico e sabores tropicais e florais de lúpulos, que complementam o yuzu e enfatizam sua acidez. A fruta entra como casca e suco, e os dois elementos aparecem — um é vigoroso e seco, o outro é claro e incisivo. A Baird faz também a Shizuoka Summer Mikan Ale e a The Carpenter's Mikan Ale, com mikan cultivado no local — uma frutinha doce e azeda, similar ao grapefruit. No fim do ano, você encontra ainda a Jubilation, uma cerveja festiva, feita com canela e figos japoneses. O uso de frutas nativas confere às cervejas da Baird um excelente vínculo com seu local de origem.

Upright Fantasia

Portland, Oregon, EUA
ABV: 5,75%
Lúpulo: Crystal (envelhecido)

Adequadamente batizada com o nome de uma forma musical que indica uma peça improvisada, que não segue nenhum estilo clássico, a Fantasia é uma cerveja de produção limitada, feita com pêssegos frescos de um pomar perto da cervejaria. Os pêssegos são cortados, descaroçados e acrescentados aos barris de carvalho, que a cervejaria arruma nos vinhedos locais. A cerveja é feita com cevada (e não com trigo não maltado, como no estilo da lambic) e com lúpulos envelhecidos, antes de encontrar os pêssegos no barril onde é fermentada com levedura de saison mais *Brettanomyces* e lactobacilos. Poucas semanas depois que a levedura entra em ação, os barris (que estavam três quartos cheios) são completados com outra cerveja da Upright e ficam um ano maturando. Você sente pêssego, damasco e limão; a aspereza é refinada e refrescante, e notam-se baunilha e uma cremosidade suave antes do final seco, saciador. É tão interessante e encantadora quanto o rótulo.

Russian River Supplication

Santa Rosa, Califórnia, EUA
ABV: 7%
Lúpulos: Styrian Golding (envelhecido), Saaz (envelhecido)

Eu tenho uma mala decorada com adesivos de cervejarias, que uso quando viajo pela Europa. Comprei-a na rua do pub-cervejaria Russian River porque fiquei superanimado com minha primeira viagem cervejeira aos EUA e acabei comprando garrafas demais para levar para casa. Agora, toda vez que olho essa surrada malinha penso na Supplication — a cerveja que tomei logo depois de comprá-la. De viva cor rubi, a Supplication é uma brown ale envelhecida em barris de Pinot Noir com ginjas e o trio áspero característico formado por *Brettanomyces*, lactobacilos e *Pediococcus*. Primeiro vem o cheiro forte, uma nota de limão e depois as pungentes ginjas com amêndoa e baunilha, seguidas de perto pelo barril e pelo vinho — frutas vermelhas, carvalho e especiarias. Você poderia sentar e ficar sentindo esse aroma o dia inteiro, mas não faça isso, porque o gosto é ainda melhor: ácido e seco, embora suave e com a intensidade da fruta.

Goose Island Juliet

Chicago, Illinois, EUA
ABV: 8%
Lúpulo: Pilgrim

A Goose Island tem o maior estoque de barris de madeira dos EUA, e isso fica evidente em uma volta pela cervejaria: um barril encostado à parede, uma sala cheia de barris sem tampa prontos para serem enchidos de cerveja, tanques separados para as leveduras com cheiro mais forte. Ao entrar na sala dos barris, você se vê rodeado por um castelo deles, e seu nariz sente aquele glorioso cheiro da madeira, evocativo e sedutor, e o aroma doce da lenta fermentação, de vinho tinto, bourbon, baunilha e frutas vermelhas. A Juliet é fermentada com leveduras e envelhecida em barris de Cabernet com amoras. Rosado-âmbar ao ser vertida, exala amoras na hora, com seu delicado centro suculento. Notam-se baunilha, tanino de carvalho, um fundo vinoso de fruta silvestre e uma aspereza delicada, não rugosa. Refinada, frutada e complexa, ótima com queijos cremosos ou chocolate amargo, frutado.

Cigar City Guava Grove

Tampa, Flórida, EUA
ABV: 8%
Lúpulos: Styrian Bobek, Simcoe

Uma das coisas de que eu mais gosto numa cerveja é quando ela reflete um lugar específico. A Cigar City compartilha essa visão, e suas cervejas são uma bela vitrine de seus arredores, seja quando põem foco em suas raízes latinas, usando cedro espanhol para envelhecer cervejas (é a mesma madeira das caixas dos charutos que dão nome à área e à cervejaria), seja usando a fruta que deu a Tampa o apelido de "Big Guava" ("Grande Goiaba"). Tendo a saison como cerveja de base, a Guava Grove recebe uma segunda fermentação com um purê cor-de-rosa de goiaba, o que resulta numa cerveja cheia dos aromas de fruta fresca, de pêssego, damasco, limão, goiaba e grapefruit, mais o picante do cravo e da levedura e a nota floral da camomila. Seca, bem carbonatada e ácida, é uma cerveja frutada e refrescante, ótima para acompanhar os frutos do mar do extenso litoral da Flórida.

Crooked Stave Wild Wild Brett Indigo

Denver, Colorado, EUA
ABV: 7%
Lúpulos: Strisselspalt, Mittelfrüh, Cascade

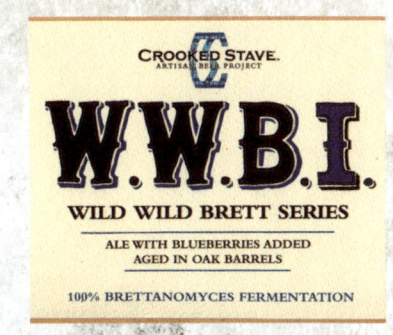

Com mestrado em Fermentação e Destilação, e foco em leveduras selvagens, Chad Yakobson sabe mais sobre *Brettanomyces* do que a maioria e compartilha o "The Brettanomyces Project" na internet: seu trabalho sobre oito cepas da levedura pesquisadas na fermentação pura em cultura. Ele usa essas cepas em sua cervejaria para fazer wild ales maravilhosas. A WWBI faz parte de uma série com fermentação 100% de Brett que segue as cores do arco-íris e tem nuance índigo por ser envelhecida com mirtilos frescos. É maturada em carvalho, e a cepa de Brett lhe dá um toque frutado fragrante (pense em abacaxi e manga) que funciona muito bem com a acidez leve e condimentada do mirtilo. Tem taninos amadeirados brandos, pimenta, aroma forte suavizado, fundo sutil e tentador de fruta vermelha e um elegante final seco. Os rótulos da Crooked Stave são especiais, e se você procura cervejas com Brett, seu lugar é ali.

Whitstable Raspberry Wheat

Whitstable, Kent, Inglaterra
ABV: 5,2%
Lúpulo: Perle

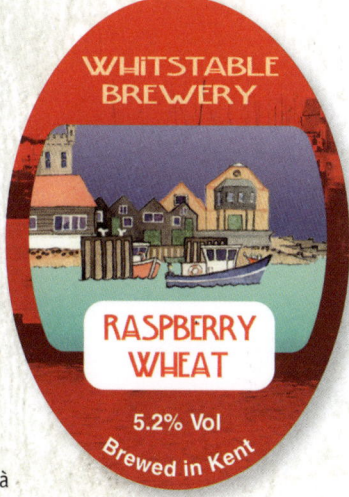

São poucos os lugares do mundo onde eu adoro beber. O Whitstable Brewery Bar é um deles. De dia, é um galpão simples, tranquilo; à noite, vira casa noturna. Fica na praia, por isso é um ótimo lugar para ir no verão. Whitstable é uma cidade inglesa à beira-mar, em Kent, famosa pelas ostras e é uma das minhas favoritas para vagar à toa antes de sentar na praia de seixos à frente do Brewery Bar, olhando feliz para o mar. Eles fazem uma pilsner com lúpulos Saaz e uma India pale ale com East Kent, mas eu amo a Raspberry Wheat num dia quente. É cor-de-rosa forte, com um aceno ao fundo de suco de limão, e as sementes de framboesa dão uma acidez refrescante no final — mas não como uma cestinha de framboesas; ao contrário, é límpida e sutil, como se a fruta fosse tímida. Melhor beber na praia em copinho plástico.

Cantillon Fou' Foune

Bruxelas, Bélgica
ABV: 5%
Lúpulos: Envelhecidos (três anos)

A Cantillon só usa frutas inteiras em suas cervejas — e usa um monte: 200 g de fruta fresca por litro de cerveja. Eles têm uma kriek com doçura de fundo despretensiosa e tentadora de cereja e uma framboise que pinica como sementes de framboesa nos dentes. A Fou' Foune é feita com damasco: casca, caroço e tudo, apenas cortados em dois e jogados no barril. A levedura consome toda a polpa e deixa só o caroço. Em contrapartida, têm-se um fundo elegante de damasco, uma cremosidade floral e melosa que se mescla com a pungência da lambic de modo incrível. Não é doce, é ainda pungente, terrosa, tem vigor e caráter, alguma acidez e carvalho. É fácil associá-la ao champanhe, mas seria bajulá-lo demais: essa cerveja é fora de série.

FRUIT BEER 115

PALE E HOPPY SESSION

No Reino Unido, as cervejas claras, com pouco álcool, muito sabor e aroma de lúpulo, em geral americanos e do hemisfério Sul, estão tomando os balcões dos bares. O gosto pelas American pale ales e seus lúpulos cítricos e bem frutados, combinado com a cultura britânica de bar, de ir ao pub e não sair antes de virar alguns pints, deu impulso a essas cervejas e criou um novo estilo britânico. Sob vários aspectos, trata-se de um grande teste para o cervejeiro: você é capaz de dar mais sabor a uma cerveja com pouco álcool e manter o corpo, o equilíbrio e a drinkability? Vá a qualquer bar britânico e encontrará uma série de cervejeiros fazendo um maravilhoso trabalho nesse estilo.

Com algo em torno de 3-4% de álcool, essas cervejas de cor palha ao dourado buscam ser refrescantes, de corpo leve, muito lupuladas, amargas e secas, para se beber o dia inteiro. O amargor pode ser bem alto se comparado à leveza do álcool, chegando a 50 ou mais IBUs, embora tipicamente fique nos 30. O malte tenta se esconder no fundo, com frequência mostrando apenas um pouco de biscoito ou caramelo. São os lúpulos que as diferenciam de uma golden mild ou bitter: vivamente aromáticas, muito frutadas e com frequência de um amargor vivo no final, com uma secura que faz você querer beber mais — é essa combinação de muito sabor de lúpulo com um amargor saciador que melhor as define. São cervejas britânicas modernas na sua melhor expressão, e o estilo deslanchou no mundo todo devido a um desejo geral de cervejas com pouco álcool, mais saborosas.

Moor Revival

Somerset, Inglaterra
ABV: 3,8%
Lúpulos: Columbus, Cascade

Justin Hawke é um americano "transplantado" para as charnecas de Somerset, onde faz uma excelente linha de estilos britânicos modernos, como algumas fantásticas cervejas claras e lupuladas, uma session black IPA e a tremenda JJJ IPA, uma monstruosa IPA barleywine com 9% de álcool. O nome Revival é quase um oximoro, já que essa cerveja está à frente do novo estilo — foi uma das originais e ainda é uma das melhores. Tem teor alcoólico de 3,8% no barril e de 4% na garrafa, mas essa primorosa cerveja ouro-alaranjada e turva é a mesma: o aroma explode do copo com fruta tropical, abacaxi, manga, entrecasca de grapefruit e tangerina. Tem corpo leve, mas é forte o suficiente para manter o conjunto coeso e realçar os lúpulos com a cerveja, que termina saciadora, seca e refrescante, fazendo-o querer beber mais. Procure também a Nor'Hop (com lúpulos americanos) ou a So'Hop (lúpulos neozelandeses), ambas com 4,1% de álcool, ultraclaras e ultralupuladas.

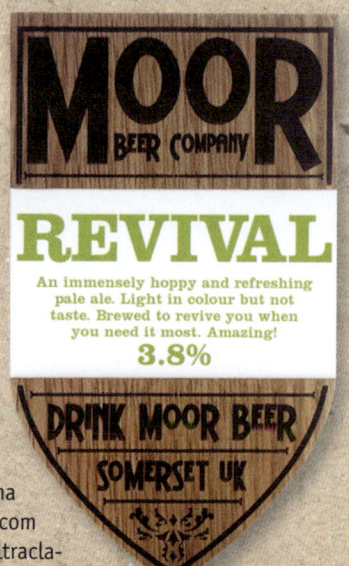

116 AS MELHORES CERVEJAS DO MUNDO

Uinta Brewing Wyld

Salt Lake City, Utah, EUA
ABV: 4%
Lúpulo: Simcoe

Existem algumas leis complicadas sobre bebida alcoólica em Salt Lake City: uma cerveja com 4,1% ou mais de álcool é considerada pesada, e as leis que a regem são diferentes das que valem para a cerveja "standard", com 4% ou menos. Assim, não surpreende que muitas das cervejas da Uinta tenham exatamente 4% de álcool, embora haja algumas maravilhosas exceções, como a Hop Notch IPA (7,3% — uma cerveja lançada em 2011; ela ficou tão popular que a cervejaria teve que comprar novos tanques para atender à demanda) e a Dubhe Imperial Black IPA (9,2%). A Wyld, uma extra pale ale, é generosa em sabor e aroma: damasco, pêssego, flor e entrecasca de laranja; tem uma elegância adorável, uma leveza que não é nem fraca nem insuficiente, cremosidade suave e um final saciador. Também é certificada como orgânica, e as cervejas são todas feitas com 100% de energia renovável.

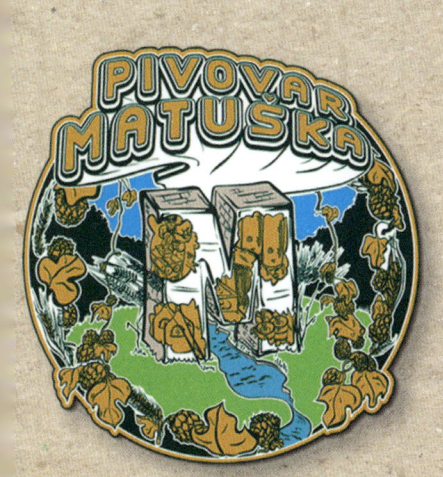

Matuška Fast Ball

Broumy, República Tcheca
ABV: 3,8%
Lúpulos: Citra, Columbus, Cascade

Essa é uma 9° American pale ale, o tipo de cerveja que se destaca na República Tcheca — onde não há muitas pale ales nem, com certeza, muitas cervejas 9°. Mas também não existem muitas cervejarias como a Matuška. Com uma grande gama de pale ales e IPAs, a Matuška é uma das principais pequenas cervejarias do país. Se quiser beber essas cervejas, vá a Praga, que tem alguns bares de cervejas artesanais (o Zlý časy deve ser sua primeira parada), mostrando o crescimento das novas cervejarias. A Fast Ball é uma pale gold turva, cujos lúpulos se projetam com aromas cítricos, de pimenta, pêssego e flores, apoiados por um malte macio e tostado. É leve e límpida, aromática e refrescante, cheia de sabor, corpo e de um amargor nítido no final — é uma bola vencedora, lançada bem no meio da zona do rebatedor.

Cromarty Happy Chappy

Cromarty, Escócia
ABV: 4,1%
Lúpulos: Columbus, Cascade, Nelson Sauvin, Willamette

Uma das pequenas cervejarias mais interessantes da Escócia, a Cromarty surgiu disparando lúpulos em todas as direções, desde seu início, pouco antes do Natal de 2011. Radiantes e de aspecto ousado, suas cervejas compõem uma moderna seleção de estilos, desde a Brewed Awakening (4,7% de álcool), uma coffee stout, até a Red Rocker (5% de álcool), uma cerveja de centeio com lúpulos americanos, e a Rogue Wave (5,7% de álcool), uma extra pale ale. Depois, vêm a Hit the Lip (3,8% de álcool) e a Happy Chappy, ambas claras e lupuladas, leves na cor e no corpo, e fortes em lúpulos aromáticos — são bons exemplos desse novo estilo de cerveja britânico. A Happy Chappy verte cor dourada, tem corpo delicado e macio, que permite a máxima exposição dos lúpulos, e traz grapefruit, frutas vermelhas, flores e uma secura gramínea no final.

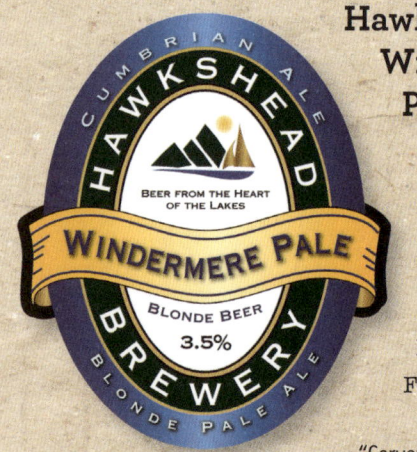

Hawkshead Windermere Pale

Cúmbria, Inglaterra
ABV: 3,5%
Lúpulos: Citra, Goldings, Bramling Cross, Fuggles

"Cerveja do coração dos lagos" é o slogan da Hawkshead, que fica numa das áreas mais bonitas da Inglaterra: o Distrito dos Lagos. Para aproveitar ao máximo sua localização, em 2011 a Hawkshead abriu o Beer Hall, ao lado da cervejaria. Bem iluminado, arejado e moderno, com um excelente cardápio de comida, é o melhor lugar para provar todas as cervejas Hawkshead. Quando for, comece com a Windermere Pale, batizada com o nome do famoso lago perto dali. É uma cerveja superclara e superlupulada — manga, uva e grapefruit — e tem um toque fresco e gramíneo de lúpulo inglês, que lembra as vastas campinas verdes que rodeiam a cervejaria. Apresenta corpo delicado e depois um formidável sabor de lúpulos, que é o que a torna tão agradável — trata-se do tipo de cerveja que faz você rezar para que chova (o que você pode quase garantir que vai acontecer) para que possa ficar e tomar mais uma.

Ca l'Arenys Guineu Riner

Valls De Torroella, Catalunha, Espanha
ABV: 2,5%
Lúpulo: Amarillo

Uma American pale ale com pouco álcool feita na Espanha, a Guineu Riner é uma façanha notável: reúne muitos lúpulos (segundo a cervejaria, 93 IBUs) e um corpo leve. É clara, amarela e turva no copo, com um aroma nítido de entrecasca de cítricos, ervas terrosas, limão, pinho e damasco. O aroma inebriante, perfumado, faz você entrar na cerveja, que é delicada e leve, e ainda assim cria uma sensação de boca arredondada, cheia, grande o suficiente para acomodar todos aqueles lúpulos, que agora sobem pelo nariz e depois deslizam pela garganta com um amargor grande, abrangente, e uma secura prolongada. Com um teor de álcool tão baixo e IBU tão alto, você talvez imagine que o corpo será ralo e sobrepujado, mas não é. É ótima para acompanhar tapas, como lulas ou anchovas fritas.

Buxton Moor Top

Buxton, Inglaterra
ABV: 3,6%
Lúpulos: Chinook, Columbus

Essa é uma ode ao Chinook, glorioso lúpulo que nos remete a grapefruit. A Moor Top é outro bom exemplo de como uma cerveja pode ter pouco álcool e ser plena em sabor e aroma de lúpulos. Essas cervejas pegam a antiga ideia britânica de "sessionability", que indica uma cerveja que você pode passar horas tomando sem enjoar, e a combinam com o sabor supercítrico das American IPAs. Como se vê, nós, ingleses, queremos tomar muitos pints e também beber IPAs, e isso é o que faz o sucesso dessa combinação. A Moor Top é uma blonde bem clara, e a sensação é a de que você aproximou um lúpulo Chinook do nariz: grapefruit, entrecasca de cítrico, tangerina e pinho. É saborosa, seca e saciadora; tem mais entrecasca de cítricos no sabor e um amargor persistente. A Buxton faz ótima cerveja — peça sempre que puder.

GOLDEN E BLONDE ALE

A chegada das British golden ales na década de 1980 deu impulso a esse estilo e o difundiu pelo mundo. Elas vieram como concorrentes discretas ou alternativas às ubíquas pale lagers, fato refletido nos sabores simples, francos e frescos da cerveja. Aqueles primeiros pints foram um copo sazonal para refrescar no verão, mas se tornaram tão populares que as cervejas do estilo logo ficaram disponíveis o ano todo.

Blonde ou douradas na cor, elas ficam um passo atrás em relação à pale ale tanto em álcool quanto em lúpulos. O corpo de malte é macio e límpido, exalando sabor de biscoito, talvez um pouco de mel ou doçura de cereais, e depois os lúpulos acrescentam uma delicada profundidade à cerveja (não um amargor forte, estonteante), e ela continua equilibrada com o malte, já que é uma cerveja feita para ser fácil de beber e não desafiadora. Em geral, tem 4-5,5% de álcool, com IBU entre 20 e 30. Qualquer perfil de lúpulos é aceitável, desde que não seja dominante: os lúpulos britânicos aparecem nas versões clássicas e dão um frutado silvestre, terroso, floral; os lúpulos americanos e do hemisfério Sul acrescentam seus cítricos e qualidades de fruta tropical. Não sendo cervejas explosivas, as golden e blonde ales são as cócegas que fazem a pale ale dar gargalhadas; mas às vezes essa risadinha sorrateira pode valer bem mais do que um berro de esvaziar a sala.

Fyne Avalanche

Argyll, Escócia

ABV: 4,5%

Lúpulos: Cascade, Challenger, Liberty

Na lista das cervejas que quero ter na geladeira no verão, essa sempre marca presença. A Escócia é um país com muitas cervejarias boas e interessantes — a maioria se inspira nas artesanais americanas e as combina com estilos britânicos clássicos. A Avalanche é uma golden ale moderna. Parte de uma base bem britânica de maltes pale, junta alguns lúpulos ingleses para obter um amargor terroso, sutil, e então entra com os Cascades para um final ligeiro, de limão e cítricos, com grapefruit e aromas florais arredondando tudo. Límpida, refrescante, leve, saciadora e sempre interessante, é um tipo de cerveja para piquenique de verão. Outra boa cerveja da Fyne é a Jarl, uma session ale com "single hop" de Citra e 3,8% de álcool, com cítricos sensacionais e aroma de fruta tropical, vista com razão como uma das melhores da Grã-Bretanha.

Septem Sunday's Honey Golden Ale

Evia, Grécia
ABV: 6,5%
Lúpulos: Styrian Golding, Tettnanger

Amo a Grécia. Vou lá quase todo ano, pulando de ilha em ilha, curtindo o sol, a areia dourada, o mar azul quente e a comida local. Quanto à bebida, há várias microcervejarias produzindo uma gama de rótulos diferentes e estimulantes. *Septem* é o termo latino para "sete", referência aos dias da criação, e cada cerveja Septem tem o nome de um dia da semana. A pilsner Monday é ágil, com seus lúpulos frutados tornando-a aromática e convidativa, e a pale ale Friday tem um frescor de lúpulo liso, límpido, maravilhoso. Na Sunday's, temos essa Honey Golden Ale, feita com dois tipos de mel grego. Dourada na cor, com delicado aroma floral, de pêssego e damasco, é uma cerveja deliciosa e macia, com um amargor delicado e equilibrado, corpo rico e um leve toque doce.

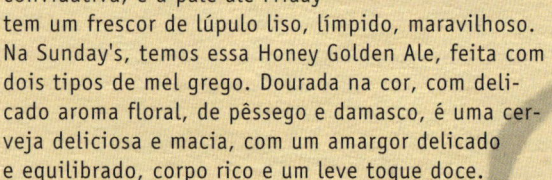

Cucapá Clásica

Mexicali, México
ABV: 4,5%
Lúpulos: Amarillo, Cascade, Centennial

Logo após cruzar a fronteira saindo da Califórnia, fica a Cervejaria Cucapá, uma das principais artesanais do México, que faz uma série de estilos de cerveja incríveis com rótulos de impacto — American IPA, double rye, imperial red e uma barleywine envelhecida em barril de tequila. A Clásica é uma golden ale de manual, fácil de beber. De cor dourado-clara, com malte límpido, aroma de biscoito, lúpulos cítricos e florais, que dão um pouco de frescor ao aroma, e um corte de 23 IBUs de amargor saciador no final. É tudo o que você quer e precisa de uma cerveja: não tenta impressionar com muitos lúpulos nem embriagar — é simplesmente uma grande golden ale bem-feita, para tomar em dias de sol, perfeita com quesadillas. Cerveja a cerveja, a Cucapá combate a reputação ruim das bebidas mexicanas, de garrafas transparentes com limão enfiado no gargalo ou de tequilas viradas de um só gole.

Oppigårds Golden Ale

Hedemora, Suécia
ABV: 5,2%
Lúpulos: East Kent Goldings, Pacific Gem, Cascade

Essa golden ale foi a primeira cerveja da Oppigårds Bryggeri quando ela abriu em 2004 e é hoje a ale sueca mais vendida no Systembolaget. Um grande feito. Pelas leis suecas, cervejas com mais de 3,5% de álcool só podem ser vendidas nas lojas estatais Systembolaget, que têm talvez as melhores opções de cervejas do mundo, com novas marcas chegando todo mês. Essa golden ale junta o velho e o novo: tem lúpulos Goldings, terrosos, com notas de geleia, os florais Cascade com notas de grapefruit e os Pacific Gem com cassis, todos combinando. O malte é pastoso e tostado, com um toque de caramelo, e os 30 IBUs de amargor garantem final incisivo que fica saciador com polpa de fruta exótica no centro. A Suécia não é conhecida por seu sol de verão, portanto use essa cerveja como placebo de vitamina D.

Stone & Wood Pacific Ale

Byron Bay, Austrália
ABV: 4,4%
Lúpulo: Galaxy

Ao olhar para além da bela faixa de areia da baía de Byron, seus olhos encontrarão as infindáveis ondas do mar de Coral. É ali, na costa leste da Austrália, aonde pessoas vão surfar e festejar, que a Stone & Wood foi criada em 2008. A poucos minutos da praia, não é preciso ser um gênio para ver por que eles escolheram esse ponto. A Pacific Ale é uma autêntica australiana que usa malte, trigo e lúpulos cultivados no país. O Galaxy é excelente: frutas tropicais, maracujá e pêssego explodem dessa pequena granada verde. Na Pacific Ale, eles trazem o delicado frescor de tais frutas, com casca de laranja, uva e gramíneas (fazendo lembrar do parentesco do Galaxy com os lúpulos alemães), tudo sobressaindo da macia e límpida base de malte, que tem um quê de mel antes do amargor seco e definido. É uma bela cerveja, lindamente equilibrada e feita num lindo lugar.

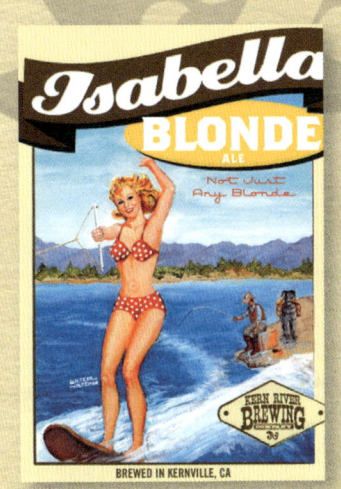

Kern River Isabella Blonde

Kernville, Califórnia, EUA
ABV: 4,5%
Lúpulo: Cascade

Junto à Floresta Nacional de Sequoias, não distante do Vale da Morte ou de Yosemite, fica Kernville, essa pequena cidade do Oeste bravio. Os astros de Los Angeles e as luzes de Las Vegas são diversões distantes do local, que atrai pessoas em busca de atividades atléticas ou esportes de montanha e rio. Depois de um dia escalando rochas e descendo corredeiras, você vai precisar de uma cerveja, e a Isabella Blonde é um bom começo. Batizada com o nome do lago perto da cervejaria, é uma golden ale com sutil fundo de malte e profundidade terrosa, de gramíneas e frutas de pomar. Fácil de beber, maravilhosamente refrescante, tem um equilíbrio incrível: uma cerveja para baixar a adrenalina antes de você levantar de novo e pedir uma Kern River Citra, sua double IPA de eletrizar as papilas.

Rooster's Yankee

Knaresborough, Inglaterra
ABV: 4,3%
Lúpulo: Cascade

Quando Sean Franklin produziu a Yankee em 1993, foi um dos primeiros cervejeiros britânicos a usar a nova variedade de lúpulos chamada Cascade. Trabalhando com vinho antes de se tornar cervejeiro, Sean estava sempre na vanguarda, experimentando sobretudo com lúpulos para obter perfis de sabores equilibrados e únicos. Em 2011, decidiu passar a cervejaria adiante, e agora ela é gerida pelos Fozards, com os irmãos Ol e Tom mantendo o ótimo trabalho de Sean e também avançando com novas cervejas. A Yankee é um clássico. Dourado-clara, é uma excelente mistura de Grã-Bretanha e América: a água limpa e mole de Yorkshire encontra o malte pale inglês, e os lúpulos Cascade dão um maravilhoso frescor de grapefruit, floral e gramíneo. Procure as especiais da cervejaria e também a Buckeye e a Wild Mule, estilos britânicos modernos com muito lúpulo, realizados com perfeição.

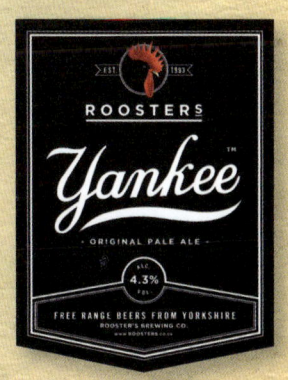

GOLDEN E BLONDE ALE

AMERICAN PALE ALE

O PRIMEIRO ESTILO VERDADEIRAMENTE AMERICANO DE PRODUÇÃO ARTESANAL INSPIROU-SE NAS PALES EUROPEIAS, MAS AS AMERICANIZOU COM O USO DE LÚPULOS INTENSAMENTE FRUTADOS CULTIVADOS NA COSTA OESTE DOS EUA. AQUELAS PRIMEIRAS CERVEJAS — SIERRA NEVADA É A CLÁSSICA E AINDA UMA DAS MELHORES — INFLAMARAM E EXCITARAM OS CONSUMIDORES, DANDO O PONTAPÉ INICIAL À CERVEJA ARTESANAL.

Os lúpulos Cascade são o original "American C-hop" usado no estilo e apresentam todos os atributos necessários: florais, cítricos suculentos, pinho e entrecasca. O amargor pode ser delicado ou agressivo, entre 25 e 50 IBUs. Uma grande dose de lúpulos tardios e dry hopping dão à cerveja aroma e sabor maiores. Essas cervejas, de cor clara a âmbar, oferecem um toque de dulçor e corpo redondo, embora algumas terminem muito secas. Geralmente empregam uma levedura de American ale, que traz ésteres de frutas e uma profundidade límpida. Podem ter entre 4,5% e 6,5% de álcool. Há uma linha indefinida entre pale ale e IPA, e uma cerveja com 6% de álcool pode estar de um lado ou do outro dessa linha; em última instância, a diferença está no uso de lúpulos — as IPAs terão maior presença deles. Indo na direção oposta, a pale ale passa para amber ale ou golden ale conforme os lúpulos marcam menor presença. A American pale ale já fez abrir muitas cervejarias e bares e converteu bastantes consumidores — em resumo, mudou o mundo da cerveja para sempre.

Half Acre Daisy Cutter

Chicago, Illinois, EUA
ABV: 5,2%
Lúpulos: Centennial, Amarillo, Columbus, Simcoe

Se a Sierra Nevada é o exemplo clássico de uma American pale ale — e isso é indiscutível —, então a Daisy Cutter é um dos dos melhores exemplos modernos. Os estilos de cerveja se renovam regularmente ao combinarem inspirações antigas com novos ingredientes e ideias. O aroma é de grapefruit, tangerina, flores e manga, mas ultrapassa bastante essas quatro fragrâncias. Dourada, ela é límpida e macia de beber, e seu sabor se mostra muito bem definido com um malte simples. Ao fabricar cerveja, é um erro comum se exceder nos lúpulos e obter um resultado caótico em vez de uma clareza harmônica, mas a Daisy Cutter oferece esse sabor imbatível, fresco, suculento, com amargor suficiente, não exagerado. Isso significa que você vai querer beber mais, tentado por esse amargor viciante e pelo prazer do fantástico aroma. Há ainda a Double Daisy Cutter, uma versão maior da cerveja, tão boa quanto.

Magic Rock High Wire

Huddersfield, Inglaterra
ABV: 5,5%
Lúpulos: Centennial, Columbus, Citra, Cascade, Chinook

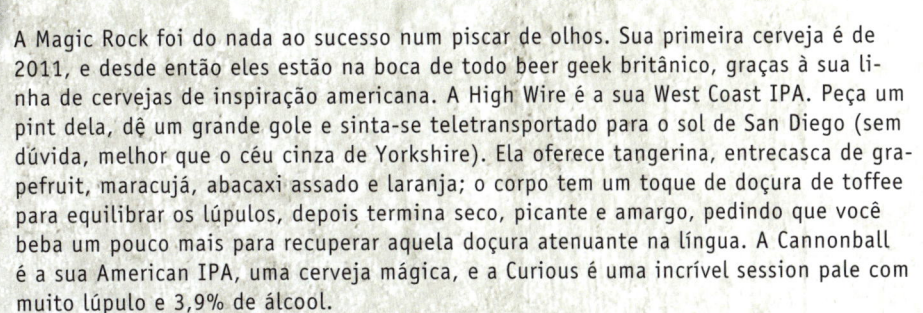

A Magic Rock foi do nada ao sucesso num piscar de olhos. Sua primeira cerveja é de 2011, e desde então eles estão na boca de todo beer geek britânico, graças à sua linha de cervejas de inspiração americana. A High Wire é a sua West Coast IPA. Peça um pint dela, dê um grande gole e sinta-se teletransportado para o sol de San Diego (sem dúvida, melhor que o céu cinza de Yorkshire). Ela oferece tangerina, entrecasca de grapefruit, maracujá, abacaxi assado e laranja; o corpo tem um toque de doçura de toffee para equilibrar os lúpulos, depois termina seco, picante e amargo, pedindo que você beba um pouco mais para recuperar aquela doçura atenuante na língua. A Cannonball é a sua American IPA, uma cerveja mágica, e a Curious é uma incrível session pale com muito lúpulo e 3,9% de álcool.

Three Floyds Alpha King e Zombie Dust

Munster, Indiana, EUA
ABV: 6,66% e 6,4%
Lúpulos: Alpha King — Centennial, Cascade, Warrior; Zombie Dust — Citra

A Alpha King e a Zombie Dust são boas demais para ficarem de fora da lista. A Three Floyds é uma heroína dos lúpulos no mundo das cervejarias, e embora sua ampla linha de cervejas tenha todos os estilos que se possa imaginar é nas pale ales (e a brilhante Gumballhead) que eu quero me concentrar. Os lúpulos Centennial, Cascade e Warrior dão à Alpha King 66 IBUs. Entrecasca de laranja, suco de tangerina, abacaxi, pinho e ervas secas enlouquecem os sentidos olfativos. A Zombie Dust cria a mesma sensação de alegria e exaltação apenas com o festival de frutas tropicais do lúpulo Citra, com mais manga, uvas e sabores florais. Tudo se encaixa com perfeição nessas cervejas com um equilíbrio inigualável, que agem no sentido de dar à mais incrível experiência de lúpulos toques de frescor, vibração e deleite.

Dancing Camel American Pale Ale

Tel Aviv, Israel
ABV: 5,2%
Lúpulos: Citra, Cascade

Israel é um daqueles inesperados pontos de destaque da produção artesanal, com cada vez mais cervejarias e bares interessantes, inspirações locais e também um monte de ideias dos EUA. A Dancing Camel foi uma das primeiras cervejarias artesanais do país, criada pelo americano David Cohen em 2006. A American pale ale tem cor âmbar e é feita com mel de tâmaras israelense. Nos aromas, dominam os lúpulos americanos, com grapefruit, abacaxi e entrecasca de laranja; há uma nota tostada e caramelada do fundo de malte, e um toque de mel antes do final simples, saciador. LeChaim é um brinde — em hebreu, significa "À vida". Ergamos, pois, nossos copos gelados a ela.

AMERICAN PALE ALE

Hill Farmstead Edward

Greensboro, Vermont, EUA
ABV: 5,2%
Lúpulos: Centennial, Chinook, Columbus, Simcoe, Warrior

Shaun Hill é o homem por trás da Hill Farmstead, cervejaria instalada na fazenda que pertence à sua família há mais de 220 anos. A série Ancestral tem cervejas tanto nomeadas quanto inspiradas por membros da família Hill. Edward, o avô de Shaun, viveu na terra que hoje abriga a cervejaria. Ele inspirou uma pale ale feita apenas com ingredientes americanos: malte, lúpulos e leveduras; a água é tirada de um poço atrás da casa de fazenda. Tenho certeza de que a água dali é especial; dá às cervejas uma elegância sedutora inacreditável e é muito leve na boca. Combine tudo isso com os lúpulos — grapefruit, pêssego, entrecasca de laranja, flores frescas e gramíneas —, de gosto fresco e límpido como você jamais viu, e depare-se com um sabor fenomenal: trata-se de uma cerveja com história, feita em um lugar especial.

Lambrate Ligera

Milão, Itália
ABV: 4,7%
Lúpulos: Chinook, Amarillo, Cascade, Willamette

Uma visita a Milão não será completa sem umas cervejas no pub do Birrificio Lambrate. Forrado de madeira escura, tem *memorabilia* temática por toda parte, lousa escrita com o que há no dia e torneiras de bronze para encher pints com a borda cheia de densa espuma — o ambiente é uma mistura de pub inglês com um antigo *speakeasy* de subsolo. Toda a gama de cervejas Lambrate é excelente, por isso planeje ficar ali um tempo: quem gosta das escuras deve provar uma Ghisa, bela smoked beer com café e frutas escuras fundindo-se com uma espiral de fumaça. Fãs de lúpulo vão preferir a Ligera, mas não espere uma explosão de lúpulos — ela é aromática, delicada e conduzida pelo sabor, e não uma bomba de amargor. Tem pêssego, tangerina e entrecasca de cítricos; o corpo límpido vem antes de um prolongado amargor seco e equilibrado. A Ligera é adorável — prove-a com um delicioso risoto preparado com o mosto da cervejaria.

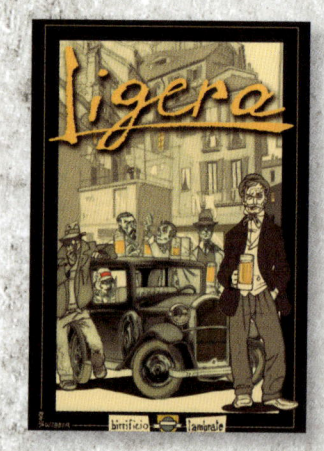

Camba Bavaria Pale Ale

Truchtlaching, Alemanha
ABV: 5,2%
Lúpulos: Cascade, Golding, Willamette

Essa cerveja apareceu como uma imensa surpresa para os meus preconceitos. Uma American pale ale feita na Alemanha? Sei lá. Vai ter gosto de lager, certo? Eles não vão saber o que fazer com os lúpulos, certo? Abri uma e despejei no copo, distraído, enquanto fazia outra coisa, mas então captei essa fragrante onda de cítricos e fruta tropical no ar... Adoro ter minhas expectativas reduzidas a cacos, e essa pale ale é sensacional. Se fosse feita por alguma cervejaria americana de nome, acho que seria uma das mais famosas pale ales. A cervejaria é ligada à Braukon, fabricante do setor que produz kits para cervejarias artesanais do mundo inteiro. Essa inspiração mundial voltou para os seus próprios tanques. A pale ale é superfrutada e suculenta, com tangerina, mel de flores e manga, além de corpo cheio e bastante macio que antecede um amargor límpido e equilibrado.

Firestone Walker Pale 31

Paso Robles, Califórnia, EUA
ABV: 4,9%
Lúpulos: Fuggle, Cascade, Centennial, Chinook

Desde 1996, quando Adam Firestone e David Walker inauguraram a cervejaria, a impressão é a de que a Firestone Walker venceu todos os prêmios de cerveja que existem, como o "Cervejaria de Porte Médio do Ano" na bianual World Beer Cup por quatro vezes — esse prêmio é dado às cervejas que se sobressaem no ano da competição. O que faz disso um grande feito é que as cervejas são avaliadas em teste cego, por isso é apenas o gosto que decide. Prove a Pale 31 e vai querer colocar uma medalha de ouro em volta do copo. Com um aroma que irrompe, brilhante, de manga, melão e tangerina, de frescor muito vibrante e suculento, a cerveja é leve e límpida; tem muito sabor de lúpulo e só um pouco de amargor — é uma das melhores e faz você sorrir enquanto bebe, além de se entusiasmar com o que uma cerveja é capaz de ser. É a perfeição da pale ale.

Great Lakes Crazy Canuck Pale Ale

Ontário, Canadá
ABV: 5,2%
Lúpulos: Centennial, Chinook, Citra

Cervejaria artesanal mais antiga de Toronto, a Great Lakes produz desde 1987, com uma fogueira sob lindos tanques de cobre. É imbatível a beleza do cobre numa cervejaria — o aço inox reluzente é bonito, mas o cobre tem algo de especial. A Crazy Canuck é uma American pale ale inspirada na Costa Oeste. Da cor de um tanque de fermentação de cobre bem escovado, tem exatamente o aroma que você deseja: grapefruit, flores, pinho — é como mastigar lúpulos C. Leve e seca ao beber, apresenta lúpulos resinosos que se destacam antes de impactar com seu amargor vigoroso e aderente. É o Canadá fazendo Califórnia, e isso me faz querer comer uma grande travessa de frango frito, com o frutado dos lúpulos contrastando com a textura do frango e a riqueza dos temperos.

Tuatara APA

Waikanae, Nova Zelândia
ABV: 5,8%
Lúpulos: Chinook, Simcoe, Zythos

Bem, ao escrever sobre dez cervejas do mesmo estilo, todas compartilhando similaridades em ingredientes, processos e intenção, o texto pode ficar um pouco repetitivo. Sabemos que os lúpulos americanos têm grapefruit e laranja, pinho e flores, portanto tudo se torna um tanto parecido. Mas, sem dúvida, é esse o sabor dessas cervejas. E há milhares delas ao redor do mundo com tais semelhanças. Mesmo assim, algumas simplesmente se destacam das outras. Pode ser um realce ou frescor no aroma, a sensação ao bebê-la, a maneira como os lúpulos e o malte se expressam, e então chegamos ao nível dos detalhes. A APA da Tuatara se sobressai pela cor âmbar, a explosão de aroma de cítricos dos lúpulos americanos, os arrebatadores 50 IBUs que envolvem a língua em amargor, enquanto uma doçura de caramelo e frutas silvestres preenche o fundo e equilibra o conjunto. A Tuatara faz também a excelente Aotearoa pale ale, que é uma versão com lúpulos neozelandeses da mesma cerveja.

A American pale ale foi o começo de tudo e fez toda a narrativa avançar, mas a IPA é quem governa esse mundo, sem rivais à altura. A história da American IPA parte da ideia da India pale ale de séculos atrás, uma cerveja com muito lúpulo que cruzava os mares da Inglaterra até a Índia, e num grande salto chega agora aos incríveis lúpulos cultivados no noroeste dos EUA. Hoje a IPA não tem mais nada a ver com a Índia ou com longas viagens por mar — é um estilo construído como palco para os lúpulos, e um dos mais estimulantes e destacados de nossos dias. Mostra o quanto uma cerveja pode ser diferente das lagers leves das geladeiras ao redor do planeta: os suculentos e fragrantes perfis frutados, o tranco do amargor, corpos ricos em malte e a pungência do álcool combinam-se para produzir cervejas cheias de sabor.

AMERICAN IPA

Uma American IPA pode ser muitas coisas: de cor bem clara ou âmbar-profundo; delicadamente floral ou com amargor brutal; muito seca ou doce e redonda. O que essas cervejas têm em comum é o aroma intenso dos lúpulos americanos, que dão cítricos, resina de pinho, ervas secas e frutas de caroço, além de um frescor floral. O amargor costuma ser alto, às vezes de rachar a língua (50-80 ou mais IBUs), mas é contrabalançado por um corpo cheio de malte e doçura. Em geral, o teor de álcool fica em 6-8%. Entre as American IPAs há uma divisão rígida: as West Coast IPAs tendem a ter cítricos, secura e amargor mais ostensivos, enquanto as East Coast IPAs são um pouco mais encorpadas e menos agressivas em lúpulos. American IPA é o estilo que comanda as cervejas artesanais, sua verdadeira heroína.

BEAR REPUBLIC RACER 5

HEALDSBURG, CALIFÓRNIA, EUA
ABV: 7%
LÚPULOS: CHINOOK, CASCADE, COLUMBUS, CENTENNIAL

CLÁSSICA

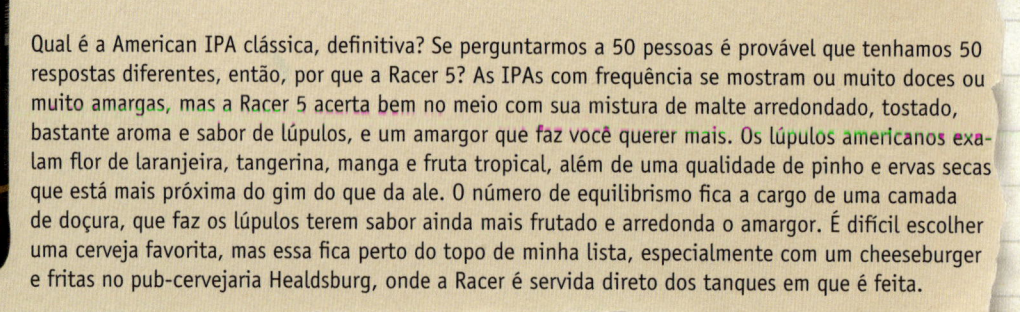

Qual é a American IPA clássica, definitiva? Se perguntarmos a 50 pessoas é provável que tenhamos 50 respostas diferentes, então, por que a Racer 5? As IPAs com frequência se mostram ou muito doces ou muito amargas, mas a Racer 5 acerta bem no meio com sua mistura de malte arredondado, tostado, bastante aroma e sabor de lúpulos, e um amargor que faz você querer mais. Os lúpulos americanos exalam flor de laranjeira, tangerina, manga e fruta tropical, além de uma qualidade de pinho e ervas secas que está mais próxima do gim do que da ale. O número de equilibrismo fica a cargo de uma camada de doçura, que faz os lúpulos terem sabor ainda mais frutado e arredonda o amargor. É difícil escolher uma cerveja favorita, mas essa fica perto do topo de minha lista, especialmente com um cheeseburger e fritas no pub-cervejaria Healdsburg, onde a Racer é servida direto dos tanques em que é feita.

The Kernel IPA

Londres, Inglaterra
ABV: 6,5-7,5% (os lotes variam)
Lúpulos: Ver no rótulo da garrafa

No início de 2010, a Kernel começou a produzir sob um arco de ferrovia perto da Torre de Londres. Em março de 2012, já havia mudado para um local maior para atender à demanda. Evin O'Riordain e sua equipe fazem uma imensa variedade de cervejas, como stouts, porters e interessantes interpretações de estilos clássicos europeus, mas o que chama a atenção são as muito lupuladas pale ales, IPAs e black IPAs. Cada lote é diferente e tem o nome da variedade de lúpulo usada, por isso prove quantas puder para ver o que os diversos lúpulos podem dar à cerveja. Cor de chama, com caramelo e pão de malte, as IPAs da The Kernel podem ser definidas por um corpo pleno, texturizado, que ajuda a carregar os lúpulos e os exala enquanto você bebe — espere muito amargor e aromas incríveis, mas sempre equilibrados.

Epic Brewing Armageddon IPA

Auckland, Nova Zelândia
ABV: 6,66%
Lúpulos: Cascade, Centennial, Columbus, Simcoe

Apesar da escassez de lúpulos na Nova Zelândia na época da primeira produção, Luke Nicholas, o homem por trás da Epic Brewing, decidiu não se conter. Adoro esse tipo de atitude. Adoro sua cerveja também: os lúpulos dão aquele tranco apocalíptico de suco de grapefruit, frutas tropicais suculentas e depois pinho, enquanto o amargor persiste e mostra-se áspero acima do corpo do malte, de doçura suficiente, tudo combinando numa cerveja que não se consegue parar de beber. Você adora lúpulos? Procure também a Hop Zombie ou a Mayhem da Epic. A IPA pode ser uma boa escolha com comida, e muitos sugerem algo quente e apimentado, mas eu acho que isso é como tentar apagar fogo com vodca. Barriga de porco fica excelente, um hambúrguer é difícil de superar, pois a cerveja permeia sua riqueza, e bolo de cenoura constitui uma combinação surpreendentemente boa.

Klášterní Pivovar Strahov Svatý Norbert IPA

Praga, República Tcheca
ABV: 6,3%
Lúpulos: Amarillo, Cascade

Subir a ladeira íngreme de pedra até o Castelo de Praga dá sede. Felizmente, o Mosteiro Strahov, com sua cervejaria, é das primeiras coisas que você vê quando chega ao alto. Dentro, os tanques de cobre ficam a um canto, brilhantes o suficiente para você poder ajeitar seu cabelo ao passar. A stout e a cerveja de trigo são deliciosas, mas a IPA é que é boa o suficiente para você considerar passar a vida com os irmãos. Embora há séculos se faça cerveja ali de modo intermitente, poucas delas devem ter tido esse sabor: com uma cor próxima ao cobre do recipiente em que é feita, ela traz grapefruit, manga, damasco, pêssego e madressilva, e é doce-amarga do jeito certo. É uma IPA de classe mundial feita em mosteiro, em um país mais conhecido por suas pale lagers. Acabei não chegando até o castelo; fiquei lá tomando a IPA.

AMERICAN IPA

Birra del Borgo ReAle Extra

Borgorose, Itália

ABV: 6,2%

Lúpulos: Amarillo, Warrior

As American IPAs são cervejas que precisam ser bebidas o mais frescas possível. Os lúpulos começam a desvanecer, o amargor recua e o aroma intenso embota depressa. Isso significa que, se você quer beber as melhores IPAs, precisa ir a algum lugar próximo de onde elas são feitas. O melhor local para tomar a ReAle Extra é o Open Baladin em Roma, um bar comandado por Leonardo di Vincenzi, da del Borgo, e Teo Musso, da Birra Baladin. Depois de um dia vendo atrações magníficas, você entra no bar e se depara com aquela parede inspiradora cheia de garrafas — um Coliseu para o amante de cerveja — e então vê a lista de chope, que é como andar de olhos bem abertos pela Capela Sistina, diante de todos aqueles nomes famosos. A ReAle Extra tem muito pêssego, tangerina, flor de laranjeira, bastante fragrância floral e um amargor botânico e perfumado que envolve uma doçura de bolo de amêndoa (tem o aroma da mais divina confeitaria italiana). Uma obra de arte.

Feral Hop Hog

Swan Valley, Austrália

ABV: 5,8%

Lúpulos: Cascade, Galaxy, Centennial

Como essa é uma cerveja da Austrália com muito lúpulo, não resisto a acrescentar algumas referências típicas desse país: um grupo de cangurus é chamado de bando; cangurus são marsupiais; eles não sabem andar para trás; são herbívoros; na água, os cangurus sabem mover suas pernas de modo independente, mas na terra só conseguem pular com as duas ao mesmo tempo. E vamos pular para a cerveja: o aroma é definido, pois as IPAs vêm com muito limão, nectarina e abacaxi, e com os esperados grapefruit e laranja adicionando seu vigor e pungência. O corpo é macio e límpido, enquanto os lúpulos cítricos dão uma deliciosa secura no final. Toda vez que vir essa cerveja, não hesite: ponha a mão no bolso e leve de uma vez uma embalagem de seis, ou duas. Não tenha dúvida de que vai valer muito a pena.

Pizza Port The Jetty IPA

San Diego, Califórnia, EUA

ABV: 7,6%

Lúpulos: Simcoe, Chinook, Cascade, Amarillo

Meu voo para casa desde San Diego era às 20h. Isso me dava uma tarde para provar umas últimas cervejas, então fui de ônibus até Ocean Beach. Uma das ruas, cheia de lojas de hippies, fast-food e estúdios de tatuagem, dava direto no mar. Eu precisava chegar ao oceano — não podia fazer todo o caminho até a Costa Oeste sem sentar à beira-mar e olhar as ondas. A algumas quadras da praia fica o Pizza Port, um pub-cervejaria (parte de um pequeno grupo de Pizza Ports) que faz uma pizza deliciosa e cervejas campeãs. A Jetty é a IPA da casa e tem aquele gosto de "preciso tomar mais uma" das melhores IPAs, que equilibram o doce toque do malte com o amargor dos lúpulos. Forte em cítricos e fruta tropical e com um final seco, definido. Tome-a comendo pizza.

La Cumbre Elevated IPA

Albuquerque, Novo México, EUA
ABV: 7,2%
Lúpulos: Chinook, Magnum, extrato de CO_2, Cascade, Centennial, Crystal, Zythos, Columbus, Simcoe

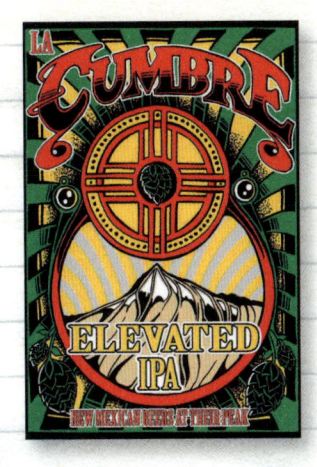

Estamos em boa companhia com as cervejas deste capítulo, muitas das quais brilham com suas medalhas, e a Elevated IPA venceu algumas das principais competições mundiais, obtendo ouro no Great American Beer Festival de 2011 e bronze na World Beer Cup em 2012 (a categoria American IPA é como o Oscar de Melhor Filme, ou seja, um grande feito). Em 2012, a Elevated IPA passou a ser envasada na lata porque, como diz Jeff Erway, presidente da Cervejaria La Cumbre, "lata é simplesmente uma embalagem melhor que vidro". Ela alcança 100 IBUs graças à longa lista de deliciosos lúpulos americanos. O corpo de malte lhe confere unidade, um pouco de toffee e tostado, e destaca cítricos, pinho, flores e frutas de pomar. A clareza do sabor dos lúpulos é o que a torna especial: tudo é tão acentuado e límpido.

Fat Heads Head Hunter IPA

Middleburg Heights, Ohio, EUA
ABV: 7%
Lúpulos: Columbus, Simcoe, Centennial

A Fat Heads começou como um bar de cerveja artesanal em Pittsburg, servindo ótimas cervejas e ótima comida. Em 2009, abriu um segundo ponto, dessa vez em Ohio, e acrescentou uma cervejaria. Então, em 2012, após um sucesso dificilmente igualado, inaugurou uma fábrica, para a alegria de seus fãs de todas as partes do mundo. A Head Hunter é dourada, como as medalhas que ganhou (e ganhou muitas medalhas e premiações). O aroma apresenta cítricos fragrantes, pinho e fruta tropical, e de algum modo tem um toque mais fresco e agradável que a maioria das demais IPAs. Um dulçor sutil e uma textura untuosa surgem antes das 87 IBUs alcançarem sua língua. O poderoso final de lúpulos é mantido sob controle pelo magnífico frescor do aroma e pela doçura sutil. Continue sua caçada e colecione as tampinhas como prêmio.

Craftworks Jirisan Moon Bear IPA

Seul, Coreia do Sul
ABV: 6,8%
Lúpulos: Centennial, Cascade, Chinook

IPA é de fato um estilo de cerveja mundial. Do Oregon a Osaka, de Sydney a Santiago, de Buenos Aires a Bristol, de Amsterdã a Auckland, é feita na maioria das cervejarias artesanais. Isso se deve à popularidade das versões americanas, que iniciaram uma nova geração de cervejas e consumidores interessados em sabores marcantes e no característico toque de frutas cítricas. Nunca estive na Coreia do Sul, mas agora quero ir... O Craftworks Taphouse & Bistro é um bar e cervejaria artesanal de Seul. Suas cervejas são feitas na Cervejaria Kapa, em Gapyeong. A Jirisan é uma American IPA com 95 IBUs, provindas de seu triplo ataque de lúpulos C. É uma daquelas cervejas que você tem que viajar para conhecer (e, quando chega lá, aproveita e prova suas kölsch, oatmeal stout, hefeweizen e outras). Se estiver interessado, encontro você lá uma hora dessas para um pint.

A IPA DOMINA O MUNDO DAS ARTESANAIS

Se há um estilo de cerveja que domina as artesanais é a IPA. Tudo começou com lúpulos e uma história. Nos séculos XVIII e XIX, a cerveja ia da Inglaterra à Índia por mar, maturando durante os três meses da viagem. A mitologia por trás das India pale ales, como vieram a ficar conhecidas (anos depois de terem sido carregadas nos navios), falava delas como cervejas com muito lúpulo e mais álcool que o usual, talvez para sobreviver à viagem de mar sem azedar ou simplesmente para se adequar à sede dos bebedores naquele clima tão quente.

A ideia — mais álcool e muito lúpulo — deu origem às IPAs como as conhecemos. Hoje ligadas apenas pela história, a India pale ale e a IPA são coisas diferentes, e minha visão é que a IPA acabou se tornando uma denominação própria, e não apenas as iniciais de India pale ale — uma IPA é uma cerveja com 6-8% de álcool, feita com muito lúpulo: simples assim. Qual a diferença entre a IPA e a India pale ale? Uma é a cerveja dos livros de história, a outra é a cerveja do presente.

A transição do velho para o novo é relevante, porque as IPAs sempre evoluíram e mudaram. Em certa época, podem ter sido ambers fortes com muitos lúpulos britânicos, mas depois, no século XX, perderam prestígio e viraram cervejas com menos de 4% de álcool, sem a popularidade das melhores bitters nos balcões de bar britânicos. Foi o pioneiro interesse dos cervejeiros artesanais americanos pela história daquelas primeiras cervejas viajantes que as trouxe de volta à nossa atenção.

As American IPAs funcionam devido aos lúpulos. Mais que qualquer outra coisa, estão aí para serem muito saborosas, com aromas incríveis e bastante amargor. Coloque uma IPA bem lupulada ao lado de um copo de lager comum e a diferença é marcante. Uma diferença que está trazendo mais consumidores para as artesanais, pois eles veem que a cerveja pode ser bem mais do que imaginavam.

Os estilos de cerveja evoluem, e foi o que ocorreu com as India pale ales do século XIX e as IPAs dos nossos dias. Hoje evoluem mais ainda, partindo da ideia da IPA, de álcool entre 6% e 8% e lúpulos vibrantes. As black IPAs podem ser um paradoxo; podem ser também black ales ou porters lupuladas, mas partem do perfil de lúpulos de uma IPA e o combinam com uma cerveja de corpo escuro. As Belgian IPAs misturam leveduras belgas, frutadas, exalando especiarias e ésteres, com suculentos lúpulos americanos. As Pacific IPAs usam variedades da Austrália e Nova Zelândia em lugar dos lúpulos americanos. As imperial IPAs turbinam o álcool e o amargor. As IPAs de estilo inglês voltam ao velho estilo das India pale ales, exceto pela viagem por mar, e seus ingredientes britânicos dão perfis de sabores bem diferentes em relação às versões americanas. E há ainda red, brown e white IPAs. O perfil de lúpulos típico da American IPA influenciou quase todos os estilos de cerveja do mundo, com mais álcool, mais amargor e maior vigor cítrico — a IPA domina o mundo e já mudou várias vezes durante seu reinado.

Vá a Londres e beba um pint de cask bitter. Se for a Bruxelas, será uma lambic pouco carbonatada. Vá a Munique e tomará uma caneca de helles dourada. Vá a qualquer parte dos EUA e a pedida será uma IPA: o estilo se tornou definidor da nação no mundo da cerveja. Mas, embora as IPAs sejam sinônimo desse país, elas são feitas em toda parte, e os cervejeiros tentam conseguir aquele maravilhoso, perfumado, exótico e estimulante sabor dos lúpulos. Qual é seu estilo de cerveja favorito? O meu é uma American IPA fresca.

American Imperial IPA

O que eu adoro nas IPAs e nas imperial ou double IPAs é que bebê-las equivale a lutar contra o instinto humano. O cérebro vê o amargor como uma coisa ruim: para nossos ancestrais, comida amarga podia conter toxinas venenosas, então o corpo mandava um alerta e pressionava na hora o botão "não gostei" — é por isso que criança detesta verdura amarga e que aquele primeiro sorvo de cerveja que experimentamos na infância é tão desagradável. Essa programação significa que as amargas IPAs são um choque para o cérebro, mas combine isso com a doçura do malte e o relaxamento prazeroso do álcool e terá esse aspecto divertido, perigoso e viciante das double IPAs.

Essa atitude desafiadora das cervejarias americanas, tipo "vamos ampliar os limites", originou as imperial ou double IPAs: 7,5-10% ou mais de álcool, amargor entre 50 e 100 ou mais IBUs, cor dourada a âmbar-escuro. Mas o que faz essas cervejas saltarem do copo é o uso explosivo de lúpulos: intensamente aromáticas, barbaramente cítricas e potentes, com uma onda final de amargor. Costumam ser encorpadas e podem ser doces, embora algumas muito leves terminem bem secas. As melhores DIPAs são equilibradas nos extremos de malte e lúpulo: corpo macio, balanceando álcool e malte, com o amargor cortando o sabor do lúpulo e o frescor realçado pelo aroma. Não é um estilo fácil de acertar, o que significa que as melhores realmente se destacam como as melhores, enquanto as piores causam uma sensação irritante e úmida de lúpulos amargando goela abaixo e queimando-a com o álcool.

Stone Ruination IPA

Escondido, Califórnia, EUA
ABV: 7,7%
Lúpulos: Columbus, Centennial

Tem um vídeo no YouTube de um espetáculo de fogos de artifício que deu errado. Em vez dos 10 minutos de luzes, assobios e explosões, alguém comete algum erro crucial e todos os fogos disparam juntos: 10 minutos de fogos explodem em 10 segundos. A Ruination IPA dá essa sensação de fogos estourando todos ao mesmo tempo. Ainda lembro de como fiquei tonto, dando risadinhas de prazer, da primeira vez que tomei essa cerveja: naquela hora, fiquei inebriado de lúpulos. Você sente o poderoso aroma de laranja e entrecasca de grapefruit, pinho e perfumes florais; o malte no centro é macio, e há o ataque final de mais de 100 IBUs; mesmo assim, de algum jeito ela se mantém incrivelmente fácil de beber — como a garrafa diz, é um poema líquido à glória dos lúpulos. Beba-a o mais fresca possível, de preferência na cervejaria, para ter essa experiência plena da explosão de lúpulos.

Liberty Brewing C!tra

New Plymouth, Nova Zelândia
ABV: 9%
Lúpulo: Citra

Isso é tudo o que você quer de uma double IPA: escancaradamente aromática, deslizante com malte, loucamente amarga, com muito álcool, mas um álcool discreto, e no entanto de algum modo equilibrada. O aroma dela é exorbitante: muito maracujá, framboesa e grapefruit — todos disparam, e é difícil saber como tanto sabor frutado de lúpulo cabe no copo. Um pouco de doçura de malte suaviza o conjunto, e os lúpulos deixam um amargor vigoroso no fundo. É um megagole de sabores, assaltando os sentidos de modo agradável. As cervejas Liberty são produzidas em pequena escala (300 litros por vez) na garagem anexa à casa de Joseph e Christina Wood. Mas fazer cerveja é só parte do negócio: a outra é vender ingredientes para fabricar cerveja em casa, se bem que depois dessa talvez não restem mais lúpulos.

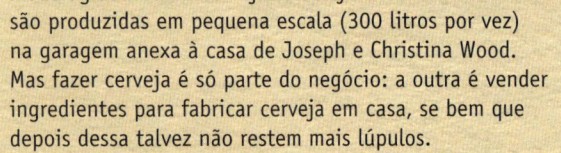

Avery
The Maharaja IPA

Boulder, Colorado, EUA
ABV: 10,24%
Lúpulos: Simcoe, Columbus, Centennial, Chinook

Eu estava na sala de degustação da Avery com um cara chamado Reno, que eu conhecera horas antes. Era nossa primeira cerveja do dia, logo depois de eu aterrissar em Denver, Colorado, e ir de carro até Boulder. Relaxei com uma Joe's American Pilsner enquanto Reno tomava um pint da The Maharaja. Ele a bebeu inteira em um minuto, pediu outra e virou no mesmo tempo. "Uau, estava com sede!", disse ele antes de pedir mais uma. Passei a respeitar imediatamente meu amigo Reno. Um ano depois, tomei a The Maharaja em Nova York com meu colega Matt. Era meia-noite e já havíamos bebido umas cervejas, então tomamos só uma amostra dela numa rodada de degustação. Era tão boa que pedimos uma pint. Adoro essa cerveja pelo gosto — forte, suculento, com cítricos tropicais e ervas amargas — e por aquelas memórias.

Alchemist Heady Topper

Waterbury, Vermont, EUA
ABV: 8%
Lúpulos: Styrian Goldings, Saaz, Perle

Depois de alguns anos à frente do The Alchemist Pub and Brewery, os donos John e Jennifer Kimmich decidiram incrementar o lado cervejaria, aumentando a produção e comprando equipamentos para envase em lata. Dedicados a conseguir a perfeição em lúpulos inebriantes, de início fizeram só essa cerveja, mas você não precisa de mais quando ela é muito boa (se bem que o aumento da capacidade em 2012 indica que havia outras em mente). A Heady Topper tem cor laranja-ouro, e desse líquido vistoso vêm pêssego, damasco, uva e flor de laranjeira — o que surpreende, pois eles só usam os gloriosos lúpulos europeus, sem lúpulos C à vista. Tem leveza fascinante, mas preserva um pouco de corpo; oferece agradável toque tropical, e de algum modo as 120 IBUs dão equilíbrio e frescor — é uma DIPA em sua melhor forma. Difícil de achar, por isso compre quando encontrar.

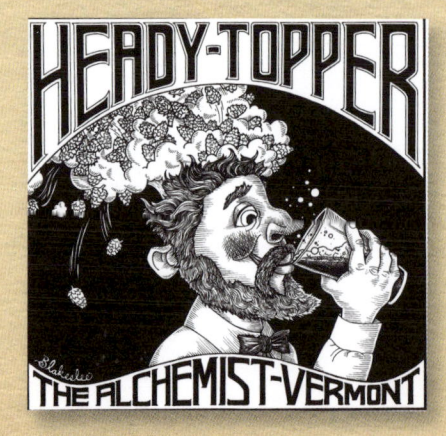

Brouwerij De Molen Amarillo

Bodegraven, Holanda
ABV: 9,2%
Lúpulos: Sladek, Saaz, Amarillo

A cervejaria De Molen ("O Moinho") é um ícone da paisagem holandesa: o moinho de vento foi construído em 1697, mas a cervejaria é bem mais nova e está na linha de frente da produção artesanal europeia há bastantes anos. Todo mês de setembro, Menno Olivier, da De Molen, promove o Borefts Beer Festival, que reúne alguns dos melhores cervejeiros do mundo. Se não puder participar do festival, a De Molen tem uma sala de degustação no local que também serve ótima comida. De cor âmbar, a Amarillo é uma sensacional double IPA que mostra todo o maravilhoso damasco, pêssego e tangerina do lúpulo que lhe dá nome. O aroma sobe pelo copo, e há uma suave doçura antes de vir aquele tipo de amargor bem europeu, terroso, dos lúpulos Sladek e Saaz, mas essa cerveja é definida mesmo pelo encanto aromático do Amarillo.

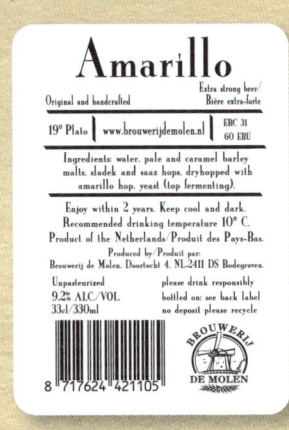

To Øl Final Frontier DIPA

Copenhague, Dinamarca
ABV: 9%
Lúpulos: Simcoe, Centennial, Columbus

Antes que existisse a To Øl, já havia Tobias Emil Jensen, Tore Gynther e o professor deles, Mikkel Borg Bjergsø. Inconformados com a ausência de cerveja boa na Dinamarca, eles decidiram fazer a deles, usando a cozinha da escola onde estudavam e davam aula. Mikkel saiu na frente e criou a Mikkeller em 2006, e depois, em 2010, Tobias e Tore abriram a To Øl. Agora, tanto o professor quanto seus alunos estão fazendo a Dinamarca avançar e se tornar uma das nações cervejeiras mais interessantes e progressistas do mundo. A Final Frontier é uma DIPA grandiosa. De aspecto âmbar-fogoso, no aroma lembra uma tigela de frutas em fermentação, com laranja, pêssego, grapefruit e manga. Resinosa, ágil na língua, com o malte presente, mas escondido, assustado atrás dos lúpulos, tem um final amargo intenso, que dá um realce de seiva, resinoso e apimentado. A Dinamarca está fazendo algumas das melhores cervejas do mundo — vá até Copenhague e comprove você mesmo.

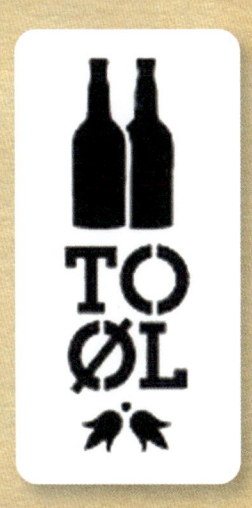

Russian River Pliny the Elder

Santa Rosa, Califórnia, EUA
ABV: 8%
Lúpulos: CTZ, Simcoe, Cascade, Centennial, Amarillo, extrato de CO_2

Acho que há uma regra não escrita entre aqueles que fazem livros sobre cerveja: você precisa falar da Pliny the Elder. É uma daquelas cervejas que desperta a sede dos aficionados: quem provou sabe o quanto é boa e quem não provou ainda sonha com o dia em que vai poder dizer as palavras mágicas: "Um pint da Pliny, por favor". Eu aterrissara em São Francisco poucas horas antes. Estava perdido, era de noite, chovia, e eu estava acordado fazia 24 horas, mas finalmente achei o bar de cerveja Toronado e pronunciei aquelas palavras. Lá em pé, sozinho, no meio de um monte de gente, não vou me esquecer nunca daquele primeiro gole de Pliny. Sim, ela tem aquele incrível aroma de lúpulo que você espera, mas é a melhor devido à sua base: límpida, macia e seca, sem aquela doçura saliente do malte, com amargor persistente e o sabor de lúpulos circulando como a aspereza do grapefruit na boca. É melhor ainda do que todos dizem.

AMERICAN IMPERIAL IPA

ENGLISH PALE ALE E IPA

Londres e Burton-on-Trent são os lares das pale ales e IPAs originais, que integram a família real das cervejas. Feito na Inglaterra apenas com ingredientes ingleses, o estilo viajou o mundo, fez história e vem sendo produzido há centenas de anos, evoluindo a cada década para se renovar para os novos consumidores. As primeiras pale ales devem ter sido de um âmbar-escuro na cor — sua "clareza" era definida apenas em comparação com as porters escuras da época — e não constituíam propriamente um estilo; eram simplesmente cervejas claras. Nunca foram de fato populares, já que as bitters, milds e porters se mostravam todas mais prestigiadas, mas evoluíram a partir daí.

Uma base de cevada inglesa, com a profundidade aderente do malte, dá unidade a essa cerveja. Os lúpulos ingleses conferem suas qualidades características, terrosas, florais, de frutas silvestres, além de um amargor pronunciado, áspero, herbáceo. A água é quase sempre dura, o que traz uma secura que realça o sabor do lúpulo. O teor de álcool fica em 3,5-7,5%, com a pale passando a IPA por volta de 5,5% (embora algumas IPAs tenham menos de 4%, remontando a meados do século XX, quando era esse o padrão do estilo). Essas cervejas apresentam entre 30 e 70 IBUs ou mais. Não tão populares quanto as americanas do mesmo estilo, oferecem maior predomínio do malte no sabor e não compartilham a fragrância de cítricos dos americanos. Enquanto as American IPAs pedem para ser bebidas frescas, as English IPAs envelhecem bem por um ano ou dois, embora bebê-las frescas seja melhor se você quiser sentir o máximo teor de lúpulos das variedades britânicas.

Fuller's Bengal Lancer

Londres, Inglaterra
ABV: 5,3% (versão de barril 5%)
Lúpulo: Goldings

Lançamento especial em 2010, a Bengal Lancer ficou tão popular que passou a integrar regularmente a linha da Fuller's. Apesar da louca corrida atrás de lúpulos que acontecia em Londres, com consumidores e cervejeiros buscando colocar o máximo possível de variedades americanas e do hemisfério Sul em suas bebidas, a Bengal Lancer com seus lúpulos britânicos foi muito bem recebida pelos fãs de cerveja. Com o nome dos famosos soldados do Império Britânico atuantes na Índia, a Bengal Lancer tem cor caramelo e um glorioso aroma de sacos de lúpulo Goldings, de bosques no verão, especiarias e laranja cristalizada; o corpo apresenta grande riqueza, como se tivesse sido reforçado pelo exército de lúpulos. O final traz lúpulos terrosos, condimentados, e um pouco de geleia. O perfil é bem britânico, mas moderno — trata-se de uma nova interpretação do clássico estilo de cerveja.

Firestone Walker Double Barrel Ale

Paso Robles, Califórnia, EUA
ABV: 5%
Lúpulos: Magnum, Styrian Goldings, East Kent Goldings

O sistema de fermentação Burton Union teve início em Burton-on-Trent em meados do século XIX. Consiste em uma bancada de barris de madeira com tubos "pescoço de cisne" que levam até uma calha; com a fermentação nos barris, a levedura (mais um pouco de cerveja) é empurrada pelos tubos até essa calha, onde é separada, com a cerveja voltando ao sistema e a levedura sendo descartada — seu excesso é retirado sem desperdiçar cerveja. A Firestone Union moderniza o processo e usa-o para obter um delicado toque de madeira de carvalho americano meio tostado, já que a cerveja fica seis dias em barris antes de ir para o aço inox. O processo dá um fundo macio de carvalho ao caráter floral de pêssego, damasco e frutas vermelhas da DBA, que se funde maravilhosamente bem com o malte tostado.

Hitachino Nest Japanese Classic Ale

Ibaraki, Japão
ABV: 7,5%
Lúpulos: Chinook, Challenger

De todos os estilos de cerveja do mundo, a India pale ale tem uma das histórias mais interessantes, que aguça a imaginação. Cercada de mitos e lendas e com histórias centenárias, gera muita polêmica. O que ocorre com a India pale ale é que, como outros estilos, ela não para de evoluir. A Japanese Classic Ale é a evolução proposta pela Hitachino Nest. Ela pega lúpulos americanos e ingleses, que dão notas florais, de limão e especiarias, e põe tudo numa mistura âmbar que explode com toffee e riqueza de malte. Depois é maturada em barris de cedro (tendência moderna reminiscente da madeira na qual a India pale ale teria viajado originalmente), mais usados para saquê, que dão uma doçura amadeirada, um pouco de casca de laranja e textura seca. Uma ale clássica à moda japonesa.

Cervejaria Colorado Indica

Ribeirão Preto, São Paulo, Brasil
ABV: 7%
Lúpulos: Galena, Cascade

Os fãs da India pale ale precisam ler o fascinante livro de Pete Brown, *Hops & Glory*, que conta a história do estilo conforme o autor refaz a viagem marítima da Inglaterra à Índia com um barril de cerveja ao lado. O navio faz escala no Brasil, e se ele tivesse tido tempo teria descido para tomar uma IPA brasileira. A Indica apresenta cor cobre-escuro, e seus lúpulos americanos lhe dão uma profundidade de tipo inglês, terrosa, com o vigor de frutas silvestres, maçã assada e um intenso toque gramíneo. Tem gosto doce, mas depois os lúpulos lhe dão seu potente amargor. As cervejas Colorado são feitas com água do aquífero Guarani, imensa fonte subterrânea de água fresca sob Argentina, Brasil, Paraguai e Uruguai, portanto essa é uma verdadeira fusão de ingredientes locais inspirada em terras distantes.

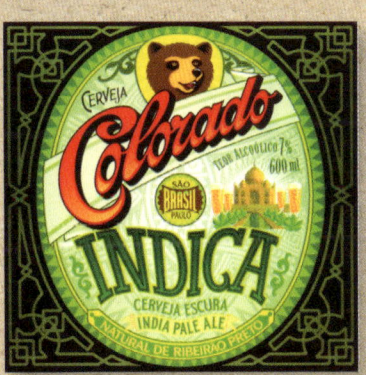

ENGLISH PALE ALE E IPA

Gadds No. 3

Ramsgate, Inglaterra
ABV: 5%
Lúpulos: Fuggles, East Kent Goldings

Já que a maioria dessas cervejas leva lúpulo Goldings de East Kent, faz sentido incluir uma cervejaria de lá. O cervejeiro Eddie Gadd usa muitos ingredientes locais, e o auge é em setembro, quando faz a ale de lúpulos verdes, que vão do talo para o tanque em questão de horas. A No. 3 é a cerveja premium da cervejaria e, junto à No. 5 e à No. 7, compõe seu trio essencial (levam o nome do número de pints que Eddie consegue beber antes que a mulher perceba que está bêbado — ele sempre promete fazer uma No. 1, mas ainda não a provamos). Trata-se de uma pale ale do condado de Kent, e eu, sendo de lá, ao bebê-la sinto o sabor de casa. Seu malte consistente atua com os lúpulos de pungência gramínea e terrosa, que também trazem flores e frutas de pomar. Essa cerveja tem profundidade e textura e é cheia de sabor de lúpulos de uma maneira bastante equilibrada.

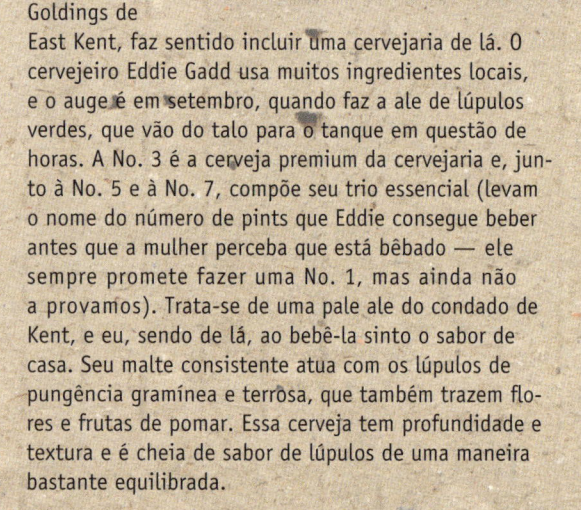

Carlow Brewing O'Hara's Irish Pale Ale

County Carlow, Irlanda
ABV: 5,2%
Lúpulos: Cascade, Amarillo

A Irlanda demorou mais a adotar a cerveja artesanal do que outros países. As grandes marcas são muito fortes no país e se erguem como um muro intransponível, mas isso não fechou todas as portas, e há um grupo de consumidores chamado Beoir (www.beoir.org) que divulga notícias sobre as cervejarias irlandesas independentes. As Carlow são uma das artesanais irlandesas originais e das mais amplamente disponíveis. Essa cerveja é outra interpretação moderna de uma IPA: uma Irish pale ale. Com estilo influenciado tanto pela Grã-Bretanha quanto pelos EUA, tem o perfil de malte de seus vizinhos e o sabor de lúpulos americanos. Oferece aroma doce e intenso de grapefruit. O malte é consistente, tostado, e o amargor enche a boca e depois circula como fazem os terrosos lúpulos ingleses, antes do final com ênfase em cítricos.

Three Floyds Blackheart

Munster, Indiana, EUA
ABV: 8%
Lúpulos: East Kent Goldings, Admiral

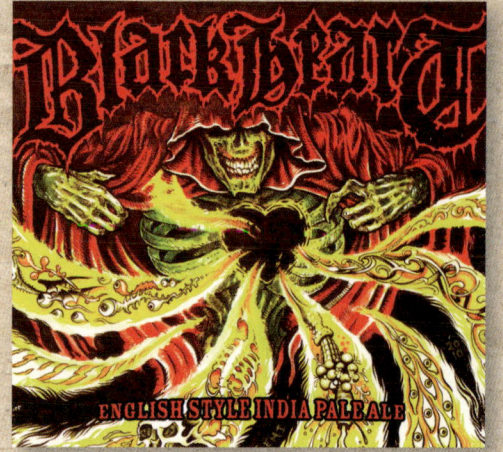

A Blackheart resgata essa velha prática de produzir cerveja apenas com ingredientes ingleses e acrescentar um pouco de carvalho tostado para replicar o barril em que a cerveja deveria ter um dia viajado por mar. Cor de cobre, exala do copo lúpulos florais condimentados, fortes, terrosos, e, como a Three Floyds usa mais lúpulos que a maioria, obtém-se um bônus de aromas, como o de floresta de pinheiros e o de pomar em dias de sol. Há um pouco de doçura e muito amargor (70 IBUs), enfatizados pela secura tânica do carvalho, que preenche ainda mais a sensação de boca. Enquanto as originais India pale ales eram bebidas envelhecidas depois de maturarem no mar, a Blackheart deve ser consumida fresca, pois assim você consegue todo o impacto dos lúpulos britânicos, algo que nem toda cerveja pode dar.

PACIFIC PALE E IPA

A American IPA sai em turnê mundial, levando com ela a pale ale e a imperial IPA, parando na Nova Zelândia e na Austrália e pegando seu sotaque característico. As cervejas são as mesmas American pale ale e IPA, mas feitas com lúpulos cultivados na região. Esses lúpulos têm um intenso perfil frutado, mas não exalam os cítricos dos americanos, e sim frutas tropicais, lichia, uvas tânicas, groselha, limão--taiti, cremosidade de baunilha e acidez de maracujá — similares aos vinhos brancos da região. Os lúpulos são elegantes, têm sabor menos forte e são mais leves e frutados que os dos EUA: como se ficassem mais relaxados após umas férias do outro lado do Pacífico.

Diversos lúpulos neozelandeses recebem o nome das áreas em que são cultivados: Nelson, Motueka, Riwaka. Muitas variedades do hemisfério Sul se revelam parentes dos clássicos europeus, só que são ampliadas e influenciadas pelas particularidades da terra local. Elas promovem cervejas com incrível aroma, pois são como lúpulos Noble intensificados, imensamente frutados, embora mantenham por baixo uma profundidade gramínea, límpida, com delicadeza herbácea. Os lúpulos Cascade são também cultivados na Nova Zelândia e oferecem o sabor de grapefruit e flores dos cultivados nos EUA, mas com acréscimo de fruta tropical. Embora sua popularidade tenha crescido, ainda é pequeno o volume de lúpulos cultivados nessas regiões, portanto haverá sempre muita demanda por seus sabores maravilhosos.

Yeastie Boys Digital IPA

Wellington, Nova Zelândia
ABV: 7%
Lúpulos: Pacific Jade, Nelson Sauvin, Motueka, Cascade (Nova Zelândia)

A receita dessa cerveja está na internet. Não se trata apenas da lista de ingredientes; há informação do exato grão de caramalte usado, a composição detalhada da água, todo o esquema de lupulagem e até a cor que você deve obter. É um tipo de cerveja de código aberto, para compartilhar com os demais de outras maneiras, não só pegando dois copos. O que eu acho incrível nessa receita, como fanático por cerveja, é poder ver o que entra e quando: o Pacific Jade alça a cerveja a 77 IBUs, há uma pequena adição de lúpulos para sabor e também dry hopping, mas o maior acréscimo ocorre no flameout (ao desligar o fogo), com uma montanha de Motueka. É ele que dá o grande aroma de maracujá, manga, melão e suculento cítrico doce. Mas, de cor dourada (7,3 SRMs, para ser exato), a cerveja tem também bastante amargor e sabor de lúpulos sob a explosão de aroma.

Toccalmatto Zona Cesarini

Fidenza, Itália
ABV: 6,6%
Lúpulos: Pacific Gem, Sorachi Ace, Citra, Palisade, East Kent Goldings, Motueka

Zona Cesarini é um termo das transmissões de futebol na Itália que foi parar nas conversas do dia a dia. Indica os minutos finais da partida — vem de Renato Cesarini, jogador argentino que jogou na Itália e costumava marcar nos últimos instantes. Como um gol nos acréscimos, essa cerveja nunca deixou de me impressionar, e toda vez que a despejo no copo ela me estimula mais. Com muita fruta, tem um sabor de uva intenso, perfumado, como um vinho de sobremesa envelhecido com lichia; revela ainda tangerina, grapefruit, pêssego, mel de flores e damasco. O corpo apresenta cor âmbar e é rico, mas não doce, e o amargor é forte, mas não se sobrepõe, com uma ponta tânica conforme desce, e termina, seco, seco, até você tomar um pouco mais. Uma cerveja que ganha o jogo no grito.

Alpine Beer Company Nelson IPA

Alpine, Califórnia, EUA
ABV: 7%
Lúpulos: Nelson Sauvin, Southern Cross

"Cara, você já experimentou alguma Alpine?", o rapaz me pergunta num bar de San Diego. "'Porque eu não sei o que eles fazem ali, mas é algo especial, sabe? O sabor do lúpulo é simplesmente... sei lá... melhor." Ele me aponta cinco quadras à frente onde eles têm chope de Nelson IPA. Feita com um pouco de centeio, ela leva a variedade Nelson Sauvin, revelando todo o potencial de sabor desse que é o mais famoso lúpulo neozelandês. A cor é laranja-avermelhada, de um brilho incrível e muito convidativo, e você sente no nariz que eles fazem algo de especial com os lúpulos na Alpine. Macia, de limpidez impecável, suculenta (quase licorosa), com maracujá, lichia, uvas perfumadas e frutas tropicais, ela é um prazer total de beber. Entre as Pacific IPAs, é difícil de superar.

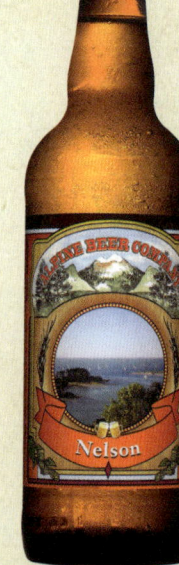

Thornbridge Kipling

Bakewell, Inglaterra
ABV: 5,2%
Lúpulo: Nelson Sauvin

Justamente quando a Grã-Bretanha se abria para as American IPAs, a Kipling surgiu e fez todo mundo olhar na direção oposta. A Thornbridge foi uma das primeiras cervejarias do Reino Unido a usar os lúpulos Nelson Sauvin, e isso trouxe um perfil de sabor totalmente novo ao balcão do bar. Clara, cor de palha, ela é maravilhosamente leve, embora tenha um corpo bem estruturado. Os lúpulos trazem maracujá, limão, groselha e uma cremosidade que acrescenta profundidade magnífica. O amargor é equilibrado, e a cerveja é simplesmente muito fácil de beber, funcionando bem tanto na garrafa quanto no barril. É o tipo que pede um curry tailandês, para que o leite de coco cremoso, a pimenta e o limão se harmonizem com o suave cítrico da bebida, dando um gosto exótico a essa cerveja feita numa pacata cidade-mercado do Peak District.

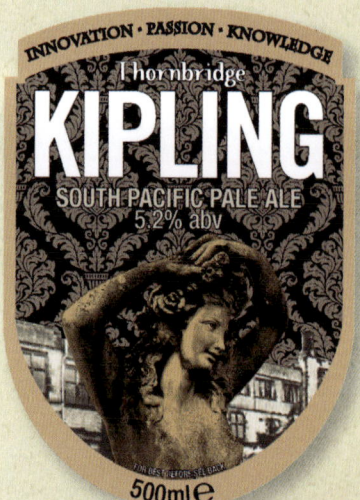

Santorini Brewing Company Yellow Donkey

Santorini, Grécia
ABV: 5,2%
Lúpulos: Aurora, Styrian Golding, Cascade (EUA), Motueka

Quando você vai à Grécia de férias, bebe lager gelada. Tudo bem. As cervejas geladas são refrescantes no sol forte do Mediterrâneo. Mas há mais coisas além da Mythos em Santorini, uma ilha rochosa famosa pelo seu pôr do sol. A Santorini Brewing Company foi criada em 2011 por um grego, um sérvio, um britânico e um americano. O britânico, Steve Daniel, é um comprador de vinhos que se especializou em uvas gregas, mas gosta tanto de cerveja que abriu também uma cervejaria em Londres — a Rocky Head. A Yellow Donkey é uma pale ale com leve turbidez, já que não é filtrada. O corpo se apresenta cheio e macio, e os lúpulos Motueka exalam suculento e fresco aroma de fruta tropical. Eles também produzem a Crazy Donkey, uma IPA com perfil de lúpulos similar, só que maior e mais frutada. Curta com o incrível pôr do sol da ilha.

8 Wired Hopwired IPA

Blenheim, Nova Zelândia
ABV: 7,3%
Lúpulos: Southern Cross, Motueka, Nelson Sauvin

Essa é uma IPA explosiva, incrível. Feita na Nova Zelândia só com lúpulos locais, é como se dissesse aos fanáticos por lúpulos americanos: "Ei, veja só o que temos aqui!". Saem de cena a laranja e o pinho do Noroeste dos EUA e entram abacaxi, manga, maracujá, limão, groselha e uva da Nova Zelândia; potente, perfumada, aromática e com uma textura untuosa de óleos de lúpulo. Uma vez ao ano é lançada uma versão com lúpulos frescos, na época da colheita, em março — com um lado mais gramíneo e floral, pendendo para kiwi e lichia. Um fio nº 8 é algo que os locais usam para consertar qualquer coisa que precise ser consertada, e o termo entrou para o léxico indicando a engenhosidade de um neozelandês: um fio nº 8 resolve qualquer problema. Assim como uma 8 Wired IPA.

Murray's Angry Man Pale Ale

Port Stephens, Austrália
ABV: 5%
Lúpulos: Motueka, Pacifica

Na Bob's Farm, que a cervejaria compartilha com a Port Stephens Winery, a Murray's faz uma gama ampla de cervejas complexas, fantásticas. A Angry Man Pale Ale pega emprestados lúpulos de sua vizinha Nova Zelândia para obter um sabor antípoda diferente e uma cerveja que compartilha similaridades com os viticultores vizinhos. Malte límpido, com um toque doce de mel de flores, que é exatamente o que se quer sob o sol australiano, muita fruta delicada (uva, cítricos e abacaxi) e um amargor definido, seco. Para quem quiser algo mais forte, a Murray's produz também uma Spartacus Imperial IPA com 10% de álcool, só com lúpulos da Nova Zelândia. A cervejaria tem um restaurante, onde eles sugerem uma cerveja e um vinho para cada prato do cardápio; há um menu só de cervejas e queijos; ou você pode pegar uma amostra na adega.

Belgian IPAs são IPAs americanas (e do Pacífico) que sofreram uma mudança de perfil: foram fermentadas com uma cepa de levedura belga para se obterem os sabores de especiarias, ésteres e frutas que associamos às Belgian ales, sejam elas blondes, farmhouses ou trapistas. É provável que o estilo tenha se desenvolvido quando um cervejeiro decidiu mudar a cepa da levedura em sua IPA para ver o que uma belga faria com ela. A dinâmica entre levedura e lúpulos impressionou muita gente, e a cerveja evoluiu e se tornou ainda mais popular. Talvez o mais importante é que ela anunciou uma disposição de experimentar mais livremente com as cepas de levedura, e isso originou vários outros estilos de cerveja.

BELGIAN IPA

IPA, pale ale e white IPA belgas se reúnem todas aqui. As duas primeiras trazem um suculento sabor de lúpulos, com a profundidade da levedura, que às vezes entra com cravo e fenóis (estes para mim têm sabor de desinfetante: cravo e cítricos fenólicos? Não, obrigado). Outras vezes, o gosto é picante, condimentado, com ésteres (banana, pera e maçã) que podem ser maravilhosos, arredondando os sabores e dando maior profundidade de fruta à cerveja. A white IPA fica entre a wit e a American wheat e acrescenta muito mais lúpulos. Os lúpulos americanos são populares, mas os do hemisfério Sul são ainda melhores, eu acho, pois a fruta tropical funciona muito bem com os ésteres da levedura. Como estilo experimental, ainda evolui ao redor do mundo, e algumas cervejas são melhores que outras; as boas são fantásticas, as ruins têm gosto de perfume ou detergente.

Green Flash Le Freak

San Diego, Califórnia, EUA
ABV: 9,2%
Lúpulo: Amarillo

A Green Flash é uma cervejaria divertida de visitar. A sala de degustação fica bem no centro de produção, de modo que você pode ver e ouvir as cervejas sendo feitas enquanto bebe. As cores de arco-íris da Green Flash também fazem você se sentir como se tivesse entrado numa loja de doces, conforme seus olhos saltam do laranja da Palate Wrecker ou do amarelo da Imperial IPA para o verde da Barleywine. O pink da Le Freak mostra o maravilhoso encontro entre a Belgian tripel e a American IPA. São muitos lúpulos explodindo com grapefruit, toques florais, laranja, manga e pinho, e depois vem a levedura, apimentada e herbácea, misturada no final aos lúpulos amargos, abrangentes e possantes. Similar à Le Freak, há a Rayon Vert, em azul, uma pale ale belgo-americana com *Brettanomyces* na garrafa para ganhar profundidade picante e aroma forte.

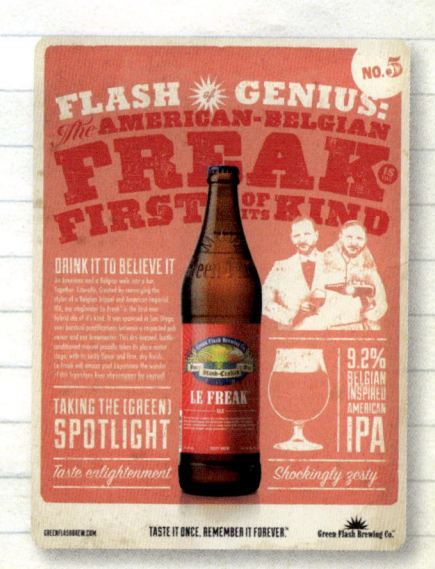

Anchorage Bitter Monk

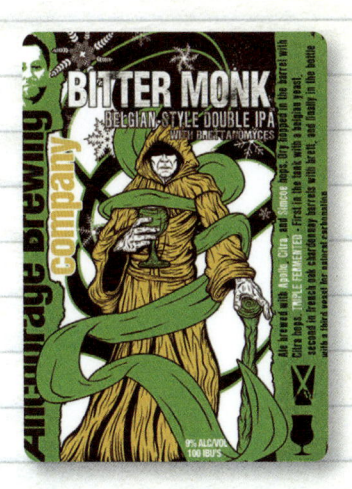

Anchorage, Alasca, EUA
ABV: 9%
Lúpulos: Apollo, Citra, Simcoe

Se você vem lendo desde a página 1, já está familiarizado com a Anchorage. Mas, se veio parar por acaso nesta página, preste atenção: a Bitter Monk é uma double IPA de estilo belga. Tem lúpulos americanos, é fermentada com levedura belga em tanque e depois envelhecida em barris de carvalho francês de Chardonnay, com lúpulo Citra e *Brettanomyces*. É uma cerveja alucinante, com muita fruta tropical, fundo de uva e baunilha, uma ponta de limão e Brett terrosa, além de levedura belga pegando na parte de trás da língua. Imagine uma fazenda. De um lado, um bosque de pinheiros; do outro, plantações de cítricos e manga. Alguém abre um barril de vinho e sai atirando flores e pimenta dentro dele, gritando: "Agora vai!". É desse jeito que eu consigo descrever o gosto da Bitter Monk.

Westbrook Farmhouse IPA

Mount Pleasant, Carolina do Sul, EUA
ABV: 7,3%
Lúpulos: Columbus, Centennial, Amarillo, Cascade, Galaxy

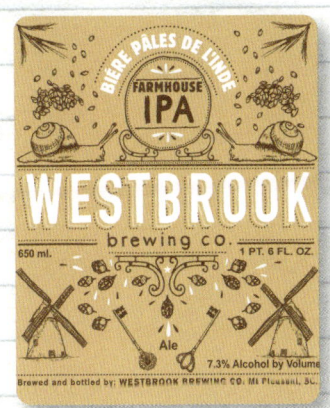

Essa cerveja parte da IPA carro-chefe da Westbrook e recebe três cepas de levedura e mais alguns lúpulos. Primeiro, usa uma levedura de farmhouse, que a torna mais apimentada, picante e um pouco fenólica. Depois, dois tipos de *Brettanomyces* a atravessam, cortando todo vestígio de doçura e tornando-a seca, com sabores fortes de fazenda, de cavalos, feno e erva-cidreira. Por cima disso, vêm os lúpulos: manga e abacaxi do Galaxy australiano e suculentos cítricos e florais das variedades americanas. O corpo âmbar é cheio e redunda num final seco; a carbonatação realça a espuma; há um golpe de amargor; e, mesmo com tudo isso, ela mantém um incrível equilíbrio entre lúpulos e levedura, com a Brett dando um cheiro forte incomum que combina bem com os intensos lúpulos.

Troubadour Magma

Ursel, Bélgica
ABV: 9%
Lúpulos: Simcoe e outros

Feita pela Cervejaria Musketeers, iniciada por quatro amigos, a linha de cervejas é chamada de Troubadour, referência aos trovadores medievais que iam de vila em vila levando música e poesia. A Troubadour Magma é uma tripel IPA: uma Belgian tripel, com mais malte e lupulada como uma American IPA. Da nova onda de cervejas belgas, que têm influências locais e de fora, essa é uma das melhores. Cor de fogo, revela aroma que seduz na hora: abacaxi assado, fruta tropical, manga e tangerina. O corpo é cheio e rico, há um pouco de baunilha e de doçura de bolo de amêndoa, um pouco de profundidade de malte pale e depois as 50 IBUs de amargor cortam tudo e ela termina seca, com uma segunda leva de lúpulos suculentos aparecendo. A Troubadour também faz uma brilhante blonde — comece por ela e depois passe para a Magma.

BELGIAN IPA 141

High Water No Boundary IPA

Chico, Califórnia, EUA

ABV: 6,5%

Lúpulos: Variam — geralmente do hemisfério Sul

A No Boundary IPA é lançada três vezes ao ano. As cervejas diferem um pouco, pois cada uma é feita com os melhores ingredientes disponíveis à época. Mas é sempre fermentada com uma cepa de levedura belga (que tem variado entre as cervejas). Ganha um baixo amargor com a adição de lúpulos, realçados pelo cidrão, uma espécie de verbena cultivada por Steve Altimari da High Water, e por um pouco de anis-estrelado tardio. Os lúpulos têm sido do hemisfério Sul (mais um pouco de Citra americano). Sob a fragrância de grapefruit, uva e laranja dos lúpulos, nota-se a levedura, que realça o frutado e dá uma secura tânica de casca de uva, espelhando os lúpulos picantes e terrosos e deixando um toque cítrico no final como lembrança da verbena.

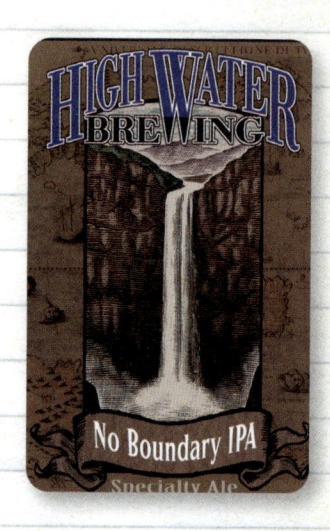

Deschutes Chainbreaker IPA

Deschutes, Oregon, EUA

ABV: 5,6%

Lúpulos: Bravo, Citra, Centennial, Cascade

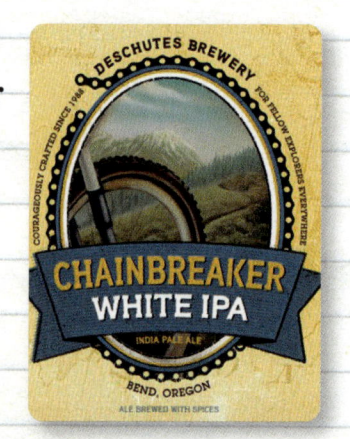

Deixe eu lhe apresentar a White IPA. Trata-se de uma IPA que parece uma cerveja de trigo, às vezes uma Belgian wit bem maior com lúpulos americanos e outras vezes uma American wheat superdimensionada. Cor de palha, com uma espuma branca e fina, a Chainbreaker é uma das primeiras white IPAs a ganhar produção o ano inteiro. Ela parte de uma Belgian wit, com coentro moído e laranja, mas engrandece com os lúpulos americanos. O aroma é uma genial mistura de limão, especiarias, laranja e grapefruit. É macia e deslizante, o que a torna prazerosa e super-refrescante, e depois vêm o amargor e a levedura, deixando um final seco, com entrecasca e pimenta na parte de trás de sua língua. Um grande estilo, uma espécie de cerveja de primavera, com um frescor ágil único — espero que mais cervejarias o experimentem. Prove-a com frango assado ao limão e ervas.

Hardknott Queboid

Millom, Inglaterra

ABV: 8%

Lúpulos: Centennial, Cascade, Amarillo

Gosto do Dave Bailey, o homem por trás da Hardknott. Ele tem, com certeza, o temperamento ideal de um cervejeiro: trabalha duro, é cheio de ideias, se dispõe a fazer diferente e é maluco. Essa loucura ele transfere às cervejas de uma gama de estilos, como a Infra Red, uma fantástica red IPA; a Granite, uma barleywine lançada uma vez ao ano; e a Æther Blæc, uma stout forte envelhecida em barril; e mais algumas especiais. Depois temos a Queboid, uma cerveja irreverente, cheia de coisas inesperadas. Apresenta cor bronze turva, e seu aroma exala todo tipo de surpresas, como maçã assada, morango, pimenta-do-reino, entrecasca de cítricos torrada e café frutado. Tem no centro uma nota doce de malte com aroma de pão, mais fruta assada, cítricos e muita profundidade de levedura junto com pimenta e cravo. Cada gole é diferente, inesperado, divertido e faz você pensar. Essa cerveja é a personalidade de Dave dentro de um copo.

BLACK IPA (ou American Black Ale)

Black India pale ale? É muito nome junto; melhor pensar nas iniciais, na ideia de uma IPA, só que escurecida. Em outras palavras, a IPA não tem nada a ver com a Índia nem com a cor clara; é uma cerveja feita com muito lúpulo e que tem uma forte base de malte. Há outros nomes para ela, como Cascadian dark (o nome deriva das montanhas do Pacífico Noroeste dos EUA), ou India black ou American black ale, mas black IPA foi o que acabou pegando e deu nome a esse estilo cada vez mais popular. Pessoalmente, acho que American black ale será o nome que acabaremos adotando, porque black IPA ainda dá a impressão de uma piada interna que acabou escapando do controle — como assim, uma pale ale preta? É muito estúpido e afrontoso; que mestre-cervejeiro mais louco que você é!

O que você obtém com essas cervejas são lúpulos aromáticos (cítricos, florais, herbáceos, tropicais e de pinho) e um intenso amargor no final. As melhores versões, penso eu, não deixam o amargor torrado interferir nos fortes lúpulos cítricos. Elas nos confundem os sentidos de visão e paladar: o sabor é de uma base pale caramelo de IPA, macia, redonda e encorpada; só que escura. É isso o que eu quero de uma black IPA, porque, já que é chamada de IPA, então que tenha o seu gosto. Você pode sentir uma nota de chocolate, o que é bom, mas se sua black IPA tiver gosto de café da manhã que deu errado (café amargo, suco de grapefruit e torrada queimada), então provavelmente você está bebendo uma American stout ou uma porter lupulada e rebatizada para parecer mais na moda.

Deschutes Hop in the Dark

Bend, Oregon, EUA
ABV: 6,5%
Lúpulos: Northern Brewer, Nugget, Centennial, Amarillo, Cascade, Citra

Antes de tomar uma Hop in the Dark, eu não entendia todo o entusiasmo pelas black IPAs. A maioria delas era rude em seu sabor de malte escuro e acre, com um amargor torrado antes que o grapefruit aparecesse — e isso não é bom. A Hop in the Dark é diferente. Feche os olhos e uma IPA virá à mente; abra os olhos e verá uma cerveja com cara de stout. Esse é o truque divertido do estilo e exatamente o que os melhores exemplos apresentam. Caramelo, pão e malte tostado a tornam macia de beber (auxiliada pela aveia no mosto), encorpada, com um realce que torna suculenta a fruta tropical. Os lúpulos cítricos doces dão ainda notas de entrecasca, pinho e ervas (hortelã e sálvia). A cerveja oferece também um quê de escuro no aroma, mas isso pode ser uma ilusão criada por sua aparência.

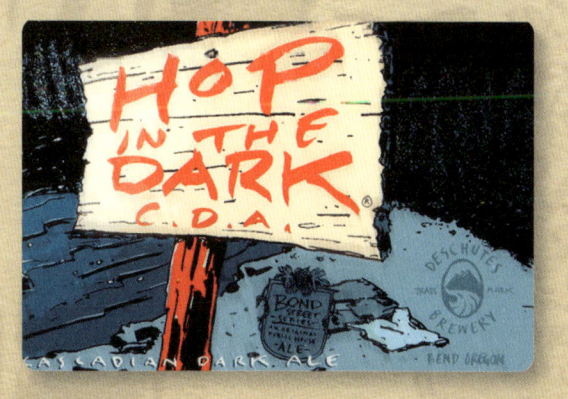

Uinta Dubhe Imperial Black IPA

Salt Lake City, Utah, EUA
ABV: 9,2%
Lúpulo: Bravo

Dubhe, pronunciado "duu-bi", é a segunda estrela mais brilhante da Ursa Maior, parte da Grande Ursa, e a estrela oficial do estado de Utah (pois é, os estados americanos têm estrelas oficiais...). A cerveja é feita com sementes de cânhamo. Densa e com rica base de malte, mas não como café forte demais, oferece caramelo e um pouco de chocolate ao leite com baunilha e um fundo amadeirado, e o assado tem um quê distante de fogueira na floresta. Com 100 IBUs, o amargor é forte, herbáceo e aderente, e o conjunto é mantido vivo pelos suculentos cítricos, frutas de pomar e lúpulos gramíneos, que em vez de dominar deixam tudo interessante. Um tipo de cerveja para beber ao relento, observando as estrelas e pensando: "O que tem lá em cima? Como se chega lá? O que é uma black IPA?".

Odell Mountain Standard

Fort Collins, Colorado, EUA
ABV: 9,5%
Lúpulos: Chinook, Cascade

Que cerveja Odell eu escolho... Tem a St. Lupulin e a Myrcenary, cervejas claras com lúpulos realçados, com os nomes dos óleos de lúpulo que lhes dão o sabor fantástico; tem a IPA, uma das minhas favoritas no estilo, macia e de frutado suculento; e as obras-primas envelhecidas em barril, às quais o uso de madeira e levedura selvagem dá uma magnífica complexidade. Um aspecto une todas as Odell: a maestria no jogo e no equilíbrio de seus elementos. A Mountain Standard mostra bem isso, com muito equilíbrio e uma leveza incrível para o seu alto teor de álcool. Na não tão preta double black IPA, o corpo é macio e pleno, com chocolate, madeira suave e cereja, e depois os lúpulos, cultivados no Colorado e colhidos pelos próprios cervejeiros, dão frescor de cítricos e um fundo condimentado e floral, com um amargor persistente e de brilho encantador.

Pacific Brewing Laboratory Squid Ink

São Francisco, Califórnia, EUA
ABV: 7%
Lúpulos: Cascade, Nugget, Summit, Cluster

Conheci Patrick, um dos dois caras por trás da Pac Brew Lab, por acaso. Estava em São Francisco, para tomar cerveja. Fui apresentado a Richard Brewer-Hall, um inglês que mora na cidade, faz cerveja caseira e tem um pub no porão. Ele me convidou para assistir ao Superbowl na casa dele, então fui, atraído por cerveja e comida de graça. Patrick estava lá, tomando a sua incrível DIPA caseira, que foi uma das melhores cervejas que tomei naquela semana na Califórnia. Depois ele seguiu adiante e abriu a Pac Brew Lab, que tem como cervejas principais a Squid Ink e a Nautilus, uma saison com hibisco. A Squid Ink tem muito cacau, café, toffee, laranja, pinho e grapefruit, tudo muito equilibrado com um corpo rico e amargor herbáceo. Mas onde eu acho mais daquela incrível DIPA caseira?

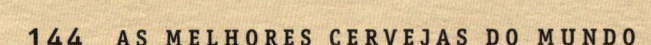

Magic Rock Magic 8 Ball

Huddersfield, Inglaterra
ABV: 7%
Lúpulos: Apollo, Cascade, Columbus, Nelson Sauvin

Em 2001, foi feito um experimento com enólogos na Universidade de Bordeaux. Foi-lhes servido um vinho branco e um vinho tinto para que dessem suas impressões a respeito, e eles os descreveram de maneiras bem diferentes. No entanto, na verdade haviam bebido o mesmo vinho branco nas duas taças; o "tinto" havia apenas sido tingido com um corante sem sabor. A black IPA é um pouco isso, e essa cerveja faz algo melhor do que enganar o cérebro. Manga, pêssego, damasco e tomilho no aroma, mais uma nota de cacau e baunilha, numa cerveja deslizante e macia com uma doçura de caramelo no centro, um pouco de fruta tropical coberta com chocolate e um amargor forte, terminando com outra rodada de fruta tropical. Um truque para a língua: é escura ou clara? A Magic 8 Ball diz... Resposta vaga, prove de novo.

AleBrowar Black Hope

Lebork, Polônia
ABV: 6,2%
Lúpulos: Simcoe, Chinook, Citra, Cascade, Palisade

Em maio de 2012, a AleBrowar foi inaugurada e lançou três cervejas para promover as artesanais polonesas. Utilizando a estrutura da mais antiga cervejaria familiar da Polônia, a Gośćiszewo Browar, a AleBrowar produz uma witbier, uma IPA e uma black IPA. As duas IPAs levam os mesmos lúpulos, a mesma levedura e têm o mesmo teor de álcool. A diferença é a adição de maltes escuros numa delas para torná-la preta. A black IPA apresenta um pouco de café torrado, cereja, defumado e chocolate amargo, que dão um quê de acidez; depois vêm os lúpulos terrosos, herbáceos, e mais cítricos e um pouco de caramelo fora do centro; no fim tudo se une numa interpretação interessante e incomum do estilo. É bom ver uma nova cervejaria no mercado das artesanais — tomara que ela consiga iniciar um movimento local de bares e cervejarias, convencendo os poloneses a se esquecerem um pouco da Tsykie.

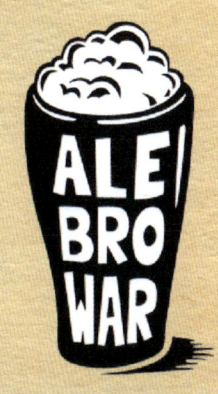

Yeastie Boys Pot Kettle Black

Wellington, Nova Zelândia
ABV: 6%
Lúpulos: Styrian Golding (NZ), Cascade (NZ), Nelson Sauvin

A Pot Kettle Black pode entrar na categoria Pacific black IPA, ou talvez seja uma Nelsonian dark, versão local das Cascadian darks americanas, ou simplesmente uma porter lupulada. Não importa o rótulo, trata-se de outra daquelas cervejas que brincam com sua mente, só que ela faz isso de outro jeito. No início, é uma IPA. A fruta dispara do copo com casca de uva, cassis (o tipo de cassis que você sente no vinho, café e cerveja), resina de pinho, toque floral e de entrecasca de grapefruit. No centro, é uma porter: exuberante, com alcaçuz, chocolate e caramelo. Depois, no final, volta a ser IPA, com lúpulos gramíneos, terrosos, ervas, cítricos e sucos de frutas tropicais, deixando um amargor frutado persistente. Uma cerveja deliciosa.

American Amber e Red Ale

As ambers são ales cor de caramelo e evoluíram ao lado das pale ales como os dois estilos pioneiros do movimento de cerveja artesanal americana na década de 1980 — sob vários aspectos, a pale ale virou a grande estrela das cervejas ao redor do mundo, e a amber ficou mais em casa, fazendo o trabalho duro pelos bares dos EUA, onde está, em volume consumido, entre os cinco primeiros estilos de artesanais. Na última década, com a dança dos estilos e suas várias fusões, a amber assumiu duas formas: um tipo leve em lúpulos, como uma amber de fachada (que pode ser ale ou lager com um pé nas alts ou minimärzens), e a American amber, cerveja com muito lúpulo, mais próxima da pale ale. A American red está um degrau acima da amber; é maior, com mais malte e lúpulos — é o que você esperaria se visse escrito "red IPA".

Olhe as faixas internas de um arco-íris; são essas as cores que você terá aqui. Do amarelo-escuro, passando por laranja até chegar ao vermelho-vivo, às vezes com um toque de violeta, o uso de maltes mais escuros (crystal) dá a essas cervejas a aparência que seu nome sugere. Um perfil consistente de toffee ou caramelo pode estar presente no centro, com um toque doce de nozes nas reds. O prefixo American indica que os estilos têm predomínio dos lúpulos, com um amargor de moderado a alto (30 a 80 IBUs) e um uso vibrante deles em adições tardia e dry hopping para dar sabor e aroma. O teor de álcool fica em 5-8%, mas, como na maioria dos estilos, existem as versões imperial, particularmente no caso das reds.

Half Acre Ginger Twin

Chicago, Illinois, EUA
ABV: 6,5%
Lúpulos: Chinook, Simcoe

Eu tenho essa coisa com os rótulos de cerveja: se a garrafa tiver mau aspecto na prateleira, minha mente já acha que terá gosto ruim, e, se o rótulo for bonito, imagino que a cerveja será deliciosa. Isso nem sempre é verdade, claro, mas prefiro comprar uma cerveja bonita do que uma feia. As cervejas Half Acre estão entre as mais bonitas e sedutoras do mundo. Sua linha toda é um deleite visual. E elas têm o gosto bom que parecem ter. A Ginger Twin é uma red ale estilo India, o que é um jeito palavroso de dizer que se trata de uma red IPA. Tem cor de cobre, e o malte lhe dá uma profundidade de nozes e pão integral, sutil, por baixo do aroma herbáceo dos lúpulos terrosos, florais e de grapefruit, que conferem um amargor resinoso e longo. Um belo equilíbrio, interessante e de impacto — como o rótulo.

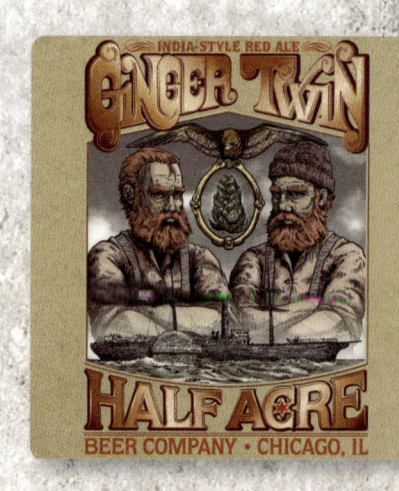

8 Wired Tall Poppy

Blenheim, Nova Zelândia
ABV: 7%
Lúpulos: Warrior, Columbus, Simcoe, Amarillo

É como uma red IPA deve ser. Tem aquela coisa toda, maravilhosa e fragrante, dos lúpulos americanos "bem na cara", por cima de uma base mais cheia que a das IPAs comuns: mais nozes, mais escura e um pouco achocolatada, com frutas silvestres no fundo. Há algo nessa base de malte que destaca qualidades diferentes nos lúpulos: realça frutas vermelhas em vez das suculentas frutas de pomar; cítricos assados em vez de recém-espremidos; mel de flores em vez de flores recém-colhidas; casca de tronco em vez de resina de pinho. É como se os sabores maturassem, crescessem e evoluíssem, por isso acho que Tall Poppy é um bom nome. É ótima com frango jerk e interage bem com pimenta, desde que não muito forte, para equilibrar os lúpulos. Curries com leite de coco são excelentes, pois atenuam os lúpulos.

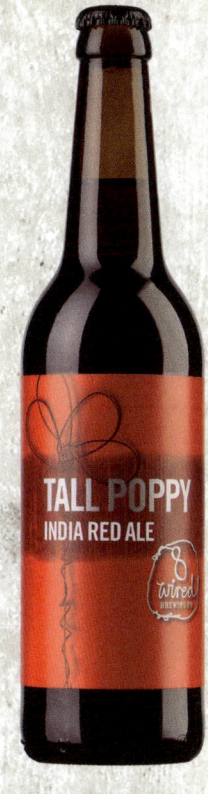

Hyouko Yashiki No Mori Amber Swan Ale

Kanaya, Japão
ABV: 5%
Lúpulos: Cascade, Nugget, Columbus

Essa é uma das mais consideradas cervejas artesanais do Japão e ganhou muitos prêmios ao redor do mundo desde que a cervejaria abriu em 1997. É feita pela Hyouko Yashiki No Mori (traduzível como "Lago do Cisne") e fica entre uma amber do tipo alt e as versões com lúpulos americanos. Uma base de malte torrado preenche o copo, e os lúpulos americanos com cítricos, flores e pêssego flutuam sugestivamente acima dele, dando um sabor de lúpulo delicado, mas ainda assim convidativo e um amargor que sacia a sede. Você também sente um fundo condimentado, gramíneo e terroso que brinca por ali com os maltes mais escuros do mosto. Isso aponta para carnes grelhadas como yakitori ou uma travessa cheia de guiozas, de preferência bem fritos, para que a maravilhosa massa crocante adoce as notas de nozes da ale.

Pizza Port Ocean Beach Chronic

San Diego, Califórnia, EUA
ABV: 4,7%
Lúpulo: Liberty

Existem quatro pubs-cervejaria Pizza Port, além de uma unidade de produção, todos na costa do Pacífico da Califórnia. Além de produzir cerveja, eles fazem também pizzas incríveis. O primeiro deles abriu em 1987 em Solana Beach. Eles começaram a vender a própria cerveja em 1992 e depois inauguraram filiais em Carlsbad, San Clemente e Ocean Beach. Em 2013, criaram uma fábrica no Bressi Ranch para dar apoio aos pubs e abrigar uma linha de envase em lata. Se estiver perto de alguma, vá lá: acho que as cervejas deles estão entre as melhores dos EUA. A Chronic de Ocean Beach é uma amber macia, com nozes, límpida, sem muito lúpulo; simples e equilibrada, ideal para beber vendo as ondas do mar.

AMERICAN AMBER E RED ALE

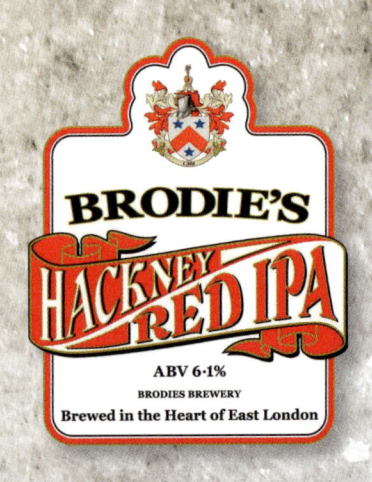

Brodie's Hackney Red IPA

Londres, Inglaterra
ABV: 6,1%
Lúpulos: Amarillo, Citra

Num espaço pequeno, tipo uma garagem, atrás do pub King William IV em Leyton, East London, fica a Cervejaria Brodie's. A mais experimental de Londres (e talvez de toda a Grã-Bretanha), ela faz uma gama inacreditável de cervejas diferentes, embora todas mantenham uma base comum. Vá até o King William IV para ter uma experiência completa de beber em um pub de East London, com tapetes velhos puídos e tipos variados de gente, mais um balcão sinuoso cheio de cervejas Brodie's. A red IPA é uma bomba de lúpulos, brutal de um jeito brilhante, com imenso aroma de lúpulos americanos, grapefruit amargo, cítricos assados, corpo macio de caramelo tostado e um grande beijo de amargor no final. Procure também a Dalston Black IPA, outro ótimo exemplo de cerveja boa e explosiva, além da série de sour ales com pouco álcool, ácidas e saciadoras.

Szot Amber Ale

Santiago, Chile
ABV: 6%
Lúpulo: Cascade

Criada pelo americano Kevin Szot e sua esposa, a chilena Astrid, a Microcervejaria Szot é uma das 50 artesanais do país. É estimulante saber que o Chile, junto com a Argentina, começou também a cultivar lúpulos, portanto logo teremos cervejas feitas com variedades de lúpulos sul-americanas. Com uma linha de cervejas que inclui uma American pale ale, uma California common e uma imperial stout, a Szot deixa claro qual é sua inspiração. A amber ale é similar à pale ale, só que leva maior quantidade de malte crystal (que lhe dá cor mais escura), deixando mais açúcares não fermentáveis, o que significa doçura residual extra do tipo caramelo, adequada ao paladar chileno, mas sem ser doce demais. Tem cítricos leves e aroma floral, um pouco de frutas de caroço delicadas, um corpo macio e um final vivo. Fica ótima com peixe fresco (especialmente cozido de peixe), nativo da imensa costa chilena.

Ithaca Cascazilla

Ithaca, Nova York, EUA
ABV: 7%
Lúpulos: Cascade, Chinook, Crystal, Amarillo

Não sei se você é assim, mas eu não resisto a uma cerveja com esse nome, Cascazilla, ainda mais depois de provar a Flower Power IPA da Ithaca, uma cerveja para a qual me faltam superlativos. A Cascazilla não tem apenas o nome de um monstro dos lúpulos; perto da cervejaria fica o desfiladeiro Cascadilla, um local tranquilo com pontes, córregos e cachoeiras. A cerveja Cascazilla é tão serena quanto uma cidade sendo atacada por uma besta gigante. Essa red IPA forte tem um aroma que grita cítricos, florais e pinho, com uma espécie de fundo de geleia que se funde ao malte suculento, com nozes e toffee. O amargor é terroso e resinoso, aderindo sem remorsos no final. Quer algo mais manso? Eles também fazem root beer.

Não se trata de um estilo de cerveja, mas de um ingrediente que confere um sabor característico. O centeio era usado nos antigos estilos europeus de cerveja, como a Roggenbier, mas acabou ficando mais ligado à produção de pães. É um grão empregado também na produção de uísque e gim e só recentemente reapareceu nas cervejarias. Não é de trato fácil: como não tem casca, absorve facilmente o líquido da fermentação e cria uma viscosidade no mosto que pode criar problemas para os cervejeiros. Apesar disso, é usado por seu sabor característico, condimentado, de nozes e hortelã; pela cor vermelha que dá à cerveja; e por acrescentar profundidade e textura que não são obtidas com nenhum outro ingrediente.

RYE BEER

O centeio pode ser usado em qualquer estilo. Às vezes entra como nota de fundo, mas pode ser o aspecto dominante da bebida. Muitas cervejas de centeio enfatizam o sabor condimentado, buscando obter um corpo límpido e boa presença aromática dos lúpulos. Nesse aspecto, os lúpulos florais americanos podem ser um complemento ideal à untuosidade herbácea do centeio. Isso também vale para as notas de especiarias e frutas vermelhas de algumas variedades de lúpulos britânicas e americanas, usadas também para acentuar o sabor do grão. A participação de álcool e amargor pode ser tão grande quanto o sorriso no rosto de um fã da cerveja de centeio ao tomá-la.

Upright Six

Portland, Oregon, EUA
ABV: 6,7%
Lúpulos: Tettnang, Magnum

Junto com a Four, a Five e a Seven, a Six é uma das quatro cervejas da Upright feitas o ano inteiro. Todas usam a mesma cepa de levedura para saison, grãos cultivados e maltados localmente e lúpulos da fazenda dos irmãos Annen em Mount Angel, ao sul de Portland. Diferem bastante e mostram o grande potencial que pode ser explorado quando cervejeiros reúnem ingredientes para fazer cervejas diferentes. A Six é uma rye American saison, embora seja difícil incluir essas cervejas da Upright em categorias. Ela verte uma cor mogno-escuro, o tipo de cor que faz você apreciá-la um pouco mais antes de dar um gole. Os aromas são incomuns e sedutores, conforme exalam do copo: pão de centeio, chocolate, figo, cereja, tabaco, pimenta, banana, tutti-frutti, maçã assada, grama. O centeio a torna seca e condimentada, características ampliadas pela levedura, que dá um travo final picante, quase ácido.

Half Acre Baumé

Chicago, Illinois, EUA
ABV: 7%
Lúpulo: Chinook

A Half Acre nasceu em 2006, mas só teve a própria cervejaria em 2009. Antes, sua cerveja era feita pela Sand Creek, no Wisconsin, e pegava estrada para ser vendida em Chicago. Quando a Ska Brewing cresceu, a Half Acre foi para Durango, Colorado, e voltou com quatro trailers cheios de barris de aço. Em 2012, abriram uma sala de degustação ao lado da cervejaria — se estiver em Chicago, é visita obrigatória. A Baumé é uma American chocolate rye stout, de produção limitada. De cor marrom-escura, é saborosa como chocolate denso e café doce; tem muita pungência de centeio, com notas de pão e hortelã, que combinam com a profundidade do café moca, e depois os lúpulos dão um frescor inesperado, com uma pegada verde, terrosa, de pimenta e especiarias. O centeio nunca sobressai nem é sobrepujado e confere complexidade única a essa bela cerveja.

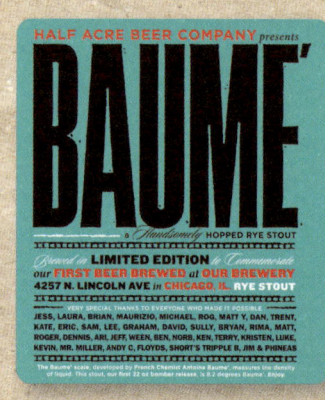

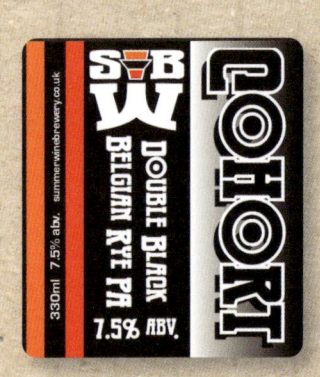

Summer Wine Cohort

Holmfirth, Inglaterra
ABV: 7,5%
Lúpulos: Summit, Citra, Chinook, Simcoe, Amarillo

Se você gosta de muito lúpulo na cerveja, então vai gostar da Summer Wine. Eles não se intimidam quando se trata de abrir o saco de lúpulos e despejá-lo inteiro, buscando um grande amargor e aromas potentes em todas as suas cervejas, a maioria delas de influência americana moderna, como a Diablo IPA, uma explosão de lúpulos que vai deixar sua língua pinicando. A Cohort é um pouco diferente e muito especial. É uma double black Belgian rye IPA. O que poderia ser uma louca colisão de influências revela-se uma brilhante mostra de competência e talento: encorpada, tem chocolate e centeio, hortelã e laranja, frutas vermelhas e defumado, e os lúpulos exalam notas florais e cítricas. A levedura picante e os lúpulos se combinam com o condimentado do centeio e fazem essa milagrosa mistura virar uma ótima cerveja.

Sixpoint Righteous Ale

Brooklyn, Nova York, EUA
ABV: 6,3%
Lúpulos: Cascade, Columbus, Chinook

Se a American rye ale constasse dos guias de estilo, talvez fosse descrita como uma American pale ale ou uma IPA feita com centeio no mosto e fermentada com lúpulos para complementar a profundidade condimentada e herbácea do grão e também estimulá-la com cítricos. O exemplo de manual de uma American rye seria: âmbar-vermelho, picante, bem seca e saciadora, tão seca que quase faria você pensar que há uma acidez de cítricos nela, do tipo obtido do pão de centeio denso. Os lúpulos realçam o lado herbáceo do centeio, criando uma untuosidade depois atenuada pelo realce vigoroso, floral e cítrico dos lúpulos C. Algumas informações específicas sobre a cerveja: a estrela de seis pontas é um ícone de cervejaria — indica pureza, pois representa os ingredientes básicos (água, grão, malte, lúpulos, levedura e o cervejeiro), além de simbolizar uma reconciliação alquímica entre o fogo e a água.

Haymarket Angry Birds Belgian Rye IPA

Chicago, Illinois, EUA
ABV: 7,5%
Lúpulos: Amarillo, Cascade

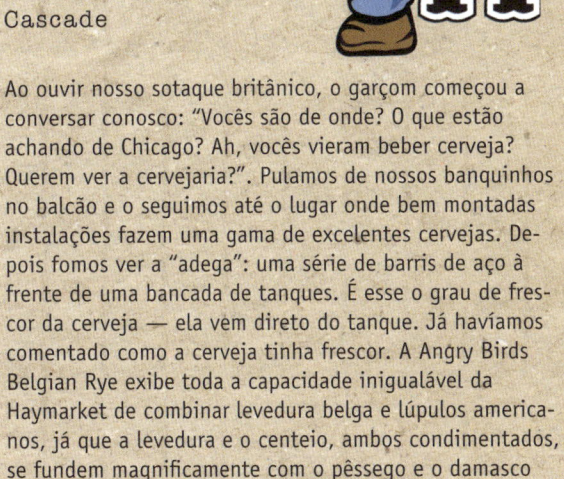

Ao ouvir nosso sotaque britânico, o garçom começou a conversar conosco: "Vocês são de onde? O que estão achando de Chicago? Ah, vocês vieram beber cerveja? Querem ver a cervejaria?". Pulamos de nossos banquinhos no balcão e o seguimos até o lugar onde bem montadas instalações fazem uma gama de excelentes cervejas. Depois fomos ver a "adega": uma série de barris de aço à frente de uma bancada de tanques. É esse o grau de frescor da cerveja — ela vem direto do tanque. Já havíamos comentado como a cerveja tinha frescor. A Angry Birds Belgian Rye exibe toda a capacidade inigualável da Haymarket de combinar levedura belga e lúpulos americanos, já que a levedura e o centeio, ambos condimentados, se fundem magnificamente com o pêssego e o damasco do Amarillo e com o lado floral do Cascade. A Oscar's Pardon é uma Belgian pale ale com lúpulos secos, que constitui outra brilhante junção de Bélgica e EUA.

Tempest RyePA

Kelso, Escócia
ABV: 5,5%
Lúpulos: Summit, Centennial, Columbus

A Tempest começou sua produção em 2010 e se tornou um nome importante na Escócia, com cervejas um pouco diferentes — com muito lúpulo, alto teor alcoólico e ingredientes incomuns. A Red Eye Flight (7,4% de álcool) é uma porter muito macia e bem tostada feita com cacau, açúcar demerara e café; a Chipotle Porter (5,6% de álcool) tem infusão de jalapeños defumados, terrosos, em uma cerveja escura rica, o que alivia o lado frutado intenso; a Long White Cloud (5,6% de álcool) se mostra cheia de sabores de fruta tropical dos lúpulos da Nova Zelândia. A RyePA é a interpretação da Tempest de uma American rye IPA, na qual o centeio tem toques de nozes e especiarias com um fundo de pão integral, e o malte no centro mostra uma doçura de caramelo antes que os lúpulos gramíneos e herbáceos sobressaiam, terminando com um banho de cítricos.

Deep Ellum Rye Pils

Dallas, Texas, EUA
ABV: 4,6%
Lúpulos: Liberty, Mt. Hood, Sterling

Colocar centeio na base de uma pilsner permite ver que tipo de profundidade um grão diferente pode dar a um estilo sutil. Nessa cerveja dourada, com uma ponta de vermelho nas beiradas, são os lúpulos que dominam antes de se chegar ao grão — fermentado com lúpulos de origem alemã cultivados nos EUA, que oferecem intenso frutado cítrico, gramíneo e floral, fresco e delicado, e não ostensivo como numa IPA. O corpo é macio e límpido, e no final vem o forte condimentado do centeio, secando tudo e terminando com uma combinação cítrica de grão e lúpulos. Feita no Texas, essa cerveja fica maravilhosa com churrasco: o centeio complementa os temperos da carne, e o cítrico delicado dos lúpulos quebra a gordura.

CENTEIO 151

Com o tempo, os estilos de cerveja evoluem, mas as histórias em torno deles ficam associadas a um momento específico. "Mild" sugere pouco sabor e, num mercado em que as cervejas buscam o máximo impacto, não consiste em uma característica desejável. Mas as coisas não são bem assim... O estilo mild está aí há mais de 300 anos, e o nome era usado originalmente para indicar frescor, não um tipo de cerveja (tinha gosto mais suave que as envelhecidas). A mild mudou muito desde então: já foi mais forte que a India pale ale (e mais amarga do que as IPAs atuais) e depois passou a ter um sabor "suavizado". Foi quando a escassez de grãos durante a Primeira Guerra Mundial interveio: as cervejarias tiveram que reduzir a força de suas cervejas, e a mild sofreu um grande golpe. No pós-guerra, o nível de álcool subiu, mas novos impostos na década de 1930 reduziram sua força outra vez, e a Segunda Guerra Mundial cortou o álcool ainda mais, e os lúpulos também. A partir daí, ela se tornou a cerveja que conhecemos hoje — com pouco álcool e leve em lúpulos.

O estilo mild é uma ideia que sofreu distorção ao ser encostada contra a parede pelos estilos de maior impacto. Mas está em transição. Com o atual movimento em favor de uma drinkability com menos álcool, a mild vem ganhando nova identidade. A cor vai de ouro a preta, embora o mais comum seja o vermelho-amarronzado. Tem 3-6% de álcool e IBU em torno de 30, nível em que os lúpulos ingleses dão uma delicada fragrância. Algumas milds são sem graça, mas há outras maravilhosamente cheias de sabor e profundidade, com um toque amargo saciador que satisfaz o paladar moderno. Não há hoje regras para a mild, e sua principal característica é ter drinkability e equilibrar bem malte e lúpulos. O estilo se moderniza de novo, com pouco álcool e muita personalidade — e o nome talvez seja a única coisa que o segura.

Leeds Midnight Bell

Leeds, Inglaterra
ABV: 4,8%
Lúpulos: First Gold, Bobek, Willamette

No Reino Unido, você tem dark milds, golden milds e as mais fortes ruby milds, o que mostra a versatilidade do estilo. A Midnight Bell da Leeds Brewery é um ótimo exemplo de dark mild. Com profunda cor vermelho-amarronzada e espuma densa e bronzeada (obtida no estilo do norte por um "sparkler" que dá um colarinho grosso e cremoso), é suave e límpida, com fundo de castanha e um quê de chocolate, mas o principal é sua profundidade fantástica e a drinkability. Os lúpulos conferem uma qualidade de aroma elegante, inglesa, floral, realçada pelo cassis dos lúpulos Willamette e com um pouco do picante do Bobek ao descer — um belo equilíbrio. Se visitar Leeds, a cervejaria tem dois pubs onde você pode provar toda a linha de estilos de Yorkshire, em geral modernos — best bitters, English pale ales e hoppy bitters, todas muito bem-feitas e ótimas com comida de pub.

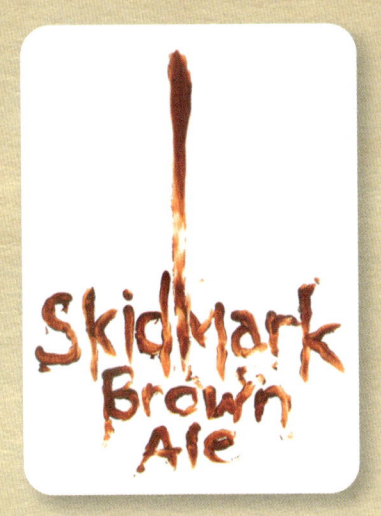

Pizza Port Ocean Beach Skidmark Brown

San Diego, Califórnia, EUA
ABV: 4,1%
Lúpulos: Phoenix, Brewers Gold, Sterling

Você nunca imaginaria que uma das melhores cervejas que poderia tomar em uma semana em San Diego — o lar das West Coast IPAs — pudesse ser uma mild, não é? Bem, a Skidmark da Ocean Beach me surpreendeu e deliciou de muitos jeitos, principalmente porque eu não esperava um grande sabor. Com 4,1% de álcool, tem corpo e textura de uma brown ale mais encorpada; corpo cheio, superlímpido (você consegue saborear com precisão a simplicidade do malte-base), com toques de nozes e de café. Os lúpulos são terrosos e equilibrados, mas ainda oferecem gosto fresco e convidativo, e há tanta coisa acontecendo no copo que eu fiquei sentado no bar imaginando por que outros cervejeiros não conseguem o mesmo efeito. Frescor, sabor, equilíbrio e drinkability: é isso o que define uma mild moderna.

Tap East East End Mild

Londres, Inglaterra
ABV: 3,5%
Lúpulo: Fuggles

É ruim ser arrastado para as compras quando sua vontade é sentar num pub, não é? Bem, as coisas melhoraram um pouco em Londres. O Tap East é um bar e cervejaria no maior shopping center da Europa. Você finge que está a fim de ir às compras e então diz para sua esposa que só vai dar uma olhada nas "lojas de eletrônicos, procurar tomadas". Nessa hora, corre e vai até o Tap East e relaxa, até receber a mensagem de texto: "Onde você está, amor?". A East End Mild é cor de castanha com um malte inglês consistente no centro. O aroma é terroso, gramíneo, e tem frutas silvestres com um amargor duradouro onde sobressai o sabor do Fuggles. Se o gosto dos Estados Unidos é o de uma IPA, então, essa é a Inglaterra num copo. E feita num shopping, para que comprar roupa fique um pouco mais suportável.

Little Creatures Rogers Beer

Freemantle, Austrália
ABV: 3,8%
Lúpulos: East Kent Goldings, Galaxy, Cascade

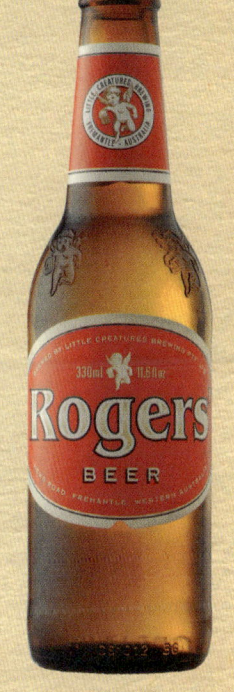

Principal cervejaria artesanal da Austrália, a Little Creatures nasceu a partir de sua pale ale, suculenta, fresca, inspirada nos EUA, que usa lúpulos americanos e australianos para colocar sabores de laranja, grapefruit e flores na melhor cerveja de geladeira do país. De cor âmbar, a Rogers Beer é um pouco diferente. Com apenas 3,8% de álcool, põe bem mais sabor no copo do que você poderia esperar. O aroma logo informa que eles usam alguns lúpulos suculentos do hemisfério Sul, que exalam toques florais e de frutas vermelhas. O corpo é límpido e seco, e a sutil presença do malte entra com notas de nozes tostadas e, bem lá no fundo, caramelo. É simples, de um jeito que a torna maravilhosa de beber — num mundo em que todos tentam empurrar o máximo de sabores num copo, esse é o melhor exemplo de contenção habilidosa.

A brown ale é um estilo que nasceu em Londres, mas só ganhou nome anos depois de criado. Originalmente era apenas o estilo-padrão da cidade, que acabou dando vida à porter, mais seca, mais forte e com mais lúpulo. No século XX, houve uma segunda onda, com ela já nomeada e em duas versões: a sweet brown ale (pense na Mann's) e a Northern brown, seca e com toque de nozes (pense na Newcastle). O estilo sweet brown praticamente desapareceu, mas a Northern Newcastle se tornou uma cerveja mundial, embora poucas tentem replicar o mesmo estilo. A brown ale andou indo e voltando, a toda hora sendo substituída por algo mais popular. Mas a história fica interessante de novo graças aos cervejeiros artesanais americanos, que pegaram a ideia da brown ale e a transformaram em algo novo, estimulante e (esperamos) que veio para ficar.

BROWN ALE

Hoje existem a British brown ale e a American brown ale. As versões britânicas (4-5,5% de álcool) têm toques de nozes e tostado, corpo médio e amargor terroso (25-35 IBUs), com as variedades inglesas de lúpulos oferecendo notas florais, terrosas e de frutas silvestres. As American browns costumam apresentar mais álcool (5-6,5%), mais corpo, com torrado e profundidade de chocolate, e um arrojado sabor de lúpulos floral e cítrico, devido às variedades americanas, que dão amargor seco, denso (até 50 IBUs). Ainda há algumas browns que resistem como velhas relíquias, mas as versões modernas são mais populares, especialmente as de estilo americano — na realidade, brown ales são raras na Grã-Bretanha hoje, fora de moda, e estão numa terra de ninguém (pronta para ser explorada) entre bitter, pale ale e stout. Nos EUA, você vê India brown ale, brown IPA ou imperial brown, que, é claro, são maiores.

Baird Angry Boy Brown Ale

Shizuoka, Japão
ABV: 6,8%

Lúpulos: Nelson Sauvin, Glacier, Cascade

Definir uma cerveja como brown ale é meio como dizer: "Vamos até a loja da esquina comprar umas lâmpadas". Soa uma coisa chata. Beber a Angry Boy da Baird começa meio assim, mas ela logo se revela um presente inesperado. De cor cobre-escuro brumoso no copo, apresenta aroma que faz você reagir como se reparasse melhor numa moça bonita que passa, aproximando de novo o nariz da borda do copo: pêssego, abacaxi, tangerina, um quê de ervas secas, tudo sutil, mas com muito frescor. Tem um corpo de malte ótimo, límpido, um torrado suave e principalmente toffee, nozes e tostado, e um pouco de chocolate amargo antes que o amargor seco refresque, com o ótimo sabor de lúpulo permeando o conjunto.

Surly Bender

Brooklyn Center, Minnesota, EUA

ABV: 5,5%

Lúpulos: Columbus, Willamette

A Bender tem um pouco de aveia no mosto, o que faz dela uma oatmeal brown ale. A aveia dá à cerveja uma cremosidade rica e macia no corpo e uma sensação de boca redonda. Isso é bom. A sensação de boca é algo que em geral faz a diferença entre uma boa cerveja e uma excepcional. O corpo é particularmente importante nas cervejas escuras, nas quais o grão torrado tem uma acidez acre que pode torná-la rala e adstringente. A Bender é brilhante porque traz essa riqueza no corpo, capaz de abrigar todo o torrado, toffee, baunilha e chocolate. Os lúpulos recuam, e fica em realce a profundidade de tabaco e folhas, com um pouco de aspereza no final — é supremamente equilibrada. A Surly faz também a Coffee Bender — a Bender prensada a frio com café guatemalteco, para dar um toque de moca à cerveja, já deliciosa por si. Se você se liga mais no lúpulo (e não no malte), prove a Furious, uma IPA magnífica.

Pretty Things
St. Botolph's Town

Cambridge, Massachusetts, EUA

ABV: 5,7%

Lúpulo: Fuggles

Malte pale ale, aveia maltada, trigo torrado, malte crystal, malte brown e malte black, todos entram na St. Botolph, além de doses de açúcar, para cor e sabor. São duas as cepas de levedura: uma tipicamente inglesa e uma alemã atípica. Tudo isso cria uma impressionante obra-prima de malte. A Pretty Things sempre me faz elevar minha estelar opinião a seu respeito (as notas do meu caderninho para essa cerveja dizem: "É como uma cerveja normal só que um milhão de vezes mais saborosa — como é que a PT consegue?"). Tão macia, ricamente maltada com elegância, com um sabor escandalosamente pronunciado como se você bebesse em 4D, complexa mas sutil, entusiasma mesmo se você tomar três garrafas seguidas. O Fuggles dá um aroma gramíneo, fresco, de floresta, e amargor perfeitamente equilibrado. Sensacional.

Runa Agullons

Médiona, Espanha

ABV: 5%

Lúpulos: Fuggles, Northern Brewer

A Ales Agullons fica perto de Barcelona e faz cerveja desde 2009 numa fazenda rodeada de cevada e vinhedos. Com profundidade de nozes tostadas, cacau e pão integral, a Runa tem aroma de lúpulo com flores, bosque e hortelã, e um amargor prolongado e terroso, o que faz dela uma versão catalã de uma British brown. Fácil de beber, mas ainda assim interessante, é sua explosão adicional de frescor de lúpulos que a torna excelente. A Agullons faz uma linha de cervejas em estilo inglês (algumas com uma ponta de lúpulos americanos), além de especiais — procure a Septembre, uma mescla de pura pale (pale ale com lúpulos Cascade e Fuggles) e lambic, envelhecida por dois anos. Com fruta, carvalho e aroma forte, lembra os aromas da produção de vinho que costumava ter lugar na fazenda onde é feita agora a cerveja.

Cigar City Maduro

Tampa, Flórida, EUA
ABV: 5,5-9%
Lúpulos: Variam conforme a cerveja

Não há muitas cervejarias fazendo brown ales (elas não estão tão na moda quanto as IPAs, certo?), por isso é raro achar uma que produza cinco ao longo do ano, além de algumas especiais. Mas a Cigar City não é como as outras. A Maduro Brown tem profundidade sólida de malte e um toque de tabaco doce; a Cubano-Style Espresso Brown Ale, feita com café, exala torrado terroso e baunilha antes do malte, e os lúpulos e o amargor de café se harmonizam; a Bolita Double Nut Brown Ale é um monstro com 9% de álcool, muitas nozes tostadas, toffee e lúpulos terrosos; na Improv Oatmeal Rye India-Style Brown Ale, o nome já diz tudo, só não espere o golpe resinoso dos lúpulos; e a Sugar Plus é uma Christmas brown ale com especiarias. Há algo em todas essas cervejas que faz com que tenham gosto de versões líquidas de diferentes charutos.

Nøgne Ø Imperial Brown Ale

Grimstad, Noruega
ABV: 7,5%
Lúpulos: Columbus, Chinook, East Kent Goldings

Uma vez passei a noite tomando cervejas Nøgne Ø na embaixada da Noruega em Londres, sem dúvida o lugar mais pomposo aonde já fui convidado a tomar um pint. A Imperial Brown tem jeito bem escandinavo, pois está entre uma cerveja britânica e uma americana. De um vermelho-amarronzado profundo, seu corpo é robusto e rico, exala toffee, nozes, pão de centeio, um quê de chocolate, e tem uma profundidade inglesa, travosa. Os lúpulos são equilibrados, terrosos e florais, com um amargor prolongado que indica "lúpulos C". Não é uma brown explosiva; ao contrário, mostra o que acontece quando você enfatiza o malte, mas mantém o conjunto equilibrado e contido. A Nøgne Ø é a embaixatriz das norueguesas artesanais e uma das melhores cervejarias escandinavas.

8 Wired Rewired Brown Ale

Blenheim, Nova Zelândia
ABV: 5,7%
Lúpulos: Pacific Jade, Pacifica, Cascade

Rewired é, sem dúvida, um bom nome para essa cerveja, que faz você sentir as sinapses cerebrais estalando e reconectando-se antes de seguirem adiante reconfiguradas. O que mais gosto na Rewired é o prazer de bebê-la, e o fato de que ela contraria ideias preconcebidas sobre como uma brown ale deve ser: primeiro, há o realce de frescor com cassis e um toque gramíneo de primavera; o corpo lembra pão torrado, com uma pitada de melaço e um amargor estendido, de malte tostado; o sabor dos lúpulos flui quando você bebe, com notas de fruta silvestre tropical assada e vigor floral. Para mim, brown ale significa uma versão da Newcastle bebida direto da garrafa em uma balada de rock, escura e lotada, com você querendo parecer legal ao tentar — e falhar em — abordar as moças. Velhas memórias ganham aura de dias felizes quando a brown ale é reinventada.

Pint mais pedido nos pubs ingleses, a bitter é o burro de carga do setor britânico de cerveja e a escolha diária de muitos. O nome virou termo coloquial, antes de cada chopeira passar a ser identificada por um crachá da marca, e servia para diferenciar as milds "doces" das mais amargas pale ales. Os nomes pale ale e bitter (de início, eram a mesma coisa) ganharam popularidade nos séculos XIX e XX, mas, como muitos outros ícones britânicos (Beatles, a minissaia, James Bond), firmaram-se na década de 1960, e a partir daí podemos traçar a história mais recente de como o estilo evoluiu separado das pale ales.

BITTER

Bitter é mais uma categoria de cerveja do que um conceito bem definido; as qualidades que definem o estilo são um teor de álcool moderado, de 3,5% a 4,5%, e um final seco, bem lupulado, que o torna altamente bebível. Na cor, pode ser de ouro a marrom-dourado; o clássico é usar lúpulos ingleses terrosos e florais, embora as variedades americanas tenham feito o estilo evoluir; o amargor pode ir de sedutores 20 IBUs até arrojados 50 IBUs. A bitter é uma cerveja de pub: algumas são próprias daqueles velhos pubs sisudos com cortinas e tapetes da década de 1950, outras figuram em bares de cerveja cosmopolitas. Estilo em evolução, a bitter corre o risco de ser empurrada para fora pela multidão de cervejas golden ale, pale ale e dark ale. Não tenha medo, ela não vai sumir, mas talvez ganhe um novo rótulo, quem sabe de uma British ale ou session beer mais aberta e genérica: o nome "bitter" equivale em termos de moda a uma boina e um cachimbo (que, por ironia, em alguns redutos viraram de novo um visual descolado...).

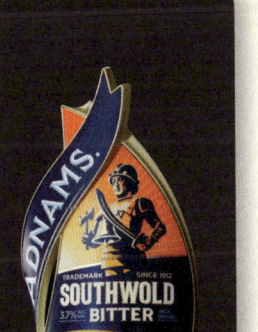

ADNAMS SOUTHWOLD BITTER

SOUTHWOLD, INGLATERRA
ABV: 3,7%
LÚPULO: FUGGLES

CLÁSSICA

Gosto muito da Adnams. Acho a linha de cervejas deles excelente, de qualidade excepcional; eles experimentam novos estilos, estão sempre lançando rótulos e são uma cervejaria onde você pode ir sempre que vai achar um bom pint. A Southwold Bitter é o carro-chefe da casa. Feita com malte cultivado perto da cervejaria e lúpulos Fuggles ingleses, surgiu em 1967. Tem o gosto bem clássico de malte inglês, aquele sabor pleno, uma consistência difícil de descrever, e notas tostadas. Então os característicos lúpulos Fuggles entram em cena, com terrosidade pungente e um quê floral, enquanto a água dura realça seu amargor — tome do cask para apreciar melhor sua profundidade e sutileza. Prove também a Adnams Innovation, uma European IPA brilhante, moderna, com lúpulos Bodicea, Columbus e Styrian Goldings — ela tem cítricos, frescor primaveril e um final condimentado e terroso.

Oakham Asylum

Peterborough, Inglaterra

ABV: 4,5%

Lúpulos: Amarillo, Chinook, Cascade, Bramling Cross, Willamette

A Asylum é para onde estão indo as British bitters. Agora mais leves e claras do que as browns servidas em caneca com alça que nós imaginamos ao falar do estilo, elas estão evoluindo em seu perfil de sabor. Dourada na cor, têm uma ponta de doçura agradável no início, depois grapefruit, uvas e grama se destacam por cima de um corpo de malte ágil, que desemboca num amargor vigoroso, que faz sua língua se refugiar naquela explosão inicial de doçura. São generosas em sabor, particularmente graças aos lúpulos americanos, mas é tudo muito bem equilibrado. A Oakham virou uma das melhores cervejarias britânicas simplesmente fazendo cervejas excelentes com perfis de sabores exuberantes (procure provar a Citra e a Green Devil IPA). Eles têm um bar-cervejaria em Peterborough — um trem comum parte de Londres e, sem dúvida, vale a viagem.

Toccalmatto Stray Dog No Rules Bitter

Fidenza, Itália
ABV: 4,2%
Lúpulos: East Kent Goldings, Styrian Goldings, Citra

Essa versão italiana do estilo britânico se apoia paradoxalmente no farto uso de lúpulos ingleses e no toque suculento de Citra, partindo da base clássica e fazendo algo totalmente novo. Tomei essa cerveja no Bir & Fud, em Roma. Minha namorada, Lauren, e eu fomos passar um fim de semana prolongado, indo às atrações de dia e a bares de cerveja à noite. O Bir & Fud, com suas incríveis pizzas e sua longa lista de cervejas, estava no topo de minha lista de visitas obrigatórias como turista cervejeiro. Tomei uma violeta-âmbar Stray Dog para começar, e fiquei tão fora do ar como depois de ter visto a Fontana di Trevi naquele mesmo dia. O aroma era de cítricos assados e de manga, pimenta, pêssego e damasco, tão fresco que eu mal podia acreditar, e com um amargor condimentado final, duradouro. Grande parceira de uma das melhores pizzas que já comi.

Kent Brewery KGB

West Malling, Kent, Inglaterra

ABV: 4,1%

Lúpulos: East Kent Goldings, Fuggles

Kent é o jardim da Inglaterra, ou melhor, o seu jardim de lúpulos, e a KGB da Kent Brewery faz um ótimo uso da variedade mais famosa do condado. Os lúpulos East Kent Goldings ganharam esse nome quando o cultivador de lúpulos Tony Redsell sugeriu ao Conselho de Comercialização de Lúpulos que os Goldings que cultivava em East Kent eram diferentes dos demais plantados no país. Nessa época, década de 1970, o Conselho tomava todas as decisões e disse "sim" a essa. Agora Tony, que em 2012 supervisionou sua 63ª colheita de lúpulos, tenta obter status de PGI (Protected Geographical Indication) para os lúpulos que tomam a maior parte de seus jardins. A Kent Brewery usa East Kent Goldings e mais o famoso Fuggle para obter aromas terrosos, muito frutados e cítricos, que dão amargor rude e sabor de tronco de árvore e de flores silvestres à sua bitter, leve, clara e seca — sem dúvida, uma ale moderna de Kent.

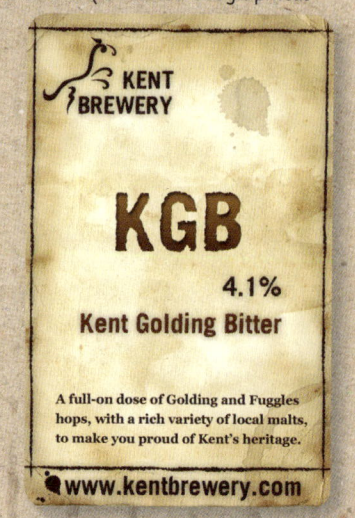

Mont Salève Special Bitter

Neydens, França
ABV: 4,2%

Os franceses podem ser vizinhos próximos da Inglaterra, Bélgica e Alemanha, mas ainda não são conhecidos por sua cerveja, apesar de umas quantas novas cervejarias estarem fazendo coisas interessantes. A Brasserie du Mont Salève é uma das mais refinadas artesanais francesas, com uma gama de estilos que mostra seu perfil cosmopolita: uma British stout, uma Belgian blonde, uma American IPA e uma German weizen. E também essa special bitter, um tipo bem inglês de cerveja dourada. O malte flutua no fundo enquanto os lúpulos fazem o trabalho duro, dando notas de pêssego perfumado, casca de cítricos cristalizada, terrosidade de grama fresca e um amargor botânico envolvente. Convida com o aroma, estimula com o amargor. Se encontrar a Sorachi Ace Bitter, pegue: explode com limão, grapefruit, tutti-frutti e um toque herbáceo — um golpe forte para seus discretos 2,5% de álcool.

21st Amendment Bitter American

São Francisco, Califórnia, EUA
ABV: 4,4%
Lúpulos: Warrior, Cascade, Simcoe, Centennial

Eu adoro o visual das latas de 21st Amendment e fico com vontade de descobrir que gosto têm. Fui uma vez ao pub deles e minha única memória é de ter tomado muita cerveja forte e ter tirado uma foto de mim, segurando duas melancias e com uma aparência excitada demais (explico: eles são famosos por sua cerveja de trigo com melancia). A Bitter American é uma extra pale session ale — o que é um jeito sexy de dizer "best bitter". Tomei essa cerveja pela primeira vez às 3h da manhã na cobertura do hotel em Nova York, apreciando a vista. Uma experiência incrível — a cerveja e o momento: caramelo e pão no corpo, arranha-céus ao redor, vigor de cítricos, pinho, florais, laranja, táxis amarelos correndo lá embaixo, amargor final mas com leveza e frescor, uma brisa amena no céu escuro carregando o burburinho distante da cidade. Bonita, saborosa e memorável de várias maneiras.

Social Kitchen & Brewery SF Session

São Francisco, Califórnia, EUA
ABV: 4,4%
Lúpulos: East Kent Goldings, Bramling Cross

As melhores bitters têm uma drinkability infindável, ou seja, você bebericam a noite inteira sem enjoar. Fazer uma bitter assim exige habilidade, mas o cervejeiro-chefe da SKB, Kim Sturdavant, acertou no estilo, algo que aprendeu viajando e trabalhando em várias cervejarias britânicas. A SF Session é uma summer ale típica da moderna evolução de uma British bitter e combina os delicados sabores dos lúpulos ingleses com um corpo de cerveja dourado, mantendo o malte no fundo, e com o amargor fragrante dos lúpulos saciando a sede. É muito inglesa, embora de algum modo tenha gosto de São Francisco. Pegue o menu e confira o lado culinário da Social. Enquanto escolhe o que comer, prove a SKB Pilsner, uma lager elegante, seca e deliciosa.

Essa é a Extra Special Bitter — uma das originais e ainda uma das melhores. A ESB da Fuller's surgiu em 1971 e iniciou o estilo. Agora a ESB é feita em Londres, Roma, Tóquio, Sydney, Los Angeles e Nova York (e muitos outros lugares). A versão da Fuller's é a clássica do estilo, que evoluiu em torno dela como uma cidade crescendo em volta de uma igreja (ou de um pub).

ESB

Às vezes chamado também de strong bitter, esse estilo é uma versão ampliada de uma bitter, com mais malte e lúpulos, mas mantendo aquele amargor seco envolvente. O malte de uma ESB é consistente, do tipo inglês, mas não dominante, com cookies, cereal e caramelo; o corpo é pleno e satisfaz. Essa base de malte é contrabalançada por muitos lúpulos, que dão um amargor terroso (30-60 IBUs) e um aroma típico inglês: floral, gramíneo, silvestre, terroso (você sentirá pinho, flores ou entrecasca se forem usados lúpulos americanos, mas não o frescor de suco de cítricos). Em geral, a cor fica na escala do âmbar, do dourado-profundo ao vermelho-amarronzado, e o teor de álcool é de 5-6,5%. As melhores ESBs juntam uma base de malte profunda, mas não excessiva, com um robusto amargor de lúpulos e um aroma perfumado, frutado. Nem todas as ESBs terão o gosto de uma Fuller's, mas todas, provavelmente, serão inspiradas nela, e com razão.

FULLER'S ESB

LONDRES, INGLATERRA
ABV: 5,9%
LÚPULOS: CHALLENGER, GOLDINGS, NORTHDOWN, TARGET

CLÁSSICA

Essa cerveja tem gosto de Inglaterra. Ela me dá vontade de cantar o hino do país enquanto como um assado junto a uma quadra de críquete do interior, onde o som do taco na bolinha de couro se funde ao aplauso educado de espectadores complacentes que não se importam com a garoa desde que tenham chá e bolo. É uma cerveja muito inglesa. O jeito com que o malte inglês se mostra maior e mais robusto que o usual, com sua profundidade de encher a boca, o amargor dos lúpulos aderindo às gengivas com aquela mistura gloriosa de terrosidade condimentada, de fundo de laranja assada, e aroma de campos de morango (criando a impressão de que você está andando no campo num dia de verão com um saco de lúpulos no ombro e comendo um sanduíche de geleia de laranja). Ela tem 5,5% de álcool no cask e 5,9% na garrafa, sempre com uma generosa profundidade de malte, mas corpo leve e aroma inebriante. Uma cerveja especial e evocativa.

Central City Red Racer ESB

Surrey, Canadá
ABV: 5,5%
Lúpulos: Horizon, Cascade, Centennial

Central City é um pub-cervejaria na Colúmbia Britânica que produz a linha de cervejas Red Racer em lata e barril. A ESB é uma variação do sabor clássico do estilo: feita com malte britânico Maris Otter e maltes crystal, que dão à cerveja nuances de cor vermelha e fundo de caramelo, nozes assadas e tostado. Envolvendo a base de malte temos uma mistura de lúpulos americanos que realça um lado floral, com sabugueiro e laranjeira, e depois vem um amargor apimentado e terroso e um vigor de cítricos. A Red Racer IPA é a cerveja mais pedida e também é excelente. O melhor lugar para bebê-las é o próprio pub da cervejaria — peça um sanduíche de carne de porco desfiada com a ESB, pois a riqueza da cerveja e a fragrância dos lúpulos são perfeitas com a suculenta carne de porco.

Jämtlands Postiljon

Pilgrimstad, Suécia
ABV: 5,8%

Pilgrimstad, a cidade em que a Postiljon é feita, deve seu nome a um poço em torno do qual se formou um núcleo de descanso de peregrinos, que iam a Trondheim, importante antiga cidade norueguesa. As pessoas paravam no poço porque diziam que sua água era curativa. Os poucos habitantes atuais de Pilgrimstad ainda pegam água do poço, assim como a Jämtlands Bryggeri, uma das cervejarias suecas mais fantásticas, vencedora de muitas medalhas em competições. A Postiljon tem cor vermelha e uma espuma do tipo que adere ao copo inteiro. Seu sabor é majestosamente inglês: o malte consistente dá um fundo tostado, de nozes, envolvido em um quê de chocolate e fruta assada, e os lúpulos conferem uma terrosidade floral e um amargor prolongado, tudo isso numa cerveja com sabor maravilhosamente límpido, graças à mágica água do poço.

Tallgrass Oasis

Manhattan, Kansas, EUA
ABV: 7,2%
Lúpulos: Northern Brewer, Columbus, Cascade

A Oasis é uma imperial ESB com dry hopping. Seus 7,2% de álcool a diferem da maioria das cervejas. Ela tem lúpulos condimentados, gramíneos, com aroma de laranja, malte de caráter suculento, e mostra uma deliciosa e prazerosa profundidade, com sabores terrosos, de frutas vermelhas, antes que as 93 IBUs de amargor adentrem vestindo seu traje de IPA. É poderosa, mas muito equilibrada, simplesmente maior do que o usual e de gosto mais acentuado. A Tallgrass conta a clássica história do cervejeiro caseiro que virou profissional: em 2007, Jeff Gill tornou seu sonho realidade. Agora a Tallgrass faz uma gama de cervejas de ótimo visual e sabor, em latas de 500 ml. Comece com uma 8-Bit Pale Ale, relaxe com a Halcyon Wheat, passe para uma Velvet Rooster Tripel, prove a Buffalo Sweat (tem gosto de milk stout) e termine com a exuberância de lúpulos da Oasis.

A Scotch ale ou "wee heavy" é uma ale forte, maltada, encorpada, que nasceu na Escócia no século XVIII. A cevada escocesa era abundante, usada por cervejeiros e destilarias, mas os lúpulos não eram fáceis de obter (embora algo tenha mudado, porque Edimburgo ficou famosa no século XIX por sua India pale ale). Isso significava que as cervejas escocesas tinham bastante malte e pouco lúpulo (ou que usavam ervas ou urze para dar sabor). A partir daí, elas se desenvolveram como uma categoria ampla de "Scottish ales" e, em algum ponto do século XIX, passaram a ser conhecidas por seu custo por barril; o nome do estilo se manteve, mas o dos preços, não: a light custava 60 shillings, a heavy, 70, e a export, 80; as cervejas acima de 100 eram chamadas de "wee heavy". Todas têm perfil de malte similar e pouco amargor.

Ainda há alguns exemplos dessas Scottish beers, embora ao redor do mundo hoje a expressão Scotch ale indique provavelmente a cerveja mais forte.

SCOTCH ALE

A Scotch ale é feita em altas temperaturas para ganhar sabor de caramelo; as clássicas têm pouco lúpulo. É fermentada mais fria que as ales tradicionais (o que tem a ver com as baixas temperaturas da Escócia) e por isso apresenta poucos ésteres frutados de levedura. O malte pode ser defumado ou turfado, ideia que liga a cerveja à produção de uísque, dando o aroma de fogueira ou de turfa do uísque de Islay. Vermelho-amarronzada na cor, com 6-9% de álcool, amargor de até 30 IBUs, usa lúpulos para equilíbrio e sabor, não tanto para o aroma. Muito popular, é um contraponto com malte realçado aos cítricos gritantes dos lúpulos americanos.

Black Isle Scotch Ale

Munlochy, Escócia
ABV: 6,2%
Lúpulos: Pilgrim, Cascade

As cervejas Black Isle têm vínculo estreito com o planeta e o meio ambiente: são feitas apenas com ingredientes orgânicos e água extraída de um poço sob a península de Black Isle nas Highlands escocesas, e a cervejaria, que tem vacas e carneiros, alimenta sua criação na fazenda com bagaço de grãos. Sua Scotch ale é o velho estilo de cerveja processado de outra forma, mas com o mesmo formato básico. De cor rubi, tem aroma sedutor, com muito caramelo, fruta seca, tostado e um quê amadeirado de baunilha. Seu malte macio contrasta com um toque herbáceo e gramíneo, que a mantém interessante — há também uma versão para exportação com 7,9% de álcool, um monstro de malte, maior em todos os sentidos e com mais lúpulos. Comer cordeiro criado na fazenda orgânica da cervejaria e alimentado com bagaço de grãos seria perfeito com essa cerveja.

Oskar Blues Old Chub

Longmont, Colorado, EUA
ABV: 8%
Lúpulo: Columbus ou Summit (apenas para dar amargor)

A Oskar Blues foi primeiro restaurante, depois cervejaria e em seguida, em 2002, passou a envasar manualmente sua deliciosa Dale's Pale Ale, iniciando uma revolução (o "Canned Beer Apocalypse"). Desde 2002, tem se expandindo, adquirindo uma grande linha de envase em lata e aumentando seu leque de cervejas com uma double IPA e uma imperial stout, além de uma pilsner bem mais leve. A Old Chub é agressivamente cheia de malte, mas libera o equivalente a um reconfortante abraço olfativo: compota de maçã, baunilha, açúcar mascavo e nozes caramelizadas, mais um fundo de urze ou violeta. O corpo rubi-amarronzado é macio, com cacau, maçã caramelizada e um toque defumado. Exuberante, mas nunca doce, termina seca, o que a torna muito leve e refrescante, mesmo sendo grande e maltada. Tem o sabor de um glorioso dia de outono e aquece os frios invernos do Colorado.

Renaissance Stonecutter Scotch Ale

Blenheim, Nova Zelândia
ABV: 7%
Lúpulos: Southern Cross, Pacific Jade

Feita em Blenheim, na região viticultora de Marlborough, a linha de cervejas da Renaissance é extensa: pilsner, pale ale, IPA, porter, Scotch e barleywine. Eles usam apenas lúpulos da Nova Zelândia, que dão um toque local. A deliciosa Elemental Porter é achocolatada, com couro, café, perfume floral e fumaça de cigarro, e tudo isso junto me faz lembrar de uma noite que eu gostaria de esquecer (embora com certeza não vá esquecer da cerveja). A Stonecutter Scotch é um monólogo de malte, com os lúpulos murmurando numa trilha paralela: toffee de maçã, caramelo, cacau, maltes tostados, uva-passa, amêndoa torrada e alcaçuz; os lúpulos são florais e apimentados, com aromas de campos gramados e frutas vermelhas. É um tipo bem moderno de Scotch ale, com um realce fresco dos lúpulos ao lado do malte, embora permaneça leve e fácil de beber.

S:t Eriks 80/-

Estocolmo, Suécia
ABV: 5,7%
Lúpulo: East Kent Goldings

Criada em 1859, nos seus primeiros 22 anos a cervejaria teve dois nomes — Brusells Brewing Company e Stockholm Brewing Company —, até virar S:t Eriks em 1881, adotando o nome de sua cerveja mais popular: a S:t Eriks Lager Öl. Cresceu e se tornou a maior marca de cerveja de Estocolmo, mas teve problemas na década de 1930 e precisou mudar de lugar e lutar contra a abstemia e aquisições. Em 1959, seu ano de centenário, esvaziou os tanques e fechou. A nova história começa 50 anos mais tarde, quando a Galatea, maior importadora sueca de cerveja, obteve os direitos da marca S:t Eriks, sonhando reviver o nome histórico. A "Mestre-Cervejeira Voadora" Jessica Heidrich tornou o sonho realidade, e em 2010 foi lançada a linha moderna de cervejas S:t Eriks, que inclui a maravilhosa revisão da famosa velha pilsner. Há também essa 80/-, uma respeitosa atualização do velho estilo 80 shillings; tem cor rubi-amarronzada e leve realce de malte com caramelo e chocolate, assado e uva-passa, além de um final de lúpulos límpido e apimentado.

SCOTCH ALE 163

A strong ale abrange qualquer cerveja entre barleywine, stout, ESB e IPA que não se encaixe bem nesses estilos. As strong ales em geral apresentam alto teor alcoólico (7-11%) e muito lúpulo, mas não têm outras características que as definam. Às vezes são feitas para envelhecer e maturar alguns anos (algumas, bem cuidadas, duram mais de uma década); há as que são feitas para beber frescas; outras atendem às duas situações, mostrando qualidade de lúpulos quando frescas e malte quando envelhecidas. A American strong ale é a evolução agressivamente lupulada das artesanais. Há outra linha de evolução dessas cervejas que remonta a alguns séculos, as British old ales, assim chamadas porque eram literalmente velhas quando consumidas, depois de envelhecer na cervejaria, o que lhes dava uma profundidade suave, mas também sabores oxidados como os do xerez, um pouco de acidez e nova complexidade. As "Old ales" não começaram como "estilo", ganhavam esse nome depois de amadurecer — se tivessem sido vendidas frescas, seriam chamadas de milds.

Se você encontrar uma cerveja descrita como strong ale (ou old ale), nunca saberá o que esperar dela exatamente; isso, como numa roleta-russa, pode ser uma coisa tanto boa quanto ruim, dependendo da hora em que e onde for acionado o gatilho.

Fuller's Vintage Ale

Londres, Inglaterra
ABV: 8,5%
Lúpulos: Variam; sempre ingleses

Todo ano compro meia caixa de Vintage da Fuller's. Tomo uma garrafa fresca, ponho o restante no fundo da prateleira e deixo lá alguns anos. Essa é uma cerveja para envelhecer — na minha experiência, começa bem, melhora após três ou quatro anos e fica incrível depois de dez (se você cuidar bem das garrafas). Em 2011, fui a uma degustação vertical de quinze anos de todas as Vintages já produzidas, e foi notável ver como a cerveja muda com o tempo, tendo auges, mas também alguns maus momentos (cerveja não envelhece em linha reta; tem altos e baixos). A Vintage Ale é feita todo ano com receita similar, mas não exatamente a mesma. Quando fresca, você sente frutas de caroço e lúpulos amargos e apimentados; quando envelhece, surgem notas de cereja e amêndoa, seguidas por uva-passa e um fundo de bolo, mais notas de xerez por volta do décimo ano. Compre algumas e veja como envelhecem bem.

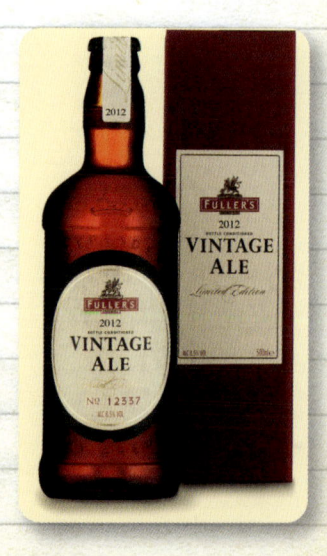

Thornbridge Bracia

Bakewell, Inglaterra
ABV: 10%
Lúpulos: Target, Pioneer, Northern Brewer, Sorachi Ace

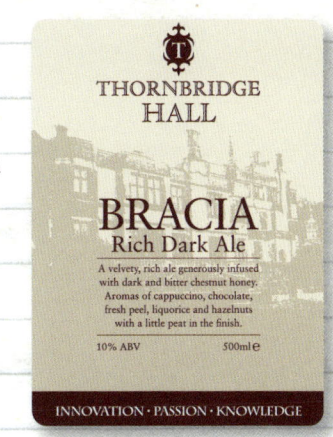

Essa cerveja verte um líquido denso e gorgolejante, preto, e exala uma espuma de café moca tão vistosa que você diz "Uau!". É feita com mel italiano agridoce de castanha-portuguesa e mais uma longa lista de lúpulos do mundo todo e uma forte cota de malte; e tudo isso se junta para resultar em uma das melhores cervejas da Grã-Bretanha. Cacau, chocolate amargo, café fresco, frutas vermelhas, pão doce fresco, chocolate branco, ervas mentoladas, muffin de chocolate, avelã torrada, alcaçuz, lúpulos perfumados, defumado doce... cada gole dessa cerveja traz algo diferente. Liso e denso, o amargor é grande, terroso e seco e propõe o tipo de final que se inclina para o salgado, mas, ao fazer isso, deixa todo o resto mais doce. É quase uma stout, mas esse é um nome simples demais para essa cerveja extraordinária.

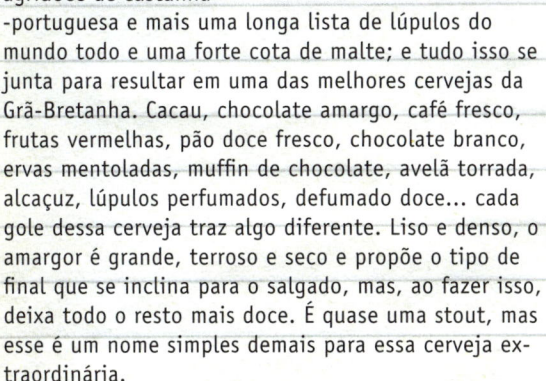

Stone Arrogant Bastard

Escondido, Califórnia, EUA
ABV: 7,2%
Lúpulos: De modo arrogante, eles não os revelam

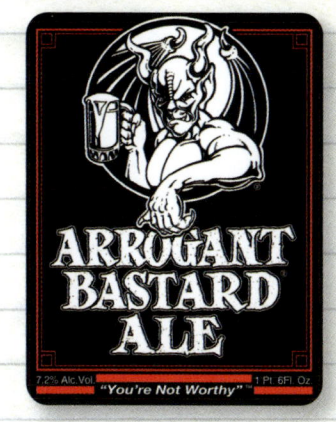

"Você provavelmente não vai gostar", diz a garrafa. É agressiva, forte, carregada de malte, com muito lúpulo e cheia de autoconfiança. Tanto que criou para si a categoria American strong ale. Nascida em 1997, é um ótimo exemplo do atual ethos sem concessões da Stone Brewing, mas na época foi um erro: Steve Wagner e Greg Koch, os homens por trás das gárgulas de cara feia, estavam testando a receita de stone pale ale, mas erraram muito no cálculo dos ingredientes e acrescentaram bem mais do que era necessário de tudo. O erro ficou tão bom que eles o repetiram alguns anos mais tarde e lançaram a cerveja no mercado. É como um grande sorvo de lúpulos: resinosa, com pinho, vigor de cítricos, apimentada. É amarga. Muito amarga. O malte atiça no fundo, prometendo ajudar com um pouco de doçura, mas não o faz. Está disponível também em recipientes magnum de 3 litros, o que é bastante arrogante para uma cerveja.

Hair of the Dog Adam

Portland, Oregon, EUA
ABV: 10%
Lúpulos: Cultivados localmente

Essa cerveja é inspirada na Adambier, uma imperial alt forte, bastante lupulada e envelhecida de Dortmund, que a Hair of the Dog ressuscitou e tornou sua. Foi a primeira cerveja produzida na cervejaria, que faz questão de lançá-la de três a cinco vezes por ano apenas; portanto, quando a encontrar, aproveite (se achar uma Adam from the Wood, saiba que é uma versão envelhecida em carvalho americano, com uma maravilhosa profundidade de baunilha tostada). Tem cor marrom bem escura, e de suas profundezas vêm muito malte e sabor de lúpulos: chocolate amargo, tabaco, frutas secas, maçã assada, caramelo, pão doce de canela recém-saído do forno, um distante aroma de defumado e depois um amargor prolongado, grande, terroso e amadeirado. É calorosa, rica e tão dotada de profundidade que você mal consegue acreditar. É uma cerveja de inverno e combina muito bem com um cheddar intenso.

Orkney Dark Island Reserve

Orkney, Escócia
ABV: 10%
Lúpulos: East Kent Goldings, First Gold

As Órcades são um arquipélago (70 ilhas, cerca de vinte habitadas) ao norte da porção continental da Escócia, povoadas há milhares de anos, apesar de remotas. Você pode visitar as velhas catedrais e castelos vikings, ver as Standing Stones (pedras eretas) das várias ilhas e, pouco antes de chegar à cervejaria, parar em Skara Brae, uma vila do Neolítico bem-preservada. A pecuária e a pesca são duas das principais atividades das ilhas. Comece com caranguejo e uma Orkney Northern Light, uma pale ale cítrica e refrescante, depois curta o defumado da Dragonhead Stout com um filé local e termine com queijos regionais e uma Dark Island Reserve. A cerveja é uma Orcadian ale com 10% de álcool e passa três meses em barris de uísque antes de ser engarrafada. Pense em figos, chocolate, frutas secas, baunilha, caramelo e especiarias terrosas, amadeiradas. É interessante, complexa e aquece, como ler um velho livro com capa de couro de alguma coisa do Robert Burns, junto a uma lareira crepitante.

Moon Dog Henry Ford's Girthsome Fjord

Melbourne, Austrália
ABV: 8%
Lúpulos: Summit, Horizon, Amarillo, Cascade, Glacier

As mentes por trás da Moon Dog são de uns malucos brilhantes. Você saca isso logo ao ler o poema que dá nome à cervejaria: "Cachorro da Lua, Cachorro da Lua; Cachorro da Lua acorrentado; Cachorro da Lua solto; Cachorro da Lua, Cachorro da Lua". Seu objetivo é criar as cervejas mais diferentes da Austrália, e estão conseguindo. O rótulo da Henry Ford's Girthsome Fjord diz que é uma "Belgo-American India brown ale", e chega-se a ela com muitos lúpulos americanos e uma levedura trapista, embora leve também levedura de American ale e de English ale. A combinação é tão incomum quanto o nome, mas funciona de modo estranho e maravilhoso: pense em banana e laranja assada com xarope de chocolate, açúcar mascavo, agulhas de pinheiro e pimenta-do-reino. Uma bebida e uma cervejaria fantásticas, que fazem você sorrir.

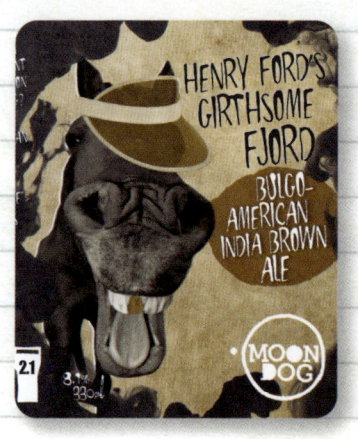

Porterhouse An Brain Blásta

Dublin, Irlanda
ABV: 7%
Lúpulos: Galena, Nugget, East Kent Goldings

Dublin, Bray (Irlanda), Londres e Nova York, todas têm um pub Porterhouse. O de Nova York fica anexo à Fraunces Tavern, edifício histórico no sul de Manhattan, com um museu que mistura cerveja com o nascimento e a evolução de uma nação. O Porterhouse de Londres é onde aprendi um monte sobre cerveja. Eu ia atrás de uma Oyster Stout ou escolhia garrafas ao acaso na geladeira. Havia também uma An Brain Blásta ("Gota Saborosa", em gaélico), que, com assustadores 7% de álcool, ninguém ousava beber antes de já ter tomado algumas (isso foi antes de descobrirmos cervejas de fato fortes). Abrir uma garrafa anos depois foi uma surpresa sensacional: aroma fresco, terroso e convidativo de frutas vermelhas e flores, exalando do líquido âmbar-vermelho. O corpo é macio, tem mais frutas, amêndoa e frutas secas, com profundidade e riqueza, antes de um amargor potente e aderente. Complexa e extraordinariamente interessante, e não o aterrador tranco no cérebro que eu guardara na memória.

BARLEYWINE

Oriundo da Grã-Bretanha, o nome barleywine vem do sabor vinoso e do alto teor alcoólico, que com frequência fazia dessa cerveja a mais forte da cervejaria. O álcool dessas ales era produzido originalmente com os primeiros lotes do mosto em uma fermentação parcial. Envolvia pegar duas cervejas diferentes de um só mosto: o primeiro lote, mais forte, ia para um tanque; o segundo, mais fraco, ia para outro. Esses lotes eram então fervidos e lupulados de modos diferentes, antes de serem fermentados em separado. A barleywine mudou ao longo do tempo, como muitos estilos de cerveja, e se tornou muito forte, fora de moda, com isso ameaçando sair dos balcões de bar, mas ganhou nova vida ao chegar à Costa Oeste dos EUA nas décadas de 1970 e 1980, graças à Anchor e à Sierra Nevada, que se interessaram justamente por seu elevado teor de álcool. Essas novas cervejas e seu novo perfil de sabor permitiram à barleywine se difundir ao redor do mundo.

Seja qual for a história, existem poucos exemplos antigos, por isso é mais pertinente focar na nova onda de barleywines britânicas e americanas, que compartilham uma base similar, com bastante álcool (8-12%), rica em malte, caramelo, açúcar mascavo, nozes, frutas suculentas ou secas, alguns sabores mais escuros e uma maciez consistente. Enquanto as versões britânicas têm um sabor de lúpulo de fruta vermelha e um amargor pungente, terroso (40-70 IBUs), as versões americanas ficam mais próximas das double IPAs, com um amargor bem maior (60-100 ou mais IBUs) e um intenso aroma de cítricos assados e pinho a partir do empolgado uso de lúpulos americanos. Ambas as cervejas maturam bem, embora os lúpulos não conservem sua vibração, ficando atenuados.

ANCHOR OLD FOGHORN

São Francisco, Califórnia, EUA
ABV: 8-10%
Lúpulo: Cascade

CLÁSSICA

É fácil olhar agora para os diversos estilos de cerveja feitos nos EUA e achar que sempre foi assim. Mas é só voltar a 1975, quando a Old Foghorn foi lançada, para ver como tudo era bem diferente. Essa cerveja pioneira — primeira barleywine da América — foi o combustível do renascimento das microcervejarias e fez algo totalmente diferente em relação às outras cervejas. Ela segue o velho procedimento de fermentação parcial, de pegar os primeiros lotes mais doces para criar a cerveja forte — o segundo lote então vai para a Small Beer, a cerveja de mesa da Anchor, com 3,3% de álcool. A Old Foghorn tem exuberância de lúpulos e passa por dry hopping com Cascades, de aroma de grapefruit e floral, que são bem realçados quando frescos. A cerveja de base é marrom-rubi, tem frutas secas, cacau, tostado, melaço, e depois os lúpulos resinosos dão um amargor apimentado. Envelhece bem, com o malte atenuando os lúpulos exaltados.

Nøgne Ø 100

Grimstad, Noruega
ABV: 10%
Lúpulos: Columbus, Chinook, Centennial

A centésima cerveja da Nøgne Ø era tão boa que eles decidiram incorporá-la à sua linha. É de cor marrom-acastanhada e exala tostado, caramelo, fruta-pão, chocolate e um pouco de defumado ou especiarias. O aroma camufla os lúpulos presentes nela, mas basta um gole e eles surgem com seu amargor resinoso, seu toque herbáceo e sua fragrância. No todo, essa cerveja evoca uma noite fria de outono, e é nessa época que ela dá o seu máximo, ainda mais diante de uma tábua de queijos — a doçura do malte casa com a cremosidade do queijo antes que os lúpulos entrem cortando, e, embora as barleywines sejam perfeitas com quase todos os queijos, os azuis são especialmente indicados. Não gosta de queijo? A Nøgne Ø também faz saquê (foi a primeira produtora de saquê na Europa), portanto depois da 100 prove o Nama-Genshu.

Marble Barley Wine

Manchester, Inglaterra
ABV: 10,7%
Lúpulos: Goldings, Green Bullet, Pacific Gem, Motueka, Simcoe

As cervejas da Marble costumavam ser feitas atrás do Marble Arch, um bonito pub de esquina em Manchester, mas a produção aumentou muito e eles mudaram para uma unidade de produção maior, 100 metros adiante. A Marble é conhecida por suas cervejas claras, lupuladas, com pouco álcool, como a Manchester Bitter (4,2%), uma versão moderna das clássicas British bitters, com muito lúpulo para dar cítricos e fruta tropical por cima do corpo límpido, saboroso. A Marble também faz várias cervejas especiais, como saisons, tripels, imperial stouts e essa barleywine, uma cerveja que exemplifica o que a cervejaria faz melhor: uma base britânica exalando fruta seca, melado e chocolate antes da entrada do estonteante amargor dos lúpulos do Novo Mundo, com seu imenso aroma de cítricos, seiva de pinho, pimenta e chá-preto floral. É uma versão bem moderna de um estilo clássico, bem na linha da Marble.

Montegioco Draco

Montegioco, Itália
ABV: 11%
Lúpulos: Fuggles, East Kent Goldings

De cor de ameixa, turva, com espuma densa, tem aroma convidativo e frescor inebriante, floral, gramíneo, com um toque de xerez Amontillado de nozes e figo. Dê um gole e encontrará frutas secas, um fundo rico de nozes, dulçor discreto e sabor de fruta de caroço, que dá uma nota cremosa de damasco seco, enquanto o amargor é elegante e a fuma ainda mais maravilhosamente complexa. Entra também mirtilo, mas só para dar uma nota sutil, floral e frutada. Há um perfil definido de sabor de xerez, fantástico, que a torna excelente servida gelada em copinhos para aperitivo ou com algum antepasto. Procure as outras cervejas da Montegioco: La Mummia é uma sensacional sour, pungente e macia, envelhecida em barril; a Quarta Runa é feita com pêssego e dá uma profundidade de amaretto à cerveja, condimentada, seca; a Bran é uma strong Belgian ale, toda ela melaço, frutas secas, especiarias e chocolate.

À l'Abri de la Tempête Corps Mort

Îles-de-la-Madeleine, Canadá
ABV: 11%
Lúpulo: Hersbrücker

Localizada junto à praia em Îles-de-la-Madeleine, pequeno arquipélago no golfo de São Lourenço, norte de Nova Escócia (mas parte de Quebec), À l'Abri de la Tempête, que significa "Ao Abrigo da Tempestade", é o melhor lugar para ir após um dia de caminhadas curtindo a paisagem de cartão-postal das ilhas. A cervejaria usa cevada local em sua produção. Por sua localização, os grãos crescem sob ventos marinhos salgados, o que lhes dá um sentido único de terroir. Na Corps Mort, parte da cevada também vai para o Le Fumoir d'Antan, que defuma cavala e arenque, portanto essa é uma barleywine defumada e salgada. Tem a cor de pôr do sol; notas de fumaça de madeira e de brisa salina do mar; um defumado doce que comanda o gosto, com fundo de geleia, açúcar mascavo e frutas florais; e a sutil salinidade que realça tudo, tornando-a incrivelmente complexa e interessante.

AleSmith Old Numbskull

San Diego, Califórnia, EUA
ABV: 11%
Lúpulos: CTZ, Chinook, Cascade, Palisade, Amarillo, Simcoe, Summit

Se vejo uma AleSmith IPA, não consigo resistir — é uma das melhores American IPAs do mundo: cítricos, pêssego e damasco e o amargor de lúpulos mais límpido que você já viu. A Speedway Stout é uma das melhores imperial stouts do mundo, rica e com notas de assado, e mesmo assim absolutamente macia, só superada pela versão envelhecida em barril de bourbon, que acrescenta caramelo e baunilha. A X é frutada, suculenta, com incrível drinkability — eu sempre quero comprar mais dela. A Lil Devil e a Horny Devil são brilhantes interpretações de clássicos belgas. Depois temos a Old Numbskull: tem cor rubi, aroma precioso, com frutas secas e frescas junto com doce, baunilha, tâmara, um fundo de álcool e cítricos, e lúpulos resinosos que deixam um amargor prolongado. A versão envelhecida em barril é melhor ainda. Não tenho palavras, por isso, resumo: amo todas as cervejas da AleSmith.

Brouwerij 't IJ Struis

Amsterdã, Holanda
ABV: 9%
Lúpulo: NZ Hallertauer

A Holanda é outro país europeu que se destaca por suas ótimas cervejas. Inspiradas na Alemanha, Bélgica e EUA, elas superam as da maioria dos demais países cervejeiros. Se for a Amsterdã (e deveria, pois é uma ótima cidade para se tomar cerveja), visite a Brouwerij 't IJ, que tem uma sala com barris: não tem como errar, fica debaixo de um moinho (só precisa achar o moinho certo, dos oito que a cidade abriga). A Struis é vermelho-amarronzada no copo, tem fruta seca, frutas de pomar, lúpulos picantes, ameixas ao forno com açúcar mascavo, um pouco de aroma frutado de ésteres e um fundo condimentado — fica entre uma barleywine e uma Belgian quad. Um fazendeiro local pega o bagaço de grãos e dá aos seus carneiros; o leite dos carneiros faz o queijo skeapsrond, que o cervejeiro recebe como pagamento por seu grão. Beba Struis com esse queijo, à sombra do moinho.

SMOKED BEER E RAUCHBIER

Malte defumado é um sabor que remonta a vários séculos, quando o grão tinha um quê de fumaça devido ao processo de secagem, que punha o grão sobre o fogo. Hoje o processo é controlado, e os grãos defumados são disponíveis comercialmente. O malte defumado exala uma gama de sabores diferentes, de uísque escocês a queimado, e o sabor depende daquilo que alimenta o fogo usado para secar ou defumar o grão. Rauchbier é o estilo defumado clássico, de Bamberg, Alemanha; feito com malte defumado em madeira de faia, tem gosto inconfundível de linguiça defumada. O malte turfado tem forte sabor terroso, fenólico, de uísque de Islay, e os demais tipos de grão defumado dão uma qualidade de fogueira. Incidentalmente, a cevada torrada, não defumada, pode também dar uma qualidade de fumaça, de cinzas. A maioria dos grãos defumados é clara e pode ser uma potente adição à cerveja.

Qualquer estilo de cerveja pode incluir malte defumado para mudar seu perfil de sabor, se bem que o estilo rauchbier de Bamberg geralmente se destaca como categoria própria. As cervejas defumadas variam de fracas a fortes, o amargor vai de baixo a alto, e a cor varia, da tonalidade clara das pilsners ao escuro das stouts. As melhores são as que escondem os sabores defumados, acrescentando uma complexidade interessante, apetitosa, à cerveja. A fumaça de churrasco e a de bacon pode espelhar o sabor defumado da carne e fazer você experimentar um aroma duplo de umami, o que torna essas cervejas particularmente boas com comida.

AECHT SCHLENKERLA RAUCHBIER MÄRZEN

BAMBERG, ALEMANHA
ABV: 5,1%
LÚPULO: HALLERTAUER MAGNUM

CLÁSSICA

Tem cheiro de bacon! Essa é a reação típica à rauchbier, uma lager de Bamberg, Alemanha. Schlenkerla é uma adulteração do termo alemão para "não andar ereto". Começou com o apelido de um dos cervejeiros, que andava curvado por causa de um acidente, e a cervejaria acabou adotando o nome. A Schlenkerla tem uma maltearia própria, e é dela que vem seu sabor característico: após a germinação, o grão é seco em madeira de faia e absorve todo o sabor defumado. Há uma gama de cervejas Schlenkerla, das urbock e helles (que não são feitas com malte defumado, mas têm um leve aroma de fumaça) à cerveja de trigo, entre outras. A Märzen é de cor marrom-acobreada, tem cheiro de carne defumada e uma riqueza de malte que lhe dá uma textura prazerosa. Apetitosa, incomum e, como a cervejaria diz, "Mesmo que a bebida tenha um gosto estranho no primeiro gole, não pare, porque logo vai perceber que sua sede não diminui e que o seu prazer aumenta sensivelmente". Talvez até você começar a andar de jeito esquisito.

Beavertown Brewery Smog Rocket

Londres, Inglaterra
ABV: 5,4%
Lúpulos: Challenger, East Kent Goldings

O trabalho começa cedinho na Beavertown, porque os tanques de brassagem e fervura ficam em frente ao defumador e à churrasqueira na Duke's Brew and Que, um pub de cerveja que virou churrascaria; os cervejeiros precisam preparar o mosto, tirá-lo e transferi-lo para os tanques na adega antes que os chefs cheguem. Criada pelos amigos Byron e Logan, a Duke's junta cerveja e churrasco, e a Smog Rocket é como um gesto de celebração entre os dois. Feita com malte defumado (mas não defumado na cozinha — que fica agitada demais fazendo coisas incríveis com as carnes), essa porter londrina lembra madeira tostada, carne na grelha, uísque e cacau. Se comida e cerveja foram feitas para estarem juntas, então é com a Smog Rocket e uma costela na brasa na Duke's. Enquanto espera a comida, prove uma 8 Ball Rye — rye IPA no estilo americano, condimentada e cheia de cítricos.

Fujizakura Kougen Rauch Beer

Yamanashi-ken, Japão
ABV: 5,5%
Lúpulo: Perle

O primeiro gole de rauchbier você não esquece, pois ela é o tipo de bebida inequívoca: ou as pessoas a amam ou a odeiam. Mas, como ocorre com essas duas emoções, pode-se chegar a elas aos poucos e, embora o primeiro gole defumado possa ser chocante, depois de algumas cervejas vem aquele momento do "a-rá!", quando você percebe do que se trata. Precisei de algumas rauchbiers para "entender", e foi quando tomei a cerveja com sashimi de salmão seguido por uma tigela de ramen. A sopa salgada fica ótima com cerveja defumada e cria uma explosão de umami. Prove com essa Rauch, de grão tostado, notas de caramelo, que são como o torradinho de uma carne na grelha, e com um final de lúpulos florais, com frescor gramíneo que suaviza o caldo de macarrão.

Yeastie Boys Rex Attitude

Wellington, Nova Zelândia
ABV: 7%
Lúpulo: Willamette

Você gosta do tipo de uísque turfado, fenólico e com salinidade, que dá aquela onda de calor do álcool passando pela sua cabeça como se fosse um vento escocês de tempestade? Eu adoro. Esses uísques obtêm seu sabor da água e do malte turfado — o malte é secado em cima de fogueiras de turfa, e as chamas lhe conferem seu sabor inimitável. Embora isso possa ser comum no uísque, as cervejarias recorrem muito menos ao malte turfado. A Rex Attitude é uma ousada exceção. Ela não é feita com uma pequena porcentagem, e sim com 100% de malte turfado. A cor é dourado-clara, e o aroma é de lodaçal de turfa, fumaça de madeira, carvão e esparadrapo (que talvez o seu nariz precise depois de inalar tudo isso). Absolutamente única e ousada, dá a sensação de beber uísque, com um frescor de lúpulos no final para lembrá-lo de que é ainda uma cerveja.

Ölvisholt Brugghús Lava

Selfoss, Islândia
ABV: 9,4%
Lúpulos: First Gold, Fuggles

O nome "Lava" resume bem essa cerveja. Feita numa fazenda com vista para o Hekla, um vulcão islandês, tem uma fumaça intensa que ilumina o copo como uma erupção noturna. Aromas defumados, melado, café e um pouco de calor do álcool são exalados da cerveja, que apresenta a cor de carvão brilhante de um fluxo de lava seco. O defumado é preenchido com as notas de queimado de malte torrado, chocolate, melado e bolo de frutas com anis, tudo envolvido num corpo macio e cheio. A fumaça dessa cerveja leva-a a outro nível — não é sutil, mas é muito bem integrada e interessante. Se vulcão é demais para você, prove a Skjálfti, uma lager cujo nome significa "terremoto". Fugindo da destruição dos desastres naturais, há a Freyja, uma witbier refrescante que tem o nome da deusa nórdica da fertilidade.

Bamberg Rauchbier

Votorantim, São Paulo, Brasil
ABV: 5,2%
Lúpulo: Magnum

Imagine bacon defumado caramelado com maple syrup: é esse o cheiro dessa cerveja. Parece bom, não? E é muito bom. Difícil ignorar uma rauchbier feita por uma cervejaria que leva o nome da cidade famosa por suas cervejas defumadas. A versão da Bamberg é autêntica em sua profundidade, embora em ponto menor comparada com as alemãs que a inspiraram. Seu defumado adocicado é inebriante e convidativo, assim como a cor vermelho-brasa e a espuma amarelo-nicotina. Como um conto de fada, ela tem três partes: o início exibe uma nota doce de maple syrup, depois vem um centro de fruta de caroço, castanhas torradas e um tostado terroso, e por fim tem-se um pouco de doçura, arredondando tudo e criando um manto de fumaça. Fica ótima com arroz e feijão, melhor ainda com carne de porco defumada. A Bamberg começou a produzir em 2005, e sua qualidade consistente fez dela uma das melhores e mais respeitadas cervejarias artesanais do Brasil.

Brasserie des Franches-Montagnes The Tarry Suchong

Jura, Suíça
ABV: 6%
Lúpulo: East Kent Goldings

A inspiração para uma cerveja pode vir de muitos lugares, mas, curiosamente, essa busca recriar o cheiro das minas de asfalto de Travers, Suíça (sim, asfalto, aquele material de cheiro forte do piso de estradas). Mas a BFM conseguiu um milagre. Usando o malte defumado em madeira de faia de Bamberg, acrescentou Lapsang Souchong, um chá-preto que é seco na fumaça de pinheiro queimado e confere uma profundidade salgada de fogueira. Bacon e fogueira se combinam na The Tarry Suchong, uma bebida incomum e interessante: o cheiro da cerveja âmbar é de defumado doce, pinheiros queimando e chá floral, depois há um forte frutado e em seguida o chá exala fumaça terrosa, taninos e um final seco, herbáceo. Nunca estive numa mina de asfalto, mas essa cerveja me dá vontade de visitar uma.

MILK E OATMEAL STOUT

Acho difícil resistir a uma milk ou oatmeal stout. Amo a cremosidade de seu corpo, levemente doce, com toque de nozes e chocolate. Leite e aveia combinam, pois ambos têm um sabor mais doce e cremoso que a dry stout e menos agressivo que a American stout. A milk stout (ou sweet stout) é feita com açúcar de leite (lactose), que é não fermentável, de modo que a riqueza do sabor permanece na cerveja. Nas oatmeal stouts a aveia faz parte da cota de grãos, dando uma textura e uma sensação de boca suave, cremosa e macia. Tanto as milk quanto as oatmeal stouts eram vistas como bebidas nutritivas no início e até meados do século XX, especialmente para crianças e enfermos. Fato interessante: enquanto "stout" indicava cervejas fortes de qualquer cor no século XVIII, quando a milk stout começou a ser feita pela Mackeson's em 1907, o termo passou a ser sinônimo apenas de cerveja preta, não necessariamente forte.

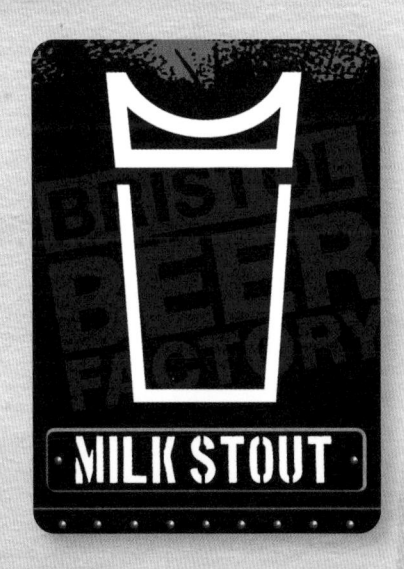

Os sabores clássicos das stouts vêm por meio de chocolate amargo e café, que no entanto se apresentam suavizados nos dois estilos. Essas cervejas não devem ter gosto açucarado; em vez disso, você deve ter a impressão de redondez no corpo e uma nota de doçura prazerosa. O amargor em geral é baixo em ambas, com pouco ou zero aroma de lúpulos. Essas stouts têm 3-7% de álcool, e as milk stouts típicas são as mais fracas nesse sentido (já as double oatmeal stouts enfatizam o teor alcoólico e compõem uma cerveja bem mais intensa). A milk stout raramente passa de 25 IBUs, enquanto as oatmeal stouts podem chegar a 40 IBUs. As melhores versões de ambas oferecem uma maciez e uma riqueza que enchem a boca, e nenhuma acidez de malte escuro.

Bristol Beer Factory Milk Stout

Bristol, Inglaterra
ABV: 4,5%
Lúpulos: Challenger, Fuggles

Bristol é o centro cosmopolita do território da sidra, o Oeste da Inglaterra. É hoje um dos principais locais da Grã-Bretanha para comida e bebida, com um contingente crescente de cerveja liderado pela brilhante Bristol Beer Factory. O edifício onde ela produz desde 2005 tem dois séculos de história ligada à cerveja e já foi sede da Ashton Gate Brewing Company. A BBF faz uma gama de ótimas cervejas, como a Southville Hop, de inspiração americana, com 6,5% de álcool, ou a Independence, uma American pale ale com 4,6% de álcool e muito Amarillo, Cascade e Centennial. Como fã de milk stout, é para ela que eu volto a toda hora. Macia, tem um delicado dulçor e um corpo cremoso, que faz lembrar um frapê de chocolate e amêndoa, terminando com um amargor de frutas vermelhas equilibrado que arredonda tudo. Ótima com chili.

Portsmouth Oatmeal Stout

Portsmouth, New Hampshire, EUA
ABV: 6%

Essa cerveja é a razão de meu amor pelas oatmeal stouts. O Grande Festival Britânico da Cerveja sempre tem rótulos americanos, os quais geralmente nunca vimos antes no Reino Unido, então passei o dia todo zanzando por esse estande. Pedi a Portsmouth Oatmeal Stout e um colega pediu a IPA, e então passamos os minutos seguintes totalmente envolvidos pelo que estávamos bebendo. Com sua suculenta tangerina e manga, a IPA se destacou das demais naquele dia, mas a Oatmeal Stout é algo que ainda posso lembrar do sabor agora. Deliciosa como chocolate ao leite derretendo na boca, tem doçura de amêndoa e um final mais suave, sem traços de amargor, apenas com um prolongado sabor de aveia com chocolate. Por cima de tudo, apenas um quê de laranja dos lúpulos, dando um toque inesperado e magnífico. Gostaria de que todas as oatmeal stouts tivessem esse gosto.

Elizabeth Street Brewery Daddy's Chocolate Milk

São Francisco, Califórnia, EUA
ABV: 5%
Lúpulos: Cluster, Goldings

Richard Hay casou com uma cervejaria — literalmente. O sobrenome da esposa dele é Brewer, e agora ambos usam a junção dos dois nomes, Brewer-Hay. Ele com certeza vai abrir uma cervejaria algum dia, mas até lá produz em sua casa em São Francisco, portanto essa cerveja é um pouco diferente das demais. A produção ocorre no andar de cima, e ele serve a bebida num bar estilo pub-britânico no porão. Não é uma cervejaria ou bar oficial, por isso não pode cobrar das pessoas que bebem ali; então ele serve de graça e os clientes compram um chapéu por 20 dólares na saída (ou deixam uma boa gorjeta). A Daddy's Chocolate Milk é uma cerveja fantástica. Só o nome já me desperta sede e me faz sentir a densa riqueza de chocolate ao leite com amargor de torrado. Mande um e-mail para o Richard e veja quando ele vai abrir o próximo barril na caverna privada do porão de sua casa.

Tiny Rebel Dirty Stop Out

Newport, País de Gales
ABV: 5%
Lúpulos: Columbus, Styrian Goldings, Cascade

A Tiny Rebel faz algumas cervejas de alto nível com lúpulos do hemisfério Sul, como a Full Nelson, uma "Maori pale ale", e a Billabong, uma pale ale toda com lúpulos australianos — ambas cheias de frescor de lúpulos, o tipo de frescor leve, suculento e elegante que a cerveja de barril é capaz de acentuar tão bem. Há também a Cwtch, uma palavra galesa que indica algo entre um afago e um abraço, um sentimento caloroso e acolhedor — a cerveja é uma Welsh red ale feita com amor e atenção, que lembra torradas com geleia (algo que também é por si só cwtch). A Dirty Stop Out é uma oatmeal stout com a adição de malte suavemente defumado, dando uma cerveja macia com notas de café, perfume floral e um quê de fogueira. Ou prove a Chocoholic, que tem infusão de chocolate belga.

Bierwerk Aardwolf

Cabo Ocidental, África do Sul
ABV: 8,5%

Para um país de vinhos fantásticos, a África do Sul está um pouco atrasada na cultura de cerveja, embora cervejarias emergentes como a Bierwerk venham mudando o quadro. O interessante é que a África, junto com o Caribe, tem um paladar que acolhe bem as sweet stouts, por isso é bom ver uma versão artesanal desafiando o Golias que a Guinness representa. A Aardwolf é uma sweet stout forte, feita com grãos de café africanos, e parte da cerveja é envelhecida em carvalho francês e depois mesclada. Preta com nuances vermelhas, verte densa e oleosa, com notas de chocolate, caramelo e baunilha do carvalho. Por baixo, uma camada de frutas assadas e escuras, e depois o melado. Uma doçura delicada combina muito bem com a intensidade do café. O cultivo de lúpulo cresce no país, por isso logo veremos mais cervejas com lúpulos locais — como as variedades Southern Promise, Southern Star e Southern Brewer.

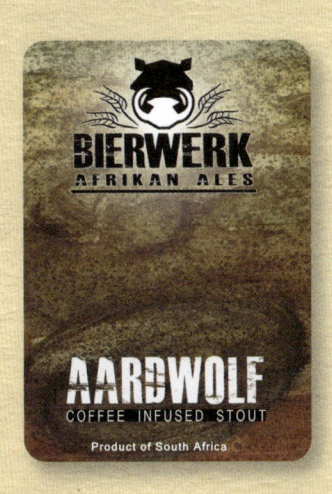

Le Brewery Odo

Joué-du-Bois, França
ABV: 6,6%
Lúpulos: Challenger, Styrian Golding, Cobb

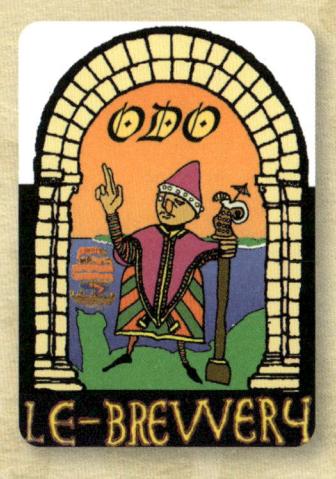

A Mackeson's fez a primeira milk stout em 1907, em Hythe, Kent, Inglaterra. Produzida agora também em outras partes, é uma delícia de cerveja, com apenas 3% de álcool, macia e cremosa e com um quê de chocolate coberto de caramelo. A Le Brewery foi criada por Steve Skews em 2001 para levar boa cerveja à Normandia, adepta da sidra — uma década depois, pode-se dizer que foi bem-sucedida. Steve cultiva lúpulos na cervejaria, como o Cobb, uma velha e rara variedade inglesa. A Odo é uma milk stout com malte suave e fundo escuro, de torrado; tem doçura de tutti-frutti e root-beer, uma nota pungente de assado e um amargor herbáceo prolongado, que dá grande complexidade. É fantástica com o camembert feito na redondeza, ainda mais se assado.

Brewfist Fear

Codogno, Itália
ABV: 5,2%
Lúpulo: Magnum

Meu amigo Leo nos deu uma lista de lugares para visitar em Roma. Para almoçar, disse que não podíamos perder a Pizzarium, junto aos muros do Vaticano. Após uma caminhada pela histórica cidade e de errar o caminho algumas vezes, achamos a pequena pizzaria. As pizzas eram tão incrivelmente boas (estão na minha lista das três melhores que já comi na vida) que fomos obrigados a voltar para comer mais. Dessa vez foi uma pizza com cobertura de batata e queijo e eu peguei uma das cervejas de rótulo chamativo da geladeira, abri e dei um longo gole da garrafa. A pizza era de queijo e batata, e mesmo assim era leve e crocante, e ficou perfeita com a riqueza daquela milk chocolate stout, rica, lisa, com uma nota doce de nozes. Voltamos no dia seguinte, mas a cerveja tinha acabado e a pizza de batata também. Cerveja e comida, um verdadeiro achado.

MILK E OATMEAL STOUT

A não ser que a sua stout tenha um prefixo como milk, sweet, oatmeal, American ou imperial, esse icônico pint de cerveja preta com uma cremosa camada superior de espuma branca provavelmente é uma dry stout. No início do século XIX, uma das maiores cervejarias de Londres, a Barclay Perkins, fez uma pale stout. Na época, "stout" significava apenas uma cerveja forte, não tinha a ver com a cor; indicava que a cerveja que estava sendo pedida era uma versão mais forte que a usual. Para diferenciar, a pessoa podia pedir pale stout, brown stout ou stout porter. Por volta de 1840, a stout era conhecida como uma cerveja forte e escura. Sessenta anos depois, perdia o vínculo com cerveja forte e significava apenas cerveja preta. Nascida em Londres, ficou mais famosa na Irlanda, onde os estilos evoluíram separadamente.

DRY STOUT

As dry stouts são marrom-escuras ou pretas. Podem ser bombeadas com nitrogênio antes do envase, como é feito na Guinness: como as borbulhas do nitrogênio são menores que as do dióxido de carbono, a cerveja parece mais densa e cremosa. Costuma ter um amargor de torrado, ao lado do amargor dos lúpulos, que pode ser alto (40-60 IBUs). Os sabores de torrado, de café e de chocolate amargo correm pela cerveja, ao lado de frutas escuras, caramelo, certa terrosidade e às vezes um tom defumado. O final é seco, com pouca doçura, e pode ter alguma acidez do malte. O teor de álcool quase sempre é moderado: 4-5,5%. Originária de Londres, a dry stout cresceu em Dublin e hoje se espalhou pelo mundo inteiro.

Dungarvan Black Rock Stout

Dungarvan, Irlanda
ABV: 4,3%
Lúpulo: Northern Brewer

A Irlanda faz mais de uma stout, e, se você tirar os olhos da cerveja que todos os demais bebem, descobre um grupo totalmente novo. Pegue as Porterhouse, por exemplo: stouts soberbas, texturizadas, ricas, genuínas e cheias de sabor. A O'Hara's Irish Stout é seca, escura e deliciosa, e outras, como a Trouble Brewing, se desviam e resultam numa porter. E então temos a Black Rock Stout, da Dungarvan, que leva o nome da rocha que os marinheiros veem ao passar pelo porto de Dungarvan, no litoral sudeste do país. A cerveja difere das outras primeiro por seus lúpulos: verdes, gramíneos, herbáceos, distribuídos pelo gole todo. Depois vêm a maciez do chocolate e uma nota de baunilha, antes que o assado apareça e leve até um amargor prolongado e seco, onde malte e lúpulos se encontram de novo para um sonoro bis. A tradição das stouts ganha uma nova cronologia com essas ótimas artesanais irlandesas.

Brasserie Sainte Hélène Black Mamba

Virton, Bélgica
ABV: 4,5%
Lúpulos: Citra, Simcoe

A Brasserie Sainte Hélène nasceu em 1999 e foi crescendo ano a ano, até que, em 2011, o negócio deu um grande passo adiante e ganhou novo design, mais ousado e inteligente, e instalações de envase para aumentar a qualidade, a rapidez e a regularidade. Os novos rótulos têm forte impacto visual, e as cervejas impactam o paladar. La Grognarde (5,5% de álcool) é uma Belgian blonde com lúpulos Brewers Gold e Saaz; tem aroma fresco e gramíneo e grande amargor, que adere à língua. A Gypsy Rose, uma tripel, apresenta leveza elegante em seus 9% de álcool, com frutas vermelhas, amêndoa e um final prolongado de amargor frutado. A Black Mamba é uma dry stout com lúpulos americanos, que exala casca de cítricos assados, café forte, madeira tostada, cacau escuro e um quê de toffee, antes que os lúpulos intervenham; é um delicioso mix de lúpulos e malte escuro unidos por um corpo cheio, que disfarça o alto teor alcoólico.

Pelican Tsunami Stout

Pacific City, Oregon, EUA
ABV: 7%
Lúpulos: Magnum, Willamette

Há mais coisas além de cerveja e comida boas no Pelican Pub & Brewery de Pacific City — há cerveja excelente, comida excelente e uma vista magnífica. Sentado à beira-mar, junto à Reserva Natural de Cape Kiwanda e olhando para a Haystock Rock, que se ergue majestosa do mar a 800 metros da praia, você pode tomar uma cerveja com a vista incrível da natureza e as ondas batendo à sua volta. Vá até Pacific City, ande pela trilha para aumentar sua fome e sede, e depois siga até o Pelican e pegue um lugar para sentar ao ar livre. A Tsunami Stout é uma ótima dry stout: preta, cheia da maciez do chocolate, com notas de café torrado, toffee, alcaçuz, coco e frutas escuras, e um final realmente suave, o que a torna uma grande parceira para comida. A Pelican se especializou nisso — eles sugerem a Tsunami Stout com chili ou ostras fritas.

Minoh Stout

Hokusetsu, Japão
ABV: 5,5%
Lúpulos: Perle, East Kent Goldings

Em 1997, o pai de Mayuko e Kaori Ohshita comprou uma cervejaria e colocou os dois na direção. Desde então, eles transformaram a Minoh em uma das cervejarias japonesas mais interessantes e premiadas. Produzidas numa linda área do norte de Osaka, famosa por sua cachoeira e macacos selvagens, as cervejas Minoh têm essa mesma medida de beleza e espírito brincalhão: a Weizen é feita com pêssegos locais, e a Wit, com yuzu; a W-IPA é uma double IPA com 9% de álcool que transborda Cascades; a Cabernet é feita com suco de uva Cabernet Sauvignon; e suas stouts têm merecida fama. A Imperial Stout (8,5% de álcool) é tão deliciosamente suave e rica quanto trufa de chocolate amargo, e a Stout convencional oferece uma textura mais seca, embora ainda cremosa, com densa espuma, muito café torrado, açúcar mascavo com infusão de baunilha e notas herbáceas e condimentadas.

Darling Brew Black Mist

Cidade do Cabo, África do Sul
ABV: 5%
Lúpulos: Southern Promise, Cascade

Essa é uma "slow beer" da África do Sul. A Darling Brew — nem artesanal nem micro — segue essa linha tranquila. Darling é o nome da cidade, e a ideia de lentidão é boa: a cerveja leva tempo para ser feita, não pode ser apressada, chega ao ponto no seu tempo, e você deve curti-la pausadamente. A Darling Brew tem uma bela sala de barris, que é o melhor lugar para provar suas cervejas (uma lager, uma brown ale, uma wit e a stout). Apanhe uma rodada de degustação, beba devagar e curta. A Black Mist é quase preta, e seu corpo oferece leveza refrescante antes de chegar ao final seco. Tudo se combina para compor um sabor de manhã seguinte: café, cigarros, torradas, perfume, um novo amor e um amargo beijo de adeus — só que com a Black Mist, quando você promete ligar e sair de novo um dia, está falando sério.

Camden Ink

Londres, Inglaterra
ABV: 4,4%
Lúpulos: Northdown, Pacific Gem

Por que a Guinness tem tamanho controle do mercado de stouts ao redor do mundo? Por que razão não há boas alternativas, que também ofereçam aquela textura cheia acompanhada de boa dose de sabor? O estímulo da Camden Town foi criar uma dry stout de ótimo paladar para dar a Londres outra opção entre as escuras de bar. A stout começou em Londres, antes de ir para Dublin (de onde conquistou o mundo); a Camden Ink a resgata e faz com que tenha um sabor novo. Com acréscimo de nitrogênio em tanques, ela tem um corpo cremoso e se assenta de maneira sexy conforme a espuma se forma no topo. Apresenta muitas notas de assado, de chocolate amargo e ao leite, e uma maciez antes do amargor dos lúpulos e do torrado. O Pacific Gem acrescenta uma explosão de amoras no final e um toque de aroma gramíneo.

Invercargill Pitch Black

Invercargill, Nova Zelândia
ABV: 4,5%
Lúpulo: Pacific Gem

A Invercargill Brewery é gerida por Gerry e Steve Nally, pai e filho. Começaram em 1999 numa velha cabana de laticínios, que ficou pequena e obrigou-os a mudar para a nova cervejaria em 2005. Além de cerveja, os Nally também fizeram desde o início uma sidra de mesmo nome — uma mescla de maçãs Granny Smith e Braeburn, com 5% de álcool, que começa suculenta e doce e depois termina com uma aspereza refrescante. Voltando à cerveja, a Pitch Black é bem preta. No começo, grita chocolate, depois tem toques terrosos de grão de café e de toffee de baunilha, cremosidade e um final que exala o sabor de bosque e frutas vermelhas do Pacific Gem, com notas de ameixa e cereja. A Invercargill fica junto ao Bluff Harbor, famoso pelas ostras, portanto, essa é a junção ideal de bebida e comida local.

IMPERIAL

Um estilo que tenha o prefixo "imperial" ou "double" (são sinônimos) pede que você faça um aquecimento e se alongue como preparação para algo GRANDE. O nome foi herdado da Russian imperial stout, cerveja forte e escura, conhecida como "extra stout porter", que era feita em Londres no fim do século XVIII e exportada para o leste. A bebida ficou popular na corte imperial russa da czarina Catarina, a Grande, daí o nome.

Quando a cerveja artesanal americana deslanchou, os cervejeiros começaram a pegar estilos e fazer versões maiores, buscando sabores mais fortes que se afastassem o máximo possível das lagers sem graça que a maioria bebia. Esses cervejeiros conheciam a história da imperial stout, como versão maior de um estilo-padrão, e adotaram esse nome.

Essas cervejas superdimensionadas começaram com a IPA, a rainha das artesanais. Os cervejeiros pegaram a versão de 6%, elevaram o teor alcoólico em um ou dois pontos percentuais e puseram muito mais lúpulos no caldeirão. E isso se difundiu para quase todos os estilos: pale ale, hefeweizen, brown ale, pilsner, wit, helles, red... embora muitos dos estilos belgas clássicos tenham escapado da amplificação imperial (Double dubbel? Imperial lambic?).

"No melhor dos casos, pode-se esperar o eco de um estilo de cerveja estabelecido, com algumas de suas características positivas aumentadas, assim como o teor alcoólico", escreve com prudência Garrett Oliver no *Oxford Companion to Beer*. A intenção de muitos cervejeiros é manter o estilo familiar e apenas ampliá-lo, fazendo-o exibir qualidades diferentes de malte, lúpulos ou levedura, além de desafiar as papilas e as noções prévias e mostrar ousadia. Há também um aspecto agressivo de vendas ao se rotular uma cerveja como imperial. Pense num hambúrguer: prefere o normal ou a versão imperial?

Para contrabalançar o maior teor de álcool, que também traz um corpo mais denso, faz-se maior uso dos lúpulos. Os cervejeiros costumam aproveitar a oportunidade para pôr de lado variedades clássicas e introduzir as do Novo Mundo, para dar um caráter diferente. Com a double IPA sendo o herói moderno do mundo da cerveja imperial, fica às vezes a impressão de que muitas cervejas maiores nascem quando o cervejeiro se pergunta qual será o gosto obtido ao combinar uma double IPA com outro estilo escolhido. O uso atrevido de lúpulos americanos tem definido muitos exemplos de cerveja imperial, mas esse não é um pré-requisito; às vezes os exemplos mais interessantes de imperial mantêm os ingredientes tradicionais e apenas fazem tudo maior. É como se você desenhasse um rosto numa bexiga e então a enchesse: o mesmo ocorre com os ingredientes da cerveja. Mesmo usando os ingredientes clássicos, ao torná-los maiores seus sabores mudam.

A questão é que os estilos de cerveja são fluidos e abertos a interpretações, por isso se tornam algo tão interessante e variado. Sabemos qual é o sabor de uma pilsner, então qual será o sabor da versão imperial? O que acontece quando você usa muito mais daqueles clássicos lúpulos Noble? Que perfil de sabores você obtém? E a cerveja, preserva a qualidade do estilo ou o transforma radicalmente?

Gosto das versões imperial dos estilos de cerveja. Nem todas são boas — às vezes há excesso de álcool, de amargor, de doçura ou desequilíbrio —, mas podem ser muito interessantes e ter um gosto imponente, desafiando o paladar e a imaginação. E estão tornando o mundo da cerveja um lugar maior e mais variado. Um duplo "viva" a isso.

AMERICAN STOUT

As milk e oatmeal stouts são confortáveis como uma canção de ninar: trazem doçura e textura cremosa; as dry stouts têm profundidade de torrado e um amargor seco que lembra fogueiras de carvão em noites frias; as imperial stouts são ricas, fortes, cervejas para tomar bebericando, complexas e profundas; as American stouts são diferentes: gritam no seu ouvido, pisam no seu pé e dão cotoveladas nas suas papilas.

Isso é mesmo o que se espera da americanização de um estilo de cerveja, e com certeza tem inspiração na ideia de uma American double IPA, apenas aplicada à stout. Trata-se de uma cerveja bem forte, suntuosa, que combina o torrado sem concessões do malte escuro com o agressivo uso de lúpulos americanos para dar um duplo golpe de amargor. É um tipo de cerveja americana que golpeia a língua, faz soar uma fanfarra, não muito distante de uma black IPA, na qual o forte aroma de lúpulo em geral dá uma fragrância floral, de pinho ou cítricos assados, e é esse aroma, junto com o amargor, que torna o estilo especial. Tem 6-9% de álcool e IBU alto como um arranha-céu, e ambos se combinam para criar bombas negras de sabor, brutais, de alta intensidade, se bem que as melhores mantêm uma riqueza de corpo macia, que coloca todos os lúpulos no lugar certo.

Green Flash Double Stout

San Diego, Califórnia, EUA
ABV: 8,8%
Lúpulo: East Kent Goldings

Para mim, essa é a quintessência da American stout. A cor é preta e opaca, com espuma que se assenta com bela cor escura. Tem aroma ondulante de avelã e café doce, com um pouco de pinho na base. É encorpada, forte e rica; tem dulçor de toffee e amargor de café, com notas de frutas vermelhas, suaves notas de castanhas torradas e um fundo de sabor de lúpulos fresco e revigorante — essa leveza suculenta esconde a escuridão brutal, e seu amargor é suavizado pela doçura, compondo uma cerveja fácil de beber, com sabor tão bom que você vira um pint num minuto. Nunca vi um pôr do sol com raios verdes, mas adoraria levar umas garrafas de double stout até o litoral da Califórnia e ficar lá ao entardecer, todo dia, até ver um.

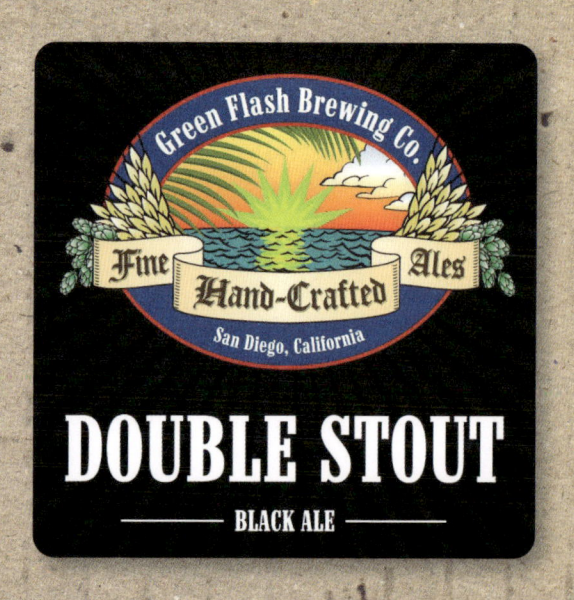

Beachwood Kilgore Stout

Long Beach, Califórnia, EUA
ABV: 7,1%
Lúpulos: Chinook, Columbus, Centennial, Cascade

Eu respeito estabelecimentos que têm como slogan: "Where the fork meets the pork" ("Onde o garfo encontra o porco"). E respeito ainda mais quando eles também fazem cervejas fantásticas. O lado churrasco das coisas parece ótimo (não fui lá para comer... ainda), e o lado cerveja é ótimo. A frutada Knucklehead Red tem 5,7% de álcool e é toda de lúpulos americanos, com pêssego e laranja envolvidos em especiarias herbáceas amadeiradas. A Foam Top é uma American cream ale gramínea, límpida, fácil de beber. A Kilgore é uma valente American stout: preta, intensamente torrada, cheia de lúpulos C (grapefruit, entrecasca de laranja, ervas resinosas), e tem alcaçuz, tostado, café, cacau amargo e caramelo, que vêm de todas as direções antes que o amargor se instale.

Sixpoint Diesel

Brooklyn, Nova York, EUA
ABV: 6,3%
Lúpulos: Centennial, Columbus, Northern Brewer

A Diesel é a sazonal de inverno da Sixpoint. Em algum lugar entre a American stout, a black IPA e um escaldante buraco negro de lúpulos, é uma cerveja preta extrema, com sensação de boca intensa e um final que o faz sentir como se seu paladar enfrentasse um esquadrão de homens maus atirando granadas. É uma daquelas cervejas arrebatadoras, tão cheias de sabor que você quase desiste na metade, antes de perceber o quanto é incrível; e, a essa altura, quer apenas tomar mais. O amargor de torrado vem primeiro como um canhonaço, depois os lúpulos herbáceos e o alcaçuz, e é como se um bosque de pinheiros pegasse fogo no copo, apagado depois por chocolate amargo. Tomei-a no Barcade, no Brooklyn, jogando fliperama — a dicotomia entre escuridão e luzinhas torna ambas mais divertidas ainda.

Williams Bros Profanity Stout

Alloa, Escócia
ABV: 7%
Lúpulos: Nelson Sauvin, First Gold, Centennial, Amarillo

Ao verter essa bela garrafa de cerveja, de cor preta quase opaca e espuma densa, o aroma chega primeiro, com uma explosão de lúpulos frutados, uva-passa, casca de cítricos e uma fragrância floral ao longe — o tipo de aroma que você não vê com frequência em stouts. É cheia e macia como deve ser uma stout com 7% de álcool, tem chocolate, café frutado, um pouco de aroma etílico, e você sente o torrado, mas nunca de modo adstringente, até que uma segunda leva de lúpulos chega com um amargor seco, floral e resinoso. A receita é de dois estudantes do curso de cerveja da Heriot-Watt. Esses caras podem ficar bem satisfeitos com seu trabalho acadêmico — o melhor que preparei quando estudava foi uma gelatina de vodca e, embora fosse deliciosa, não era tão boa quanto a Profanity Stout.

PORTER: CHEIA DE HISTÓRIA

Porter é um dos estilos originais e mais importantes do mundo. Foi um dos primeiros a ter nome e a viajar (América, Austrália, Países Bálticos, Índia) e o primeiro produzido em escala industrial. A porter também reúne um turbilhão de "fatos" históricos e de falsas verdades e é uma cerveja que mudou de identidade tantas vezes que fica difícil de acompanhar.

A porter veio depois da indefinida e mutante brown ale e era uma versão mais forte, com mais lúpulo e mais envelhecida, daquela cerveja escura. Seu nome vem dos carregadores de Londres, um grupo de pessoas que ganhavam a vida transportando coisas pela cidade. Ficou popular primeiro entre os estivadores que descarregavam navios e transportavam a carga; seu trabalho duro exigia algo refrescante e nutritivo ao longo do dia todo, então eles punham o fardo no chão ao entrar num pub e tomavam uma caneca de cerveja antes de retomar o trabalho.

Porter foi de início uma gíria, mas na década de 1760 os cervejeiros também davam esse nome à cerveja escura que os peões tanto apreciavam. Originalmente era envelhecida, às vezes por até dois anos, ganhando sabores ácidos e aroma forte; com frequência, os bares tinham ao lado delas uma versão mild, não envelhecida. Uma história popular diz que a porter era uma cerveja feita a partir de "três linhas": cerveja fresca, cerveja envelhecida e cerveja passada, o que resultava em ales escuras defumadas, torradas e ácidas, mas a certa altura ela foi concebida como uma ale "inteira" e fermentada ou apenas mesclada no copo. Embora essa tenda a ser a história mais contada para explicar a origem da porter, não é necessariamente a correta.

Qualquer que tenha sido sua origem, por volta do fim do século XVIII é provável que a maior parte das porters não fosse mesclada e fosse servida "suave". Ela foi o estilo de cerveja britânica mais popular durante cerca de cem anos, uma cerveja escura, com alto amargor e rica em sabor, caráter e profundidade, como um romance de Charles Dickens.

A cerveja chegou às colônias da América e foi muito popular por décadas, até a chegada das lagers alemãs. Junto com as pale ales, a porter também foi mandada para a Índia para ser bebida pelos generais. Era popular nos Países Bálticos e compartilha alguma história com as imperial stouts, famosas na região. De volta à Grã-Bretanha, sua história se funde com o advento da stout. Essas "stout porters" eram versões mais fortes da porter, até a stout começar a trilhar caminho próprio, tornando-se a mais popular das duas cervejas escuras. Por volta das primeiras décadas do século XX, mild, pale ale e stout deixaram a porter para trás, e ela foi duramente atingida durante as duas guerras mundiais, pois o estilo se enfraqueceu devido à escassez de malte e à elevação de impostos. Mesmo as grandes cervejarias londrinas de porter (ela era produzida em tal escala que algumas cervejarias tinham tonéis com capacidade para 5 milhões de litros) abandonaram o estilo, e ele quase desapareceu por algumas décadas após a Segunda Guerra Mundial, extinguindo-se junto com os carregadores de rua que haviam dado nome à cerveja.

Agora a porter está de volta e prosperando como um dos estilos mais destacados de cervejas artesanais, sendo produzido ao redor do mundo — os cervejeiros britânicos fizeram a primeira na década de 1970, e os americanos, na de 1980. Hoje você tem brown porter, Baltic porter, robust porter, imperial porter, American porter... é um estilo que ainda está evoluindo, algo consistente com todas as mudanças pela qual passou no decorrer dos últimos três séculos. E vai continuar a mudar por muitos anos mais.

PORTER *VS.* STOUT

A stout chegou no início do século XIX, e a porter é um século mais velha. Desde o advento da stout, os dois estilos evoluíram lado a lado e sofreram incontáveis mudanças. Identificar a diferença entre porter e stout é como tentar acertar um alvo móvel na mosca.

Quando a palavra "stout" foi usada pela primeira vez para identificar uma cerveja, significava uma bebida forte e podia indicar qualquer estilo ou cor. Para diferenciar, os cervejeiros chamavam suas produções de "pale stout", "brown stout" ou "stout porter" — esta última era uma versão mais forte de uma porter convencional. Em meados do século XIX, stout significava uma cerveja forte, escura, embora a porter ainda fosse a queridinha da época. As duas foram em frente juntas, as receitas evoluíram e se fundiram, e as coisas começaram a mudar no início do século XX. A essa altura, stout significava simplesmente uma cerveja escura e não necessariamente forte. As sweet stouts chegaram, criando um subestilo das versões "dry" de Londres e Dublin. Nessa época, as stouts também se tornaram mais populares como bebidas que traziam benefícios à saúde, enquanto a porter virava uma relíquia de tempos passados. Quando estourou a guerra e o malte passou a ser racionado, foi a stout que permaneceu em posição mais próxima à que tinha em tempos de paz, enquanto as receitas de porter foram enfraquecendo, e ela acabou desaparecendo por volta do final da Segunda Guerra Mundial, enquanto a stout vem se mantendo desde então.

O estilo voltou na década de 1970 e passou a se popularizar cada vez mais, ficando ao lado das stouts como o estilo de cerveja escura mais popular.

E é como "cervejas escuras" que podemos estabelecer maior proximidade entre as duas agora. Não há mais porters modernas envelhecidas em imensos tonéis por vários meses e que tenham o mesmo travo pungente, como acontecia com as originais, e, embora seja possível que algumas apresentem o mesmo gosto que as versões mais leves da antiga cerveja, é impossível sabê-lo com certeza. Portanto, as receitas que temos hoje devem ser vistas como interpretações modernas do velho estilo. As stouts também mudaram tanto em 200 anos que sua evolução é impossível de definir em termos simples. Os dois estilos possuem uma longa história, com sobreposições complexas, e ambos mudaram muito em seus anos de proeminência.

Existe alguma diferença entre stout e porter? Não. Suas versões "básicas" (dry stout e robust porter) agora tendem a compartilhar níveis de álcool e perfis de sabor similares, e apenas seus subestilos se destacam como díspares. Mesmo as linhas gerais do estilo são difíceis de distinguir, sugerindo que a diferença seja a presença maior de amargor de cevada tostada na stout, enquanto as porters têm um teor de álcool mais elevado, mas a realidade é que um cervejeiro pode chamar sua cerveja preta de stout ou de porter, e nunca estará errado.

PORTER

A porter feita há 250 anos deve ter sido muito diferente da porter de 150 anos atrás ou da atual. Ela já pode ter sido escura, defumada e um pouco azeda (devido a um envelhecimento estendido, antes de deixar a cervejaria); já foi também uma cerveja escura fraca, não azeda, com pouco lúpulo; em outro estágio, era servida "suave" e teria sido torrada e escura com uma pungência de lúpulos. Hoje é uma cerveja rica em maltes escuros, café, chocolate, caramelo e às vezes com suave odor de fumaça.

Robust porter e brown porter são as vertentes "padrão" mais populares — a diferença é que a versão robust tem mais torrado. Mas elas são muito similares, e raramente se torna necessário fazer alguma distinção. O teor alcoólico fica em 5-7%, e o IBU pode chegar a 40, com uso dos lúpulos ingleses para dar profundidade terrosa, de fruta escura, embora os lúpulos americanos sejam agora comuns, especialmente aqueles com um perfil de sabor de cassis e floral. O amargor de lúpulo de cevada torrada em geral não é forçado garganta abaixo, mas há exceções, que são como mascar grãos de café — pode haver também um pouco de acidez do malte. Talvez você encontre a Baltic porter, que é forte (6-9% de álcool), em geral fermentada a frio com levedura de lager (as versões modernas tendem a usar levedura de alta fermentação), feita com lúpulos europeus, com leve amargor de assado e de lúpulos, e um pouco envelhecida para ganhar uma qualidade vinosa. A porter já foi várias coisas no passado e continuará sendo um estilo de cerveja amplo, interessante, feito no mundo todo. Uma simples descrição nunca será capaz de abranger sua grande história e amplitude.

Meantime London Porter

Londres, Inglaterra
ABV: 6,5%
Lúpulo: Fuggles

Londres criou três dos mais famosos estilos de cerveja — porter, stout e IPA —, e a Meantime faz interpretações dos três. A IPA é uma ótima versão do velho estilo britânico: botânica, terrosa, consistente e, no entanto, leve e fresca. A London Porter é uma cerveja de maravilhosa complexidade. O aroma tem chocolate amargo, café torrado, frutas terrosas, nozes tostadas no fogo, notas defumadas — um aroma evocativo, que desperta na minha mente a imagem da gravura *Beer Street*, do artista inglês William Hogarth, mas acrescenta alguns vilões sujos das obras de Dickens no cenário. Tem profundidade de torrado, uma sensação de boca lisa, frutas vermelhas escuras, açúcar mascavo e fogueira, e depois amargor de malte e lúpulos que se unem num final seco. A London Brewers Alliance, associação dos produtores de cerveja londrinos, quer dar à London porter uma proteção de origem, por sua natureza histórica e trajetória peculiar.

Bad Attitude Two Penny Porter

Stabio, Suíça
ABV: 8,15%
Lúpulos: Amarillo, Chinook, Willamette

Além das charmosas garrafas bojudinhas, a Bad Attitude também colocou duas de suas cervejas em latas. A Kurt é a sua pale ale com lúpulos da Nova Zelândia, e a Dude é uma "quase-double" American IPA. O que eu gosto nas cervejas da Bad Attitude, além do sabor incrível, é sua aparência magnífica na prateleira. A Two Penny é uma porter em estilo americano com inspiração londrina e de execução suíça, precisa. Tem um corpo superfluido de café, brownie de chocolate amargo, baunilha e um toque salgado, tudo isso atacado por todos os lados pelo uso intenso de lúpulos americanos, que dão amargor de cassis, aroma vigoroso e uma ponta herbácea no final. Para ajudar a alcançar as 76 IBUs, juntam-se lúpulos ao primeiro lote de mosto. Eu ficaria feliz em lotar a geladeira dessa cerveja.

8 Degrees Knockmealdown Porter

Mitchelstown, Irlanda
ABV: 5%
Lúpulos: Admiral, Fuggles

Um líquido denso preto com uma montanha de espuma de café (algo adequado, já que a cerveja tem o nome da cadeia de montanhas da Irlanda), a Knockmealdown fica linda no copo. Tem chocolate amargo intenso, couro, frutas cobertas de cacau, caramelo e uma complexidade límpida, sem notas amargas de malte tostado, deliciosamente macia, com um final prolongado de lúpulos florais e terrosos. O australiano Cam e o neozelandês Scott, que criaram a cervejaria, dão algumas possíveis interpretações para o nome escolhido: 8° Oeste é a longitude da Irlanda; 8°C é a temperatura ideal para consumir suas cervejas; depois que Deus dormiu após os sete dias de trabalho duro, fez cerveja no oitavo dia; ou, minha possibilidade favorita, que são os 8° de inclinação assumidos por quem bebe ao relaxar depois de uma caneca de 8 Degree (que é servida idealmente a 8°C, na longitude de 8°, é claro).

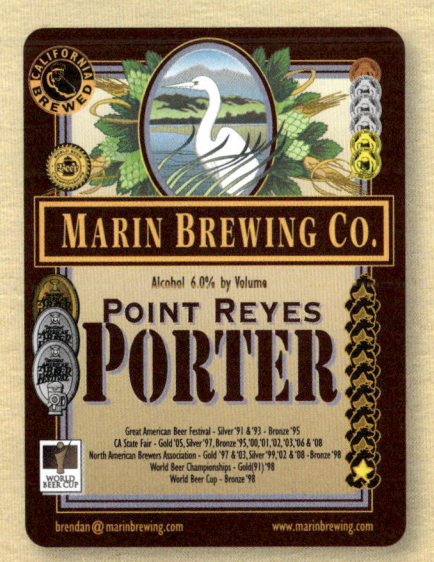

Marin Brewing Point Reyes Porter

Larkspur, Califórnia, EUA
ABV: 6%
Lúpulos: East Kent Goldings, Challenger

Algumas cervejas dão a impressão de que o mestre-cervejeiro foi capaz de enxergar dentro do seu cérebro e criar a bebida dos seus sonhos. Acho que foi o que aconteceu na Marin com a Point Reyes Porter. Cruzando a baía vindo de São Francisco, um barco te leva a Larkspur, e após uma curta caminhada você está na Marin Brewing. O tanque de brassagem e o de fervura ficam à esquerda na entrada, e o lugar todo tem o cheiro doce de mosto. Uma rodada de cervejas e um hambúrguer, e ainda há tempo para um pint antes de ir embora. Eu opto pela porter, pois é boa demais para partir sem tomar outra. Forte, cremosa (como o melhor milk-shake de café), tem intenso toque de torrado, doçura de frutas vermelhas, uma nota láctica, defumado, nozes torradas e um final seco, que fica incrível com a plena riqueza do corpo. Essa é a minha ideia de uma porter perfeita.

Holgate Temptress

Woodend, Austrália
ABV: 6%
Lúpulo: Topaz

Uma rica e deliciosa porter escura com infusão de cacau holandês e favas de baunilha merece o nome de "Temptress" ("Sedutora"). Marrom-escura com vermelho nas beiradas e uma espuma densa e cremosa, nela o cacau e a baunilha vêm primeiro (como se você abrisse uma caixa de chocolates), depois chegam café e torrado, um aroma de açúcar mascavo, um condimentado herbáceo e fragrante, brownie e um pouco de figo assado — tem cheiro de sobremesa, e é assim que deve ser tratada: abra-a depois de comer e sirva-a sozinha, com dois copos (o melhor é usá-la como recurso de sedução). A sensação de boca fluida, a profundidade do cacau e do café (que dão apenas uma nota amarga) e as frutas escuras, mais os toques florais da baunilha, fazem dela uma delícia de cerveja. A cervejaria tem um restaurante e um hotel no local, isto é, se tudo der certo, há quartos no andar de cima. Pegue uma garrafa a mais ao subir. Um fim de noite especial.

Narke Black Golding Starkporter

Örebro, Suécia
ABV: 7,2%
Lúpulo: East Kent Goldings

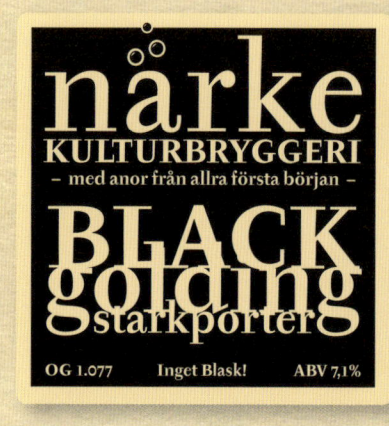

A Baltic porter começou como versão mais forte da porter feita em Londres e despachada para os portos do Báltico. Essas porters intensas passaram a ser produzidas na região no início do século XIX por cervejarias da Finlândia, Suécia, Rússia e Polônia. As versões londrinas usavam levedura de ale de alta fermentação, mas, quando as leveduras de baixa fermentação chegaram aos frios países do Báltico, as cervejas adotaram a fermentação a frio da lager e um longo tempo de maturação. A Narke é uma das principais cervejarias suecas, graças à sua imperial porter envelhecida em barril, a Stormaktsporter, e à raridade de suas cervejas. A Starkporter segue a tradição do Báltico, com um corpo cheio de maltes escuros, cacau intenso, café, caramelo e nozes torradas, com um paladar terroso de amargor e notas de frutas vermelhas pungentes nas beiradas. Simplicidade maravilhosa, complexidade notável, uma raridade.

Redemption Fellowship Porter

Londres, Inglaterra
ABV: 5,1%
Lúpulos: WGV, Liberty, Cascade

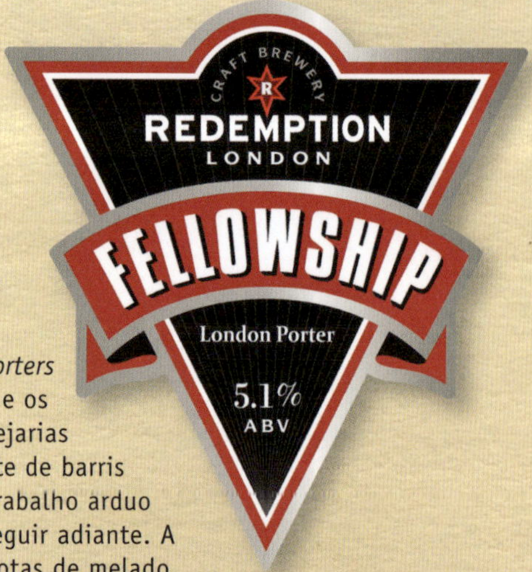

Em Londres, nas ruas e no rio, havia dois tipos de carregadores: os *ticket porters* (como os carteiros modernos, levavam de tudo, de cartas a caixas pesadas) e os *fellowship porters* (que faziam grandes entregas de malte e carvão). As cervejarias empregavam muitos carregadores, para entregas de ingredientes e transporte de barris pela cidade. Era proverbial a sede dos carregadores, que intercalavam seu trabalho árduo com paradas regulares nos pubs, tomando uma caneca de porter antes de seguir adiante. A Fellowship Porter da Redemption tem muito alcaçuz, chocolate e café; há notas de melado, defumado, amoras e baunilha, antes do final com amargor seco — é um tipo de cerveja para almoço de domingo, perfeita com rosbife. A Redemption tem uma produção de excelência constante. Procure também a Trinity, com 3% de álcool e muitos lúpulos; a Big Chief, uma American pale ale com 5,5% de álcool; e a Hopspur, uma pale que fica entre essas duas.

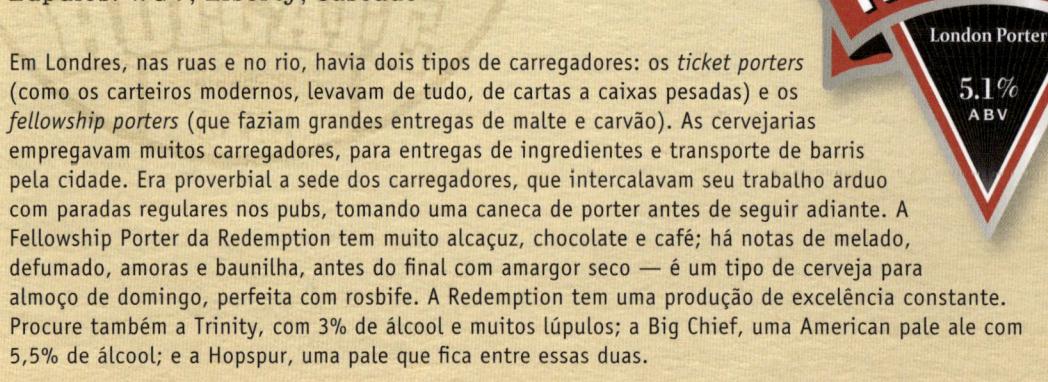

Negev Porter Alon

Kiryat Gat, Israel
ABV: 5%
Lúpulos: Magnum, Fuggles

Que garrafa mais linda a dessa cerveja! O fato de ser feita em Israel a torna duplamente interessante. Tem o nome do deserto que fica no sul do país e brilha como um oásis em meio às lagers produzidas em massa. A Porter Alon tem cor preto-meia-noite, com espuma cremosa, amargor de alcaçuz, café torrado, chocolate ao leite, ameixa e uma nota sutil de baunilha, graças às lascas de carvalho com as quais envelhece. Com um começo macio, termina com secura de deserto e saciando a sede (a propósito, essa é uma ótima cerveja para se ter por perto caso você se perca no deserto de Negev, apesar de eu preferir a Passiflora da casa, uma golden ale leve, feita com maracujá). Sem o peso de nenhuma tradição, as novas cervejarias israelenses estão escrevendo com criatividade os livros de história ao levar adiante as artesanais do país.

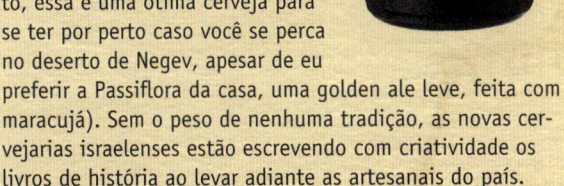

Yoho Tokyo Black

Karuizawa, Japão
ABV: 5%
Lúpulos: Cascade, Perle

Acho difícil resistir às cervejas em lata. Existe alguma coisa no ato de tomar cerveja em lata que me faz sentir como se estivesse num filme da década de 1980, embora eu não tenha ideia de onde possa ter surgido essa associação. As cervejas Yoho são feitas em uma das maiores áreas produtoras de uísque do Japão, e tanto a cervejaria quanto a destilaria usam a excelente fonte de água local em seus tonéis. Com as escuras popularizando-se no Japão, a Tokyo Black entrou no mercado como uma grande porter artesanal, no estilo londrino, por meio de uma receita americana com alguns ajustes ao gosto local. O que se tem é uma cerveja quase preta, com nuances vermelhas nas beiradas. Cacau e caramelo no aroma, depois um corpo límpido com um centro macio de chocolate, um amargor leve de assado, uma profundidade de lúpulos com fragrância floral e um quê de casca de limão — similar a uma schwarzbier.

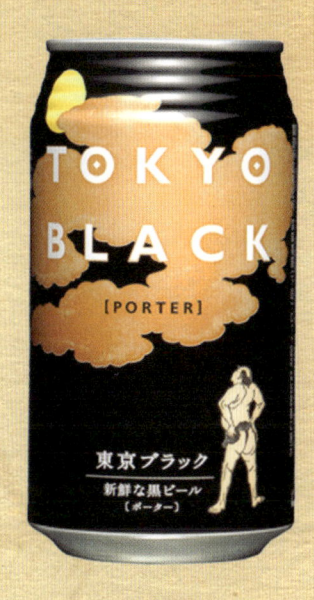

Mayflower Porter

Plymouth, Massachusetts, EUA
ABV: 6%
Lúpulos: Pilgrim, Glacier

Após 66 dias, enjoados pelo balanço do mar e com pouca cerveja a bordo, os peregrinos do *Mayflower* que iam para a Virgínia finalmente baixaram âncora, em um local adequado na baía de Plymouth, Massachusetts. Mal sobrevivendo ao inverno, fizeram um ano mais tarde uma festa comunitária de ação de graças e então abriram um barril de cerveja — escura e turva, era mais segura (e mais inebriante) do que beber água, também turva e escura. A porter não está nos EUA desde o primeiro dia, mas a cerveja sim, e um século mais tarde a porter era despachada de Londres e se tornava a cerveja mais mencionada e com mais registros históricos no país. A Porter da Mayflower é quase preta, com intenso torrado, muito chocolate e frutas escuras, com malte agridoce prolongado e final de lúpulos (usando, oportunamente, a variedade Pilgrim). E, para arredondar a história, a cervejaria foi criada pelo décimo bisneto de John Alden, um toneleiro (construtor de barris) que chegou a bordo do *Mayflower*.

IMPERIAL STOUT E PORTER

A bebida preferida da czarina Catarina, a Grande, na corte imperial russa era a extra stout porter, cerveja forte e escura feita em Londres e exportada para o leste. Como ocorreu com a IPA, as histórias e ideias hoje associadas à imperial stout romantizaram o estilo para os modernos consumidores. No século XVIII, os cervejeiros londrinos tinham um bom mercado nos Países Bálticos — a mitologia em torno do estilo diz que eram feitas mais fortes e lupuladas para aguentar a longa viagem, mas é mais provável que a intenção fosse apenas atender ao mercado, que pedia stouts fortes, ricas (embora talvez se trate do velho dilema do ovo e da galinha). A palavra imperial indicava tratar-se da mais forte cerveja feita pela cervejaria e, na época, podia ser aplicada a qualquer tipo de cerveja. Hoje, imperial stout é um dos estilos mais populares do mundo.

Grande, forte e rica como um oligarca russo, essas cervejas têm cor de marrom-escuro a preto-opaco e corpo de médio a cheio. O malte conduz, com torrado, caramelo, café, chocolate, às vezes um toque defumado e profundidade de fruta escura. Algumas terminam muito secas, outras são doces. Os lúpulos conferem amargor intenso (50-100 IBUs) e até algum sabor conforme a variedade, embora o aroma de lúpulos não seja comum. O teor alcoólico pode começar em 8% e subir indefinidamente, mas essas cervejas não devem ter sabor muito etílico; ao contrário, deve ser suave e ficar bem integrado. As imperial stouts costumam envelhecer em barris de bourbon e estar no topo da lista das "cervejas favoritas".

Kernel Imperial Brown Stout

Londres, Inglaterra
ABV: 10,1%
Lúpulo: Fuggles

Com a sua Imperial Brown Stout, a Kernel resgatou uma cerveja dos arquivos da Barclay Perkins (essa é de 1856). Trata-se, pois, de uma interpretação de como devem ter sido as fortes London stouts originais. São poucos os ingredientes: Maris Otter, Amber Brown e Black compõem a lista de grãos, e no tanque vai apenas Fuggles. Apenas quatro coisas para uma cerveja fenomenal. A Imperial Brown Stout é preta, densa, e não marrom como diz seu nome — resquício de um tempo em que "stout" significava forte e por isso era prefixada com "pale" ou "brown" ou chamada de "stout porter" para se diferenciar. Tem chocolate, tostado e caramelo, e pouco torrado, o que a torna macia como veludo. Os lúpulos dão terrosidade e um quê de frutas silvestres, enfatizadas por amoras e ameixas. Uma cerveja da velha Londres recriada de modo maravilhoso por uma das principais novas cervejarias londrinas.

Hornbeer Black Magic Woman

Kirke Hyllinge, Dinamarca
ABV: 9,9%
Lúpulos: Columbus, Centennial, Amarillo

Tarde da noite em Bruxelas, bem tarde. Nem tenho ideia das horas. Um dos meus companheiros dorme na mesa, o outro acabou de gastar 20 euros numa velha cerveja que tem gosto de shoyu. John, meu parceiro de copo, comprou uma garrafa de Black Magic Woman porque não resistiu ao nome ou ao visual da garrafa. Apesar (ou talvez por causa) do nosso avançado estado de relaxamento, essa cerveja chamou nossa atenção na hora, com seu fluente chocolate amargo, o torrado delicado, o corpo cheio, cranberries salpicados de cacau, o defumado de madeira queimada e um amargor prolongado. Cheia de sabor e profundidade, é uma daquelas cervejas que supera suas expectativas e o encanta com a magia que tem no copo. Ao prová-la um ano depois, comprovei que é realmente fascinante.

Jester King Black Metal

Austin, Texas, EUA
ABV: 9,3%
Lúpulos: Millennium, East Kent Goldings

A Jester King é uma cervejaria de fazenda no Texas que abraçou de vez seu terroir, seja usando a própria água de poço, seja cultivando cepas de leveduras — prove a Das Wunderkind, uma saison ácida feita com tais leveduras. Sua gama de cervejas também extrai inspiração do passado da fazenda: a Noble King usa uma linhagem de lúpulos e leveduras condimentadas, que dão um toque gramíneo de saco de lúpulos, floral, de laranja, que perdura com intensidade na língua. Le Petit Prince é uma cerveja de mesa, algo raro de se ver no mundo das artesanais, com 2,9% de álcool, que equilibra com elegância os lúpulos e a levedura da fazenda. A Black Metal é uma farmhouse imperial stout. Pega a levedura condimentada, de final seco, e faz seu vigor atravessar a doçura de uma grande cerveja preta. Há profundidade de torrado, muito chocolate amargo, tabaco e alcaçuz, e depois ela fica cada vez mais seca, até chegar a um final picante.

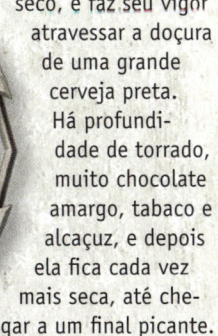

Dugges Idjit!

Landvetter, Suécia
ABV: 9,5%
Lúpulos: Brewers Gold, Chinook

Dugges Ale & Porterbryggeri é o seu nome completo, e os rótulos em tons pastel são o lado suave que contrasta com o poder das cervejas. Situada na periferia de Gotemburgo, a Dugges aumentou sua capacidade em 2012 para atender à crescente demanda de suas cervejas, algumas distribuídas no exterior. As mais conhecidas são da série "Expresse-se", de cervejas de inspiração americana: Holy Cow!, Bollox!, High Five! (todas American IPAs) e Idjit!. Você precisa ser muito idjit para não gostar de Idjit! — é uma imperial stout incrível, terrosa, com café expresso, melado e cacau amargo; rica, encorpada, com sabor de figo floral-frutado que dá um fundo vinoso. A Perfect Idjit! é a versão envelhecida em barril, que exala baunilha e toffee por cima da base. Há também a ½ Idjit!, uma robust porter com 7% de álcool e mais alcaçuz, figo e notas de anis, e menos torrado, terminando com um frutado intenso de café.

IMPERIAL STOUT E PORTER

Fritz Ale Imperial Stout

Bonn, Alemanha
ABV: 9,7%
Lúpulo: Simcoe

Inspirada pela cerveja artesanal americana, a Fritz Ale produz uma linha com American IPA, imperial IPA e imperial stout, todas com muito lúpulo de variedades americanas. Sua Belgian IPA parte de uma base americana e incrementa-a com levedura belga, o que dá frutado tropical e banana, maçã assada e cítricos, e depois um final picante e intenso. A imperial stout é uma grande cerveja. Com muita profundidade de torrado e notas fortes de café expresso, tem pungência de chocolate amargo, um pouco de ameixa assada e depois os imensos lúpulos americanos, que dão pinho, couro e uma sugestão de fogueira de outono ardendo num jardim florido. Procure também outra imperial stout alemã: a Propeller's Nachtflug (Voo Noturno), uma imperial stout com 9,1% de álcool, corpo leve e torrado atraente, com baunilha e profundidade de amoras mergulhadas em café expresso.

Antares Imperial Stout

Mar del Plata, Argentina
ABV: 8,5%
Lúpulos: Apollo, Goldings, Fuggles

Com o nome da estrela supergigante da constelação de Escorpião, a Antares é feita na Argentina desde 1998, quando três amigos se juntaram porque queriam beber uma cerveja melhor. A cervejaria começou em Mar del Plata e agora cresceu e tem vários pubs-cervejarias pelo país. Com uma kölsch, uma cream stout, uma barleywine e vários rótulos especiais, a Antares tem uma linha ampla de cervejas — se visitar o local, pegue uma bandeja de degustação com as cervejas disponíveis em barril. A imperial stout é quase preta, com espuma bronzeada. Tem o toque de café torrado e frutas escuras que você espera, depois vêm caixas de charuto, cereja e lúpulos picantes, terrosos. O corpo leve a torna fácil de beber e destaca a complexa acidez final, próxima da de um Malbec argentino.

Nail Clout Stout

Perth, Austrália
ABV: 10,6%
Lúpulos: Goldings, Pride of Ringwood

A Nail foi criada em 2000 por John Stallwood, que como muitos começou com um kit caseiro. Mas a história da cervejaria não é tão suave quanto sua super oatmeal stout — John teve que parar de fazer cerveja ao ser agredido em abril de 2004, quando tentava apartar estranhos que brigavam na rua. Por sorte escapou vivo, mas, sem poder trabalhar, vendeu a cervejaria e cuidou de se recuperar. Em maio de 2006, a Nail Ale voltou ao bar e um ano mais tarde entrou em produção normal. Numa bela garrafa de 750 mililitros, a Clout Stout é lançada uma vez por ano. Ao contrário da Nail Ale, uma pale ale feita com lúpulos australianos Pride of Ringwood, a Clout Stout exige mais tempo e atenção. Encorpada e rica em chocolate e café, tem ameixa, nozes torradas e baunilha — é complexa, soberba e especial, uma reflexão sobre o slogan da vida de John: nunca desista.

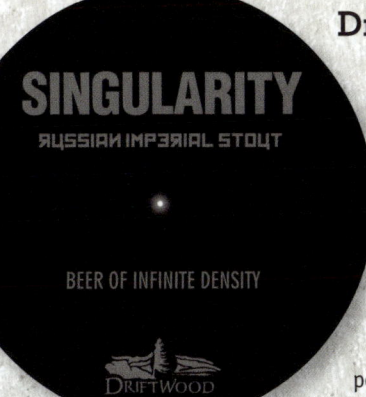

Driftwood Singularity

Victoria, Canadá

ABV: 14%

Lúpulos: Apenas de amargor

Imperial stout é o estilo que com maior frequência repousa em barris de bourbon. Faz sentido quando pensamos na riqueza de chocolate e caramelo da cerveja, e na baunilha, toffee e especiarias do bourbon. A Driftwood Singularity fica uns meses em barris de bourbon e virou um sucesso, lançada uma vez ao ano, criando pandemônio entre os consumidores, que disputam as poucas garrafas disponíveis. Preta e forte, flui como melado e grita imediatamente "bourbon" com o aroma alcoólico de baunilha da madeira, mas depois a cerveja de base assume, com leve aroma etílico no fundo. Tem muito chocolate amargo, melado, baunilha, anis e especiarias, e um final de café forte com bourbon. Enquanto espera seu lançamento, prove a Fat Tug IPA da Driftwood, uma cerveja com explosão de tangerina, grapefruit e pinho; ou a Farmhouse, uma saison condimentada e refrescante.

Durham Temptation

Durham, Inglaterra

ABV: 10%

Lúpulos: Target, Goldings

"Inovação e tradição" é o slogan da Durham, e seu foco é reinventar estilos britânicos. A Bombay 106 é uma IPA no estilo inglês, profunda, com lúpulos terrosos e pungentes, e a Evensong é uma bitter gloriosa, bem maltada e, no entanto, muito lupulada. Depois vem a Temptation, uma stout que começa com notas de pão, fica tostada e depois exala nozes, torrado e chocolate. Tem um pouco de baunilha e frutado vinoso, um golpe de álcool, certo dulçor, muito chocolate amargo, um fundo amargo e terroso e uma secura amadeirada no final. A Durham também tenta coisas diferentes: a Diabolus é uma sour stout com 9,5% de álcool, com a acidez intensa do chocolate amargo, mas mil vezes mais complexa e interessante; e sua White Stout volta às origens do nome. É uma cerveja clara, forte, modernizada com punhados de lúpulos Columbus.

Oskar Blues Ten Fidy

Longmont, Colorado, EUA

ABV: 10,5%

Lúpulo: Columbus

Estive uma vez na cervejaria Oskar Blues. Eles têm uma quadra de basquete, em frente a uma longa linha de envase em lata e de imensos tanques prateados, que parecem latas de cerveja imensas — é um lugar bem legal, especialmente a sala de degustação. Você arranca o anel da sua Ten Fidy e sente o aroma de confeitaria, chocolate amargo, baunilha e frutas vermelhas; o corpo é cheio e prazeroso; há uma doçura de brownie; o torrado no final não sobressai, e em vez disso você tem chocolate equilibrado com frescor de lúpulos, que realça e suaviza o conjunto. Há algo incrível nessa combinação de imperial stout e lata; me dá vontade de tomá-la ao viajar de trem, com todo mundo achando que estou tomando refrigerante, sendo que na verdade estou bebendo uma das melhores stouts do mundo — meio como comer sanduíche de lagosta no ônibus.

ENVELHECIDAS EM BARRIL

Barris de madeira foram recipientes de cerveja por muitos anos, até chegarem os tanques de aço inox, mais baratos e práticos. A madeira continuou a ser usada, mas apenas para maturar ou para levar a cerveja ao bar; os cervejeiros não queriam que a cerveja absorvesse nenhum sabor dos barris, que eram tratados para evitar que passassem qualidades da madeira para o líquido. Hoje os cervejeiros querem os barris justamente pelos sabores que podem dar à cerveja, como uma textura tânica, a doçura da baunilha, especiarias fenólicas, defumado e o aroma etílico daquilo que ocupava o barril antes da cerveja.

A maior parte dos barris, mas não todos, abrigou antes alguma bebida — bourbon, uísque e vinho são as mais comuns, mas rum, porto, xerez, calvados, conhaque e tequila já entraram numa cervejaria. A cerveja que vai para esses barris absorve o sabor de seus antigos ocupantes, mais a profundidade da madeira, ganhando nova complexidade — alguns barris acrescentam também um toque azedo, e se isso é bom ou não vai depender da intenção do cervejeiro. Cervejas fortes são mais comuns, porque podem lidar com mais maturação e adquirir mais sabor, mas os barris não são usados só para cervejas grandes e fortes (lambic e gueuze, por exemplo). A categoria das cervejas envelhecidas em barril é vasta e vai das cervejas de trigo leves e azedas até as grandes imperial stouts. O carvalho é a madeira mais comum (francês ou americano), mas há várias outras. O envelhecimento em barril bem-sucedido confere mais profundidade, sabor e textura à base de cerveja, sem sobressair demais.

BrewDog Paradox

Fraserburgh, Escócia
ABV: 10-15%
Lúpulos: Galena, Bramling Cross

A série Paradox usa barris de destilarias diferentes em cada lançamento. A cerveja começa como uma imperial stout, vai para barris de uísque e sai com uma expressão da bebida que estava antes dela no barril. Dada a localização remota da BrewDog na Escócia, ela está mais perto de destilarias de uísque do que as outras cervejarias, o que faz desse um grande projeto escocês. A diversão é ver o que cada uísque faz com a mesma base de cerveja: barris de Islay dão à cerveja defumado, terrosidade e notas marítimas; os de Jura oferecem pedra, frutado e toffee; os de Isle of Arran trazem gengibre, especiarias e baunilha. A cerveja de base é macia, com muito chocolate e amargor equilibrado: é como uma tela vazia para o sabor da madeira. Curta a cerveja com uma dose do uísque em cujo barril ela foi envelhecida. E também com cranachan, sobremesa escocesa de aveia, creme, framboesa, mel e uísque.

Cupacá Tequila

Mexicali, México
ABV: 10%
Lúpulo: Centennial

Os barris de uísque tendem a ter uma ou duas utilizações — o bourbon vai para barris novos, usados uma vez só. Os de bourbon costumam ser mandados para a Escócia, onde são preenchidos novamente. Já os barris de tequila podem ser usados e reusados, por isso os produtores relutam em se desfazer deles. No México, os barris de tequila são os mais procurados por cervejeiros artesanais para suas cervejas fortes, por isso o pessoal da Cupacá deu duro para obter alguns. Neles vai a barleywine, e, cinco meses depois, temos uma cerveja marrom-escura com um caráter maravilhoso e único de madeira: açúcar mascavo, caramelo e carvalho vêm da cerveja e da madeira; há frescor floral, frutado tropical, o toque botânico agudo do álcool; e a tequila aparece bastante — trazendo também cítricos, espelhando o suco de limão, misturado com a profundidade macia da tequila envelhecida. É uma transferência de sabor impressionante.

De Struise Pannepot Reserva

Oostvleteren, Bélgica
ABV: 10%
Lúpulos: Challenger, Magnum

Pannepot é uma cerveja incrível, de complexidade quase inigualável, que lembra uma Belgian quadrupel, só que melhor. O destaque é o corpo de malte: frutas secas, figo, baunilha, ameixa assada, noz-de-cola, cacau, frescor gramíneo e notas maltosas e florais de chá-preto. Tudo ganha vida com as especiarias que vão na fermentação, dando alcaçuz, noz-moscada, canela e pimenta moída. É uma complexidade impressionante, mas é a sensação de boca que a torna tão boa, rica e prazerosa. Ainda melhor que ela, se você conseguir achar, é a Pannepot Reserva, envelhecida em carvalho e que exala baunilha, caramelo e um final herbáceo mais seco, prolongado, que vai muito bem com a base de sabor da cerveja. Elas vêm com a sua safra no rótulo; cuide bem delas e ficarão ainda melhores em cinco anos, se conseguir aguentar tanto tempo sem abri-las.

Hallertau Porter Noir Pinot Noir

Auckland, Nova Zelândia
ABV: 6,6%
Lúpulo: Southern Cross

Parte da Heroic Series, de cervejas com um musculoso Adônis no rótulo, a Porter Noir da Hallertau é envelhecida em barris de Pinot Noir junto com *Brettanomyces*. Barris de vinho e levedura selvagem são comuns, com cervejeiros buscando um toque ácido, vinoso e aromático. Alguns vão fundo até obter uma acidez de franzir a bochecha, outros deixam apenas o tempo suficiente para obter maior profundidade. A Porter Noir é quase preta e exala barril e Brett — frutas, terra e limão seguidos por carvalho (o que remete às antigas London porters com sua nota azeda). Dê um gole: é um passeio louco entre cerveja e vinho, enfatizado pela textura leve: há fruta escura, chocolate, cereja, especiarias, madeira doce, secura de casca de uva terrosa e um final azedo como uma exclamação ao final de uma frase forte. Um tema sério, com execução esplêndida.

Dogfish Head Palo Santo Marron

Milton, Delaware, EUA
ABV: 12%
Lúpulos: Warrior, Palisade

O que torna a Palo Santo Marron especial, além de seu sabor divino, é o barril em que é envelhecida. Em 2006, John Gasparine, dono de uma empresa de pisos em Baltimore, procurava madeira sustentável no Paraguai quando viu os lenhadores locais usando palo santo ("pau santo"). Quando Gasparine falou com Sam Calagione da Dogfish Head sobre a madeira, Sam decidiu construir "o maior barril de madeira desde os dias da Lei Seca" (a história está num famoso artigo da New Yorker: leia). Depois desse grande barril vieram mais dois, cada um capaz de encher mais de 100 mil garrafas de 355 mililitros por lote — é uma das mais ambiciosas artesanais americanas. A madeira, usada apenas pela Dogfish Head, dá um sabor maravilhoso e único a essa forte brown ale: cereja, caramelo, açúcar mascavo, especiarias terrosas, cacau, frutas vermelhas suculentas e frutas secas. É ótima com panqueca com mirtilo e maple syrup.

Kross 5

Santiago, Chile
ABV: 7,2%
Lúpulos: Glacier, Horizon, Mt Hood, Cascade, Goldings

Essa cerveja cor de cobre foi a primeira do Chile a ser envelhecida em barril. Considerando a grande importância do vinho no país, levou um tempo para que a cerveja seguisse o mesmo caminho e lançasse um produto que se destacasse de fato nas prateleiras. Comemorando seu quinto aniversário, a Kross 5 surgiu em 2008 na impressionante garrafa de 750 ml. Feita numa região cercada por alguns dos mais conhecidos produtores de vinho chilenos, ela corresponde ao garoto rebelde da cidade. Maltes ricos dão caramelo, conhaque, uva-passa, amêndoa, açúcar mascavo e noz-de-cola; o carvalho é discreto, não sobressai, entra com toques de baunilha e madeira nos intervalos e acrescenta um fundo sutil a tudo. Termina com um amargor apimentado, amadeirado, que dá maior equilíbrio ao todo. É o tipo de cerveja para compartilhar com amigos, acompanhando boa comida.

Firestone Walker Anniversary Ale

Paso Robles, Califórnia, EUA
ABV: Variável — por volta de 12,5%

Os cervejeiros londrinos da velha porter e os das antigas e novas belgas — lambic, red e brown — tiveram que aprender a arte de mesclar cerveja. Agora muitos cervejeiros dispõem desse recurso em seu arsenal de habilidades. A prática de envelhecer cerveja em barril ficou tão complexa e profundamente explorada que algumas cervejarias têm adegas com centenas de barris de diferentes idades, preenchidos com cervejas diferentes; conforme os barris maturam individualmente, a mistura é necessária para se obter o equilíbrio. A Firestone Walker's Anniversary Ale (lançada uma vez por ano — a de 2017 será a vigésima) é um blend do que há de melhor na sala de barris da casa e é lançada com indicação da mescla específica, que muda a cada ano. No copo, mostra carvalho, baunilha, bourbon, álcool, chocolate, caramelo e frutas secas, com cítricos de lúpulos e cerveja fresca ao longe. Incrivelmente complexa e uma ode ao envelhecimento em carvalho.

Wild Beer Co. Modus Operandi

Bristol, Inglaterra
ABV: 7%
Lúpulos: Magnum, Fuggles

A Wild Beer Co. começou em um reduto rural no West Country da Inglaterra, em 2012. O nome vem do seu estilo English farmhouse moderno, concentrado em barris e leveduras selvagens (entre elas uma British lambic). Há também a Fresh, uma pale ale, e a Epic Saison, picante com levedura e frutada com lúpulo Sorachi Ace. A Modus Operandi é o destaque: começa como uma velha ale inspirada nas cervejas britânicas de um ou dois séculos atrás, com um caráter embrionário, de leveduras selvagens. É feita e fermentada do jeito clássico e depois transferida para barris de vinho tinto ou de bourbon, junto com *Brettanomyces*. Depois de 90 dias, a cerveja é mesclada, engarrafada e depois deixada mais um mês maturando. Os primeiros lotes são impressionantes: refrigerante de cola e cereja, caramelo, uma incrível leveza de corpo, um toque de frutas vermelhas pungentes e um amargor envolvente e terroso. Fique atento aos lançamentos da Wild Beer Co.

Cidre Dupont Reserve

Victot-Pontfol, França
ABV: 7,5%
Lúpulo: Nenhum

Não, não é cerveja. Mas é envelhecida em barril e tem sabor extraordinário. Fãs de cerveja artesanal que buscam variedade em seus copos estão se voltando com maior regularidade para a sidra, cujo sabor vivo, leve e bem doce é similar ao das cervejas ácidas feitas hoje ao redor do mundo. A Domaine Dupont faz sidra, calvados e pommeau (mescla de sidra e calvados) na Normandia, noroeste da França. A Cidre Dupont Reserve é envelhecida seis meses em barris de calvados, o que dá uma sidra elegante e complexa: tem maçã-verde, cítricos fragrantes, frutado tropical ácido, aroma forte de adega e fundo arredondado de toffee e especiarias, dado pelo envelhecimento. É disponível nas suas belas garrafas e também em barril, e exportada para os EUA. Ao bebê-la, fico imaginando como ficaria o gosto de uma cerveja — quem sabe uma bière de garde — envelhecida nesses barris...

Avery Rumpkin

Boulder, Colorado, EUA
ABV: 10-15%
Lúpulos: Magnum, Sterling

Essa cerveja me faz querer voar até Denver, ir de carro até a sala de barris da Avery, destampar um barril de Rumpkin e tomá-la direto da madeira — é uma imperial pumpkin ale, temperada com noz-moscada, canela e gengibre e envelhecida em barris de rum escuro por seis meses. Sei que há outras coisas estimulantes na sala de barris, de wild ales a imperial stouts, em barris de vinho, porto, rum e bourbon. A Rumpkin, lançada uma vez por ano, fica tão perto de um coquetel ou de uma sobremesa quanto de uma cerveja. Seu líquido é de cor âmbar-abóbora, e o que vêm primeiro é rum, carvalho, especiarias e açúcar mascavo (é como rum com especiarias e refrigerante de cola). Dê um gole e fica ainda melhor, com marshmallow, nozes torradas, doce de abóbora, melado e uma cremosidade de coco etílica, maravilhosa. Beba com torta de abóbora.

ENVELHECIDAS EM BARRIL   195

Recriações Históricas

Conforme os cervejeiros fazem as coisas avançarem com seus tonéis e sua inspiração, aumenta o interesse pelas cervejas do passado.

Há milhares de anos a humanidade faz e bebe cerveja, e a civilização se formou tendo sempre à mão uma cerveja ao final de um árduo dia de caça, de construir coisas, lavrar a terra ou de ficar sentado esperando alguém resolver o problema com seu computador. Olhar para o passado levanta um monte de questões: qual era o gosto de uma American lager antes da Lei Seca? Como era uma porter por volta de 1900? E em 1800? Qual seria o sabor de uma India pale ale original? E de uma cerveja feita há mil anos? E daquelas de 6 mil anos atrás? Será que os primeiros colonos da América teriam gostado de uma double IPA? Será que os egípcios que construíram as pirâmides teriam gostado mais de uma pilsner gelada em vez da cerveja com a qual eram pagos?

Registros de produção de cerveja, em particular na Grã-Bretanha, foram bem preservados, com receitas e processos claramente descritos, como se os cervejeiros vitorianos tivessem em mente os colegas do futuro. Podemos saber o que era feito, os ingredientes usados e a que processos eram submetidos — ou seja, dispomos de uma receita e podemos recriá-la. Outras cervejas foram resgatadas das tradições antigas, a partir de escritos ou de análises de antigos recipientes de bebida. A história se reflete num copo, e podemos vislumbrar o que as pessoas gostavam de beber há muitos anos.

Professor Fritz Briem 13th Century Gruit Beer

Friesing, Alemanha
ABV: 4,6%
Lúpulos: Selvagens

Dizer que uma cerveja precisa de um ingrediente amargo para contrabalançar a doçura é tecnicamente inverídico: a maioria das cervejas perde seus açúcares na fermentação. O propósito real dos lúpulos é acrescentar tempero, sabor e equilíbrio (além de, historicamente, atuarem como conservantes). Esses elementos têm sido necessários para produzir uma bebida palatável, da qual você queira tomar mais do que um gole medicinal. Antes de os lúpulos assumirem o papel principal de conferir sabor, entre os séculos XV e XVII utilizava-se o gruit (mistura de ervas e especiarias) para dar profundidade a cerveja. A versão do século XIII do professor Fritz Briem contém folhas de louro, gengibre, alcaravia, anis, alecrim e genciana, além de lúpulos selvagens (a mistura de gruit talvez usasse lúpulos). Isso dá uma cor turva, clara, de pêssego, e o aroma difere do das cervejas que você já tenha tomado: gengibre, ervas fortes, alcaçuz, limão e um toque salgado. É pungente, botânica, leve de corpo; o gengibre é realçado, mas temperado pelas demais ervas, e no final temos uma profundidade herbácea seca. Há uma razão de os lúpulos terem conquistado o mundo da cerveja, mas é fascinante provar uma relíquia de séculos atrás.

Dogfish Head

Milton, Delaware, EUA

Entre as cervejarias que viajam no tempo, a Dogfish Head é a que foi mais longe, no tempo e nos lugares. Com a ajuda do doutor Patrick McGovern, arqueólogo molecular especializado em bebidas alcoólicas, descobriu receitas ou decodificou análises de antigos recipientes de cerveja e os transformou em receitas modernas. A Chateau Jiahu (10% de álcool) recua 9 mil anos até a China e revela uma bebida preservada em cerâmica antiga; a recriação contém xarope de arroz integral, mel de flor de laranjeira, uva Moscatel e pilriteiro, e é fermentada com levedura de saquê. A Midas Touch (9% de álcool) recupera um sabor do túmulo do Rei Midas com uma cerveja dourada, que tem uva Moscatel, mel e açafrão. A Theobroma (9% de álcool) lembra uma antiga bebida alcoólica achocolatada de Honduras e é feita com cacau em pó asteca, raspas de cacau, mel, pimenta e sementes de aneto. A Sah'tea (9% de álcool) reinventa a sahti, cerveja finlandesa feita com centeio e zimbro. A versão da Dogfish contém zimbro, especiarias e chá-preto, e é fermentada com levedura de weizen. A Ta Henket (4,5% de álcool) traduz hieróglifos egípcios e faz uma cerveja a partir de pão na brasa com camomila, fruta de palmeira doum (similar à tâmara) e ervas do Oriente Médio, mais uma levedura nativa do Egito. São todas cervejas interessantes de provar e, embora não sejam, é claro, sabores modernos, as histórias e os processos que vêm com elas tornam o projeto Ancient Ales fascinante.

Fuller's Past Masters

Londres, Inglaterra

Essa gama de cervejas da Fuller's recorre ao seu arquivo e revive cervejas do passado. A Fuller's nasceu em 1845 e registrou todas as suas cervejas, ou seja, tem receitas desde o primeiro dia e livros de produção de onde constam anotações que dão pequenos flashes da vida dos cervejeiros de outrora. Past Masters é o projeto atual de recriar aquelas velhas receitas. Para deixá-las o mais autênticas possível, os cervejeiros tentam conseguir os ingredientes exatos que teriam sido usados, mesmo que isso implique procurar tipos raros de cevada ou lúpulos. Faz-se um lote pequeno de cada vez, portanto, compre sempre que achar e armazene — a maioria envelhece bem. A primeira XX, uma strong ale (7,5% de álcool), foi produzida em 2 de setembro de 1891. Bem maltada, tem amargor apimentado, terroso, de duração indefinida. A Double Stout (7,4% de álcool) revive uma cerveja de 4 de agosto de 1893, forte, defumada e profunda, com malte escuro. O terceiro lançamento foi a Old Burton Extra, cópia da original de 10 de setembro de 1931, uma Burton ale com 7,3% de álcool e lúpulos Fuggles e Golding; ela é doce e amarga, tal qual o sentimento causado por saber que agora esse estilo está extinto. Talvez no século XXII os cervejeiros da Fuller's consultem os livros e recriem a Bengal Lancer ou a ESB. Será que vão chegar perto do gosto que elas têm hoje?

RECRIAÇÕES HISTÓRICAS

INGREDIENTES ESPECIAIS

Cerveja é feita com água, cereal, lúpulo e levedura (além disso, exige tempo e um cervejeiro). Sobre essa base, os cervejeiros podem acrescentar o que quiserem: frutas, especiarias, ervas, flores, chocolate, café, baunilha, legumes, chá, nozes, gengibre e muitas outras coisas. Embora alguns ingredientes sejam incomuns — bacon, por exemplo —, outros, como café, são corriqueiros e dão um sabor ou uma sensação adicional à cerveja, realçando uma qualidade já existente (chocolate em uma milk stout, ervas em uma saison) ou propiciando uma experiência totalmente diferente (pimenta em uma IPA, gengibre em uma ESB).

Antes de os lúpulos se tornarem o tempero da cerveja, usava-se uma mistura de ingredientes silvestres para dar amargor: artemísia, giesta, dente-de-leão, urze, zimbro, pimenta e especiarias. Conforme os ingredientes evoluíram, alguns cervejeiros se voltaram para aqueles primeiros dias. Um ingrediente popular é a abóbora, presente nas cervejas coloniais e resgatada por cervejeiros artesanais que a usam para obter doçura de nozes, realçando-a às vezes com as especiarias usadas na receita de torta de abóbora, como gengibre, cravo, canela e noz-moscada.

Ingredientes não típicos podem fazer parte de qualquer cerveja, do estilo que for. Não há regras, e adições incomuns expandem as possibilidades de sabor e criam bebidas interessantes, excelentes. Nos melhores casos, uma mão hábil faz o ingrediente se integrar sem predominar. Mas cuidado com as novidades: não é bom usar uma coisa qualquer só para chamar a atenção.

5 Rabbit Huitzi

Chicago, Illinois, EUA
ABV: 9%
Lúpulo: Glacier
Ingredientes: Flores de hibisco, gengibre, açúcar de palma tailandês, mel de Chicago

A 5 Rabbit é uma cervejaria de inspiração latina instalada em Chicago, e a maioria de suas cervejas vai além dos quatro ingredientes principais. Há a 5 Lizard, uma American wheat com polpa de maracujá, e a 5 Vulture, uma dark ale feita com rapadura e pimenta poblano. A Huitzi é uma strong Belgian ale, com flores de hibisco, gengibre, açúcar de palma tailandês e mel de Chicago. É uma delícia, com um gosto incomum: floral e de laranja, tem doçura e pungência. O equilíbrio de sabores se movimenta pela cerveja, seguindo em várias direções; o gengibre se insinua, o mel introduz um caráter floral, os lúpulos dão cítricos, há as especiarias providas pela levedura e mais hibiscos no final. Aromática, elegante e surpreendentemente refrescante — beba acompanhando enchiladas.

Elysian The Great Pumpkin

Seattle, Washington, EUA
ABV: 8,1%
Lúpulo: Magnum
Ingredientes: Abóbora (mais canela, noz-moscada, cravo e pimenta-da-jamaica)

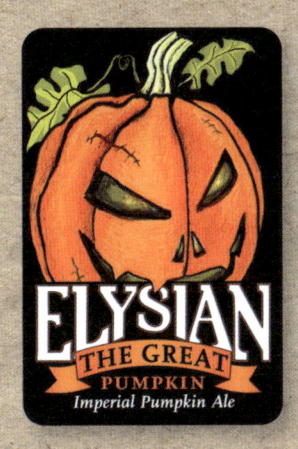

Na época colonial, os cervejeiros americanos pegavam qualquer amido à mão para produzir. A cevada ainda não estava difundida, não era cultivada em volume suficiente e as importações da Grã-Bretanha demoravam a chegar e eram caras. A abóbora, abundante na América e com amido na polpa, era uma boa opção e virou um dos estilos de cerveja nativos. Centenas de anos depois, as abóboras estão de volta, com cervejas lançadas em geral na época da colheita. A Elysian é especialista em abóbora e até organiza um festival anual da cerveja de abóbora em outubro. A Great Pumpkin Ale recebe polpa e sementes de abóbora no mosto e depois mais polpa no tanque de fervura e no fermentador — também é temperada com canela, noz-moscada, cravo e pimenta-da-jamaica. É suave, reconfortante como torta de abóbora, com um quê de massa de torta, açúcar mascavo, doce de abóbora, especiarias condimentadas de outono e profundidade de sabor.

Three Boys Oyster Stout

Christchurch, Nova Zelândia
ABV: 6,5%
Lúpulos: Green Bullet, Fuggles
Ingrediente: Ostras

Essa cerveja faz sentido para quem sabe que colocar uma pitada de sal no chocolate amargo acentua seu sabor doce e achocolatado. A stout e a porter eram as preferidas em Londres no fim do século XIX, quando as ostras não eram o produto de luxo que são hoje — eram abundantes, baratas e coletadas livremente do mar. Originalmente, as ostras não entravam na stout; eram só servidas junto, como petiscos vitorianos. Até que um dia as bivalves mergulharam na cerveja (parece que foi um neozelandês em 1929 o primeiro a fazer isso). Na Oyster Stout da Three Boys, as ostras são acrescentadas no meio da fervura. A cor é preto-tinta, com uma espuma cor de café; o aroma é de chocolate, baunilha, avelã e frutas vermelhas doces. Dê um gole e sentirá um banho de salinidade, com limão e uma profundidade picante envolvendo o chocolate — uma cerveja com corpo, profundidade, textura, frutado e sutileza. Uma pérola, sensacional com ostras e tabasco.

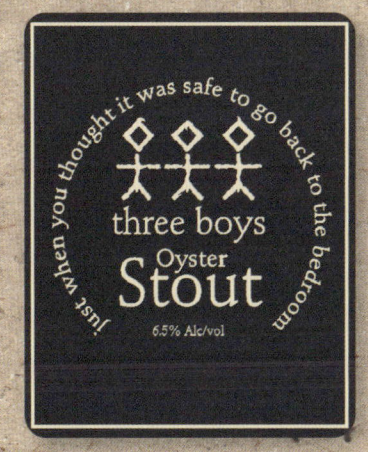

Williams Bros Nollaig

Alloa, Escócia
ABV: 7%
Lúpulos: Centennial, Bobek, Southern Cross
Ingrediente: Árvores de Natal

Além de um moderno conjunto de estilos, a Williams Bros faz uma série de cervejas escocesas no estilo tradicional com ingredientes do Velho Mundo disponíveis localmente. A Fraoch é a mais famosa: uma Heather ale sem lúpulos, um dos estilos de cerveja originais da Escócia, que também contém murta-do-brejo e é uma cerveja floral resinosa, mas fragrante. A Kelpie leva algas marinhas no tanque de brassagem para obter um frescor de beira-mar — o que remonta ao tempo em que os cervejeiros escoceses do litoral fertilizavam seus campos com algas. A Nollaig é a mais bacana dessas cervejas: é feita com árvores de Natal. Há muitas cervejas que se dizem de festas, mas essa é aprovada pelo Papai Noel. Com toque de seiva de pinho, mas de algum modo tão brilhante quanto as luzes natalinas, tem sabor floral fresco, de ervas secas, e um pungente cítrico, com doçura de geleia. Nenhuma novidade para as cervejas da Williams Bros — são todas excelentes.

INGREDIENTES ESPECIAIS

Ballast Point Indra Kunindra

San Diego, Califórnia, EUA
ABV: 7%
Lúpulo: Fuggles
Ingredientes: Curry em pó Madras, pimenta-de-caiena, cominho, coco queimado, folhas de limão-kaffir

Essa difere de todas as cervejas que já tomei. É uma "India-Style Export Stout", embora isso não indique que se trata de uma IPA (se é a que você procura, beba uma Sculpin ou uma Big Eye, duas excelentes American IPAs da Ballast Point). A Indra Kunindra é uma stout forte, com muito aroma e especiarias. Resulta da colaboração com o cervejeiro caseiro Alex Tweet; Alex agradou tanto que passou a trabalhar em expediente integral na cervejaria. O fenomenal da Indra Kunindra é que você consegue sentir o sabor individual de cada especiaria. A pimenta-de-caiena e o cominho criam um calor terroso e apimentado na narina, o coco queimado complementa o torrado de chocolate, o curry dá todo o sabor e profundidade, e as folhas de limão tornam o final mais leve, misturando-se ao lúpulo fragrante e ao calor da pimenta. Ousada, incomum, com uma ideia superior de especiarias, potente — não é para paladares delicados.

Dogfish Head Noble Rot

Milton, Delaware, EUA
ABV: 9%
Lúpulos: CTZ, Willamette
Ingrediente: Mosto de uva

Muitas vinherias fazem cerveja, e muitas cervejarias maturam suas produções em barris de vinho, mas são poucas as bebidas que juntam tão bem uva e grão como a Noble Rot. Nela, a Dogfish Head trabalhou com a Alexandria Nicole Cellars, em Washington. Grande volume de uvas Viognier é misturado ao mosto lupulado, que é infectado com *Botrytis cinerea*, ou podridão nobre (um fungo que desidrata as uvas), concentrando açúcares e acidez e dando profundidade de damasco seco ou geleia. A levedura de saison circula pelo malte e açúcares da uva, antes do acréscimo de Pinot Gris. A base da cerveja é dourada, com levedura e frutado dando casca de uva, suco de maçã, pêssego, damasco seco, flores, pimenta e banana. A casca de maçã e as uvas realçam a profundidade suave do malte e as especiarias da levedura: dois mundos se combinam numa bebida fascinante.

Mikkeller Beer Geek Brunch Weasel

Copenhague, Dinamarca
ABV: 10,9%
Lúpulos: Centennial, Chinook, Cascade
Ingrediente: Café Kopi luwak

O café não é um ingrediente incomum na cerveja e entra em vários estilos — stout, porter, IPA, bock. É o café que é usado nessa cerveja que faz a diferença: são grãos de café que foram comidos por civetas na Indonésia. Essas civetas, ou doninhas, não conseguem digerir os grãos, então os excretam. Eles são recolhidos, torrados e vendidos pelo mundo inteiro. A Beer Geek Brunch Weasel da Mikkeller é uma imperial stout com café e aveia. Quando possível, é a cerveja que tomo na manhã de Natal — é uma delícia no café da manhã do meu dia do ano favorito. A cor é um preto denso e oleoso, o aroma é de café e chocolate amargo, com lúpulos florais e frutados enfatizando a doce acidez do café. O corpo enche muito a boca e é pleno, rico, tostado e intenso, com um toque de caramelo e baunilha. Amo essa cerveja.

Redwillow Smokeless

Macclesfield, Inglaterra
ABV: 5,7%
Lúpulo: Target
Ingrediente: Pimenta chipotle

Em 2010, Toby McKenzie, que fazia cerveja caseira, decidiu largar o emprego e virar profissional — uma boa decisão, porque a Redwillow quase imediatamente se tornou a cervejaria preferida dos britânicos que conhecem cerveja. Smokeless é um nome enganoso, pois ela é feita com malte defumado e pimenta chipotle. Esta pode dar um gosto de aguardente à cerveja, mas tem um frutado doce quando fresca e ganha um toque quente terroso, de couro, quando seca. Uma porter, com sua profundidade de chocolate, abafa o calor da chipotle, e ambas se combinam bem na Smokeless. A chipotle (que vai na brassagem e na fervura) exala páprica defumada e frutas vermelhas, o que é realçado por lúpulos florais, condimentados, e depois entra no fundo torrado da porter, dando um sutil defumado doce, com prolongada fruta assada no final. O nome da cervejaria vem dos filhos de Toby: a filha é Sophie Willow, o filho é Jake Red.

Brasseurs San Gluten American Pale Ale

Montreal, Canadá
ABV: 5%
Lúpulos: Chinook, Cascade, Centennial, Willamette
Ingredientes: Painço, trigo-sarraceno, milho, quinoa

Primeira microcervejaria do Canadá especializada em cervejas sem glúten, a Brasseurs San Gluten tem quatro cervejas que não usam cevada, aveia, centeio nem trigo, substituídos por uma base de painço e outros grãos. A cervejaria foi criada por Julien Niquet e David Cayer em 2010 para dar opções àqueles que, como Julien, são intolerantes ao glúten ou têm doença celíaca — algo que afeta muitas pessoas no mundo todo. A Glutenberg American Pale Ale modifica a ideia que muitos têm sobre a qualidade da cerveja sem glúten. É limpa, viva, seca e aromática com os lúpulos americanos, exalando grapefruit e pêssego antes que o amargor comece a circular. A Glutenberg 8 faz ostentação desse lado especializado usando oito ingredientes sem glúten: painço, trigo-sarraceno torrado, arroz integral, xarope de açúcar-cande, quinoa, tâmara, arroz selvagem e tapioca. Essas fantásticas cervejas sem glúten vão fazer muitos celíacos celebrarem.

Haandbryggeriet Norwegian Wood

Drammen, Noruega
ABV: 6,5%
Lúpulos: Northern Brewer, Centennial, Cluster
Ingredientes: Frutas e ramos de zimbro

A Noruega fica muito ao norte para permitir o cultivo de lúpulos, mas o zimbro é abundante e um ingrediente tradicional para dar sabor e amargor. A Norwegian Wood recria uma velha farmhouse ale feita com frutas e ramos de zimbro, e malte seco no fogo, que dava um sabor defumado. Aromático e amargo, o zimbro também tem propriedades antissépticas que ajudam a preservar a cerveja, e as frutas têm dextrose, um açúcar fermentável. Na cerveja clássica, ramos de zimbro eram colocados no fundo do recipiente, à guisa de filtro, e acrescentavam-se frutas na fervura. A cerveja evoca caminhadas por pinheirais com fogueiras crepitando ao redor. O zimbro dá notas botânicas, apimentadas e frutadas, além de pinho. O corpo é suave, com melado e ervas, enquanto o defumado gira no fundo.

CERVEJAS EXTREMAS

Um jeito mutante de fazer cerveja, que busca levar ao limite as possibilidades, as papilas gustativas e a mente dos consumidores. Ultrafortes, superamargas, com ingredientes incomuns ou processos fora do padrão, as cervejas extremas ultrapassam os limites do tanque de brassagem, do tanque de fermentação e da imaginação de um cervejeiro.

As cervejas mais fortes do mundo ultrapassam os 50% de álcool, mas são controversas: feitas como cervejas normais, passam depois por uma destilação especial, por meio de congelamento parcial; como a água congela antes que o álcool, os primeiros blocos de gelo que se formam são removidos, e isso aumenta o teor alcoólico da cerveja. Ainda é cerveja? Para mim é. O congelamento é apenas outro processo de produção de cerveja, como o envelhecimento em barril ou o uso de dry hopping. As cervejas mais fortes obtidas por fermentação normal chegam a 28% de álcool. Há outros processos ou ingredientes que acrescentam um elemento radical, como o uso de pimenta, carne, legumes ou itens geralmente encontrados em farmácias. E depois temos bebidas incrivelmente amargas. Os cientistas acham que não discernimos muito amargor depois das 120 IBUs, ficando apenas com uma sensação nebulosa na língua. No entanto, algumas cervejas vão além das 1.000 IBUs. Algumas cervejas radicais, que não são para consumo cotidiano, cabem mais na categoria de bravatas, do tipo "a minha superou a sua", enquanto outras envolvem conceitos interessantes e legítimos ou no mínimo vêm acompanhadas de boas histórias sobre como e por que foram feitas assim.

BrewDog Tactical Nuclear Penguin

Fraserburgh, Escócia
ABV: 32%
Lúpulos: Galena, Bramling Cross

Anos atrás, essa cerveja começou como uma imperial stout envelhecida em barril de uísque. Depois, a BrewDog levou-a para a sua fábrica de sorvetes... Eles congelaram parcialmente a cerveja de 10% de álcool, removeram o gelo (deixando apenas o álcool) e depois repetiram isso por três semanas, aumentando aos poucos a intensidade até que a cerveja chegou a 32% de teor alcoólico, mais ou menos o nível dos uísques feitos por seus irmãos escoceses. Forte como o bourbon, ganha dulçor e defumado da madeira do uísque, e um tostado rico, como se você comesse chocolate amargo junto a uma fogueira. O mais importante é que ainda tem gosto de cerveja. Você pode ir a qualquer bar da BrewDog no Reino Unido e pedir um copinho dela. Ou provar uma Sink the Bismarck!, uma quadrupel IPA com 41% de álcool, que tem cheiro de óleo de lúpulo e gosto de caramelo amargo denso junto com bebida alcoólica forte. Você talvez tenha perdido a The End of History — essa tinha 55% de álcool. Cada uma dessas três cervejas foi, na época de seu lançamento, a mais forte do mundo, apenas para ser superada logo depois por alguma outra.

Twisted Pine Ghost Face Killah

Boulder, Colorado, EUA
ABV: 5%
Lúpulos: Willamette, Northern Brewer

Essa é hardcore, o quanto uma cerveja é capaz de ser. Encare-a com precaução, como se fosse andar descalço sobre fogo em brasa: ela é ferozmente quente. O estopim que leva até a bomba — a cerveja de base — são delicadas 10 IBUs. Feita com seis pimentas — anaheim, fresno, jalapeño, serrano, habanero e bhut jolokia (que alcança 1 milhão na escala Scoville e é tão ardida que é usada como arma militar) —, essa cerveja tem aroma de pimenta verde, doce, defumado e frutado, uma espécie de cochicho do que vem pela frente, ou seja, explosões no fundo da sua garganta e pelo seu nariz, ao som de bandas de thrash metal berrando "Fogo!" nos seus ouvidos. Não é para paladares delicados. O calor supera o sabor, há uma nota defumada que talvez deixe você achando que sua língua entrou em combustão, seus olhos lacrimejam, os lábios ardem; você dá outro gole, enxuga as lágrimas e exala um pouco de fogo. Ao chamar sua cerveja de "a mais quente deste lado do inferno", a cervejaria sugere leite ou sorvete como acompanhamento refrescante — é provável que você precise.

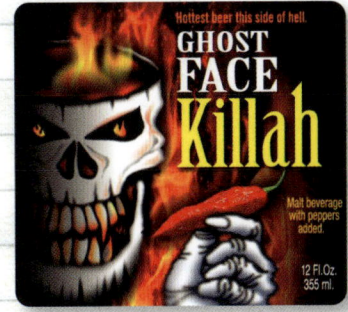

Mikkeller 1000 IBU

Copenhague, Dinamarca
ABV: 9,6%
Lúpulos: Magnum (extrato), Simcoe

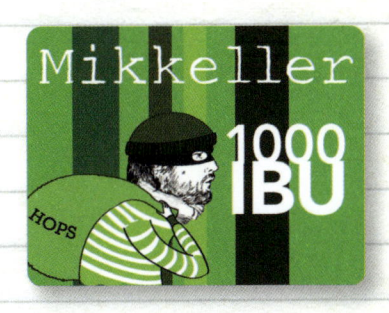

Essa cerveja é viciante para fanáticos por lúpulo, sempre atrás de outra dose: tem nada menos que teóricas 1.000 IBUs de amargor. Brutal, radical, perigosa, cria dependência: é como se você soubesse que não é boa para você, mas não consegue parar de beber, adorando o tranco feroz dos lúpulos e o desafio de beber sem fazer muita careta. Seu cérebro talvez ache que está sendo envenenado e fica alerta, pronto para combater as toxinas, enquanto sua língua é destroçada pelo altíssimo grau de amargor. No entanto... de certo modo... ela continua incrivelmente bebível — há muita doçura prazerosa, equilibrando os lúpulos, e você os degusta como quem ouve música num show de rock com o ouvido bem perto de uma caixa de som: a cabeça quase estoura, mas você ainda consegue cantar junto (captando pinho e cítricos). A versão com 9,6% de álcool é uma double IPA, e a versão "Light" de 4,9% é ainda mais brutal quando circula pela boca. Beba fresca para sentir toda a chicotada dos lúpulos.

A MEDIÇÃO DE IBU

Uma expressão para quem gosta de matemática e de lúpulos: IBU = U% x A% x W / V x C

U é a porcentagem de utilização de lúpulo; A é seu conteúdo de alfa-ácido; W é o peso dos lúpulos em gramas; V é o volume de cerveja em litros; e C, a densidade (conteúdo de açúcar). A variável importante aqui é U: se os lúpulos entram tardiamente, vão marcar poucos pontos na escala de utilização, pois estão ali para dar aroma, e não amargor. C é também uma variável: baixa densidade vai resultar em maior percepção de amargor, enquanto uma densidade alta (e portanto maior doçura na cerveja) vai encobri-lo um pouco.

CERVEJAS BLOCKBUSTER

As cervejas superstars são como aqueles filmes muito aguardados pelo grande público, que deixam as pessoas comentando, ansiosas para assistir a eles. Cervejas raras, com histórias — seus nomes circulam pelos bares de cerveja, suas lendas grudam secas na garganta dos consumidores que ainda não as experimentaram, enquanto aqueles que já tiveram essa chance falam com superioridade sobre suas sensações: "Está em primeiro lugar na minha lista", "É a melhor do mundo", "Já bebeu?" e "Como eu arrumo uma?".

Se você lê os sites de classificação de cervejas, anote as que estão no topo ou nos primeiros lugares. São difíceis de encontrar, e sua raridade eleva ainda mais seu prestígio. As histórias e as coisas que você precisa fazer para conseguir prová-las dão a essas cervejas seu elevado status. E lá ficam elas, rodeadas de alarde e expectativa, aumentando seu desejo de experimentá-las. Podem ser lançamentos anuais ou estarem disponíveis com maior frequência — é sempre muito difícil encontrá-las —, mas são procuradas e desejadas e justificam o orgulho que se sente ao colocar um tique junto ao nome delas na coluna "Já provei". A melhor coisa a respeito dessas cervejas raras é que você tem de ir até elas para bebê-las — e é a experiência de prová-las o que conta mais.

Westvleteren 12

Westvleteren, Bélgica
ABV: 10,2%
Lúpulos: De Poperinge, cultivados localmente

Há anos, a Westvleteren 12 ocupa o topo das listas de melhores cervejas do mundo em sites como RateBeer.com e BeerAdvocate.com. É uma Belgian quadrupel, da menor das cervejarias trapistas — a Sint Sixtus. É feita regularmente, mas em pequenos lotes, e você precisa ir até a cervejaria para pegar uma caixa se quiser bebê-la e tem de fazer o pedido com antecedência — um pedido por mês, por pessoa, supondo que a cervejaria ainda tenha disponibilidade. Não é cara, mas é difícil de achar. Às vezes você consegue também tomá-la no café em frente ao mosteiro, mas não sempre.

Quando tiver um copo dela na sua frente, espere algo excelente: chá, chocolate, doçura de pão, baunilha, nozes torradas, tâmara e uva-passa. Tem um corpo rico, suave e leve e é um prazer bebê-la. Não há dúvida de que se trata de uma grande cerveja, e é impossível tomá-la sem ter em mente essa ideia de "melhor cerveja do mundo", que realmente é um componente a mais na experiência. É de fato a melhor do mundo? O que é "a melhor cerveja"? Existe isso? É uma cerveja que faz você pensar, compartilhar e falar. Em 2012, um lote foi despachado para os EUA para ser vendido em embalagens para presente. Será que essa maior disponibilidade vai torná-la mais popular, ou essa sua característica de ser difícil de achar desaparecerá aos poucos?

Three Floyds Dark Lord

Munster, Indiana, EUA
ABV: 15%
Lúpulo: Warrior

A Dark Lord é tão especial que tem um dia dedicado a ela na cervejaria. Uma vez por ano, no último sábado de abril, a casa abre para milhares de pessoas, que vão lá pegar uma embalagem de quatro unidades. Eu havia marcado uma viagem a Chicago com amigos e depois descobri que o Dark Lord Day seria naquele período. Conseguimos arrumar ingressos (têm que ser comprados com antecedência), então pegamos um trem e um táxi até a Munster, e ficamos três horas na fila. É chato ficar na fila, e o único alívio são os balcões que vendem outras cervejas Three Floyds (eles fazem algumas incríveis). Todo mundo bebe Dark Lord ou compartilha garrafas de cervejas especiais trazidas com eles; bandas tocam ao vivo, e tem muita comida e uma animação genuína no ar: "Cara, olha só a gente aqui no Dark Lord Day!". Mas é muita gente.

Por fim, conseguimos a cerveja e decidimos ir embora logo depois, para evitar mais filas. Na volta, no trem, dividimos uma garrafa. É uma imperial stout feita com café Intelligentsia, baunilha mexicana e açúcar indiano: densa como melado, doce como xarope, com riqueza de chocolate, tem explosões de frutas vermelhas, sorvete e até algo floral no aroma. É parruda, insolente, ousada. Não gosto muito dela, para ser sincero — prefiro uma Gumballhead ou uma Alpha King —, mas o Dark Lord Day é uma experiência maluca: se puder, nao deixe de ir.

Russian River Pliny the Younger

Santa Rosa, Califórnia, EUA
ABV: 10,5%
Lúpulos: CTZ, Simcoe, Centennial, Amarillo, Chinook, extrato de CO_2

Feita uma vez por ano, Pliny the Younger é uma triple IPA — uma versão maior da Pliny the Elder, a incrível double IPA da Russian River. No dia do lançamento da Younger (começo de fevereiro), uma fila sai do pub-cervejaria e se estende por Santa Rosa, com pessoas que vão para provar a cerveja. O melhor lugar para achá-la é no pub-cervejaria, mas alguns barris chegam a outros bares; Aonde quer que a cerveja vá, a fila se forma. Só pode ser tomada do barril; a cervejaria costumava oferecer growlers de 2 litros para viagem, mas eles se dispersaram pelo mundo — essa é uma cerveja para tomar no local e fresca. Eu estava em São Francisco no dia em que foi lançada em 2010 e conheci um sueco que tinha voado até lá para encher um growler e levar para casa para tomar com os amigos. Outros haviam voado de vários pontos do país para prová-la. Como triple IPA, seu aroma é denso: cítricos, pinheiro, uma fábrica de *cannabis*. Com um corpo fluido de caramelo e malte tipo toffee, é macia ao beber e equilibra o golpe final dos lúpulos. É radical e sedutora: doce, mas brutal, um beijo e um soco. Ao achá-la, não dá para esconder a alegria de bebê-la. Eu realmente gosto dela.

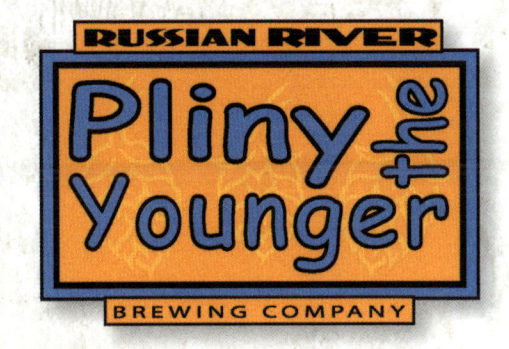

Outras cervejas blockbuster:

Bells Hopslam (no início do ano); Foothills Sexual Chocolate (janeiro); Portsmouth Kate the Great (primeira segunda-feira de março); Hunahpu's Imperial Stout, da Cigar City (março); e The Bruery Black Tuesday.

APRENDA MAIS

Blogs

Há na internet milhares de pessoas falando e escrevendo sobre cerveja. São conversas e informações interessantes, resenhas de novos rótulos e muitas notícias, de quase todos os países do mundo — em 2012, a Suécia tinha mais bloggers de cerveja do que cervejarias, e nos EUA havia mais de mil blogs sobre cerveja. A internet transformou o mundo da cerveja. A seguir, alguns dos melhores sites para ler a respeito:

Europa

Adrian Tierney-Jones — Called to the bar http://maltworms.blogspot.co.uk/
Andrea Turco (Itália) — Cronache di Birra http://www.cronachedibirra.it
Andy Mogg — Beer Reviews http://www.beerreviews.co.uk/
Barry Masterson (Alemanha) — The Bitten Bullet http://thebittenbullet.blogspot.co.uk/
Boak & Bailey — Boak & Bailey's Beer Blog http://boakandbailey.com/
Chris Thompson — Beer and Life Matching http://www.beerandlifematching.com/
Darren Packman (Suécia) — Beer Sweden http://www.beersweden.se/
Des de Moor — Beer Culture http://www.beerculture.org.uk/
Will — Ghost Drinker http://ghostdrinker.blogspot.co.uk/
Gianni, Alberto e Vanessa (Itália) — In Birrerya http://www.inbirrerya.com/
Jeff Evans — Inside Beer http://www.insidebeer.com/
Joe Stange — Thirsty Pilgrim http://www.thirstypilgrim.com/
John Duffy (Irlanda) — The Beer Nut http://thebeernut.blogspot.co.uk/
Leigh Linley — The Good Stuff http://goodfoodgoodbeer.wordpress.com/
Mark Charlwood — Beer.Birra.Bier http://www.beerbirrabier.com/
*Mark Dredge — Pencil&Spoon (*Eu!) http://www.pencilandspoon.com/
Mark Fletcher (e outros) — Real Ale Reviews http://real-ale-reviews.com/
Martyn Cornell — Zythophile http://zythophile.wordpress.com/
Maurizio Maestrelli (Italy) — Birragenda http://birragenda.blogspot.co.uk/
Matt Stokes — Beer & Food & Stuff http://www.beerandfoodandstuff.blogspot.co.uk/
Max Bahnson (República Tcheca) — Pivni Filosof http://www.pivni-filosof.com/
Neil — Eating Isn't Cheating http://eatingisntcheating.blogspot.co.uk/
Pete Brown — Pete Brown's Beer Blog http://petebrown.blogspot.co.uk/
Peter Alexander — Tandleman's Beer Blog http://tandlemanbeerblog.blogspot.co.uk/
Ron Pattinson — Shut up about Barclay Perkins http://barclayperkins.blogspot.co.uk/
Zak Avery — Are you tasting the pith? http://thebeerboy.blogspot.co.uk/

América do Norte

Alan McLeod — A Good Beer Blog http://beerblog.genx40.com/
Andy Crouch — Beer Scribe http://www.beerscribe.com/
Brewpublic http://brewpublic.com/
Ashley Routson — The Beer Wench http://drinkwiththewench.com/
Jay Brookes — Brookston Beer Bulletin http://brookstonbeerbulletin.com/
Jeff Alworth — Beervana http://beervana.blogspot.co.uk/
Lew Bryson — Seen Through a Glass http://lewbryson.blogspot.co.uk/
Mario Rubio — Brewed for Thought http://www.brewedforthought.com/
Pints and Panels http://www.pintsandpanels.com/
Stephen Beaumont — World of Beer http://worldofbeer.wordpress.com/
Stan Hieronymus — Appellation Beer http://appellationbeer.com/blog/
The Brewing Network http://www.thebrewingnetwork.com/
Velky Al — Fuggled http://www.fuggled.net/

América do Sul e Oceania

Ale of a Time (Austrália) — http://aleofatime.com/
Alice Galletly (Nova Zelândia) — Beer for a Year http://beerforayear.wordpress.com/
Brews News (Austrália) http://www.brewsnews.com.au/
Japan Beer Times http://japanbeertimes.com/
Logia Cervecera (Argentina) — http://www.logiacervecera.com/
Phil Cook (Nova Zelândia) — Beer Diary http://philcook.net/beerdiary/
The Crafty Pint (Austrália) http://craftypint.com/

Brasil

All Beers http://www.allbeers.com.br
Bar do Celso https://bardocelso.com/
Bebendo Bem http://www.bebendobem.com.br/
Brejada https://brejada.com/
Brejas http://www.brejas.com.br
Goronah http://goronah.blog.br/
Hominilupulo http://www.hominilupulo.com.br/
Maria Cevada http://www.mariacevada.com.br/
Panela de Malte http://paneladmalte.blogspot.com.br/
Rafael Patricio — Cervejas Brasil http://cervejasbrasil.wordpress.com/
Rockbreja https://rockbreja.com/
Vamos Webber http://vamosbebeer.blogspot.com.br/

Ratebeer.com e Beeradvocate.com também têm fóruns muito frequentados.

Livros

Há livros excelentes sobre cerveja, e sempre consulto os meus favoritos. A seguir, alguns que me ajudaram a escrever este livro:

Amber, Black and Gold, Martyn Cornell
Ambitious Brew, Maureen Ogle
Beer Companion, Michael Jackson
Beer Craft, William Bostwick and Jessi Rymill
Brew Like a Monk, Stan Hieronymus
Brewed Awakening, Joshua Bernstein
Brewing with Wheat, Stan Hieronymus
Cerveja e comida, Stephen Beaumont (Publifolha, 2016)
The Flavour Thesaurus, Niki Segnit
For The Love of Hops, Stan Hieronymus
Good Beer Guide Prague, Evan Rail
O Grande Livro da Cerveja, Tim Hampson (Publifolha, 2014)
Great American Craft Beer, Andy Crouch
Great British Pubs, Adrian Tierney-Jones
Hops and Glory, Pete Brown
A mesa do mestre-cervejeiro, Garrett Oliver (Senac São Paulo, 2012)
The Northern California Craft Beer Guide, Ken Weaver
The Oxford Companion to Beer, editado por Garrett Oliver
Tasting Beer, Randy Mosher
Three Sheets to the Wind, Pete Brown
The World Atlas of Beer, Tim Webb and Stephen Beaumont
The World Guide to Beer, Michael Jackson
World's Best Beers, Ben McFarland
1001 Beers, editado por Adrian Tierney-Jones
500 Beers, Zak Avery

Obtenha o certificado

Você pode se matricular em um dos muitos cursos reconhecidos ao redor do mundo para aprender mais sobre cerveja. Eis os melhores:

Cicerone — https://cicerone.org/
Beer Judge Certification Program — http://www.bjcp.org/index.php
Beer Academy — http://www.beeracademy.co.uk/
Siebel Institute — http://www.siebelinstitute.com/
NO BRASIL: ABS — https://www.abs-sp.com.br
Escola Superior de Cerveja e Malte — http://www.cervejaemalte.com.br/
Instituto da Cerveja — https://www.institutodacerveja.com.br
Science of Beer — http://www.scienceofbeer.com.br
SENAC — https://www.sp.senac.br/
Sinnatrah — https://www.sinnatrah.com.br/site/

ÍNDICE

África do Sul, dry stout 178
    milk stout 175
água para cerveja 10
Alasca, Belgian IPA 141
    Belgian tripel 94
    Belgo-american 99
Alemanha, altbier 72-3
    American pale ale 124
    bock 63
    helles 47
    recriação histórica 196
    imperial stout 190
    kölsch 70
    Oktoberfest märzen 56
    smoked beer 170
    weissbier 76, 78-9
altbier 72-3
amber ale 32, 146-8
American amber e red ale 146-8
American craft lager 50-1
American imperial IPA 131-3
American IPA 7, 31, 126-9
American pale ale 31, 122-5
American stout 180-1
American wheat 80-1
Argentina, imperial stout 190
armazenagem em adega 36
Austrália, American IPA 128
    Belgian blonde 86
    Belgian tripel 94
    bock 64
    golden ale 121
    helles 48
    imperial stout 190
    mild 153
    Pacific pale e IPA 139
    porter 186
    sour ale 110
    strong ale 166
    weissbier 78
Áustria, curiosidades alemãs 69

barleywine 167-9
barris 14
beber sazonalmente 103
belga, estilo, influência 111
    e monges 91
Belgian blonde e pale ale 85-7
Belgian dubbel 29, 88-90
Belgian IPA 140-2
Belgian quadrupel 95-7
Belgian tripel (strong golden ale) 30, 92-4
Bélgica, American wheat 81
    envelhecida em barril 193
    Belgian blonde 85-6
    Belgian IPA 141
    Belgo-american 98-9
    cerveja blockbuster 204
    dry stout 176
    dubbel e dark strong ale 88
    farmhouse ale 100-1
    Flemish bruin 104
    fruit beer 112, 115
    gueuze 107
    lambic 107
    quadrupel 95-6
    tripel e strong golden 92-3
Belgo-american, cervejas 98-9
bitters 32-3, 157-9
black IPA 143-5
blockbuster, cervejas 204-5
Brasil, Belgian quadrupel 97

Belgian tripel 93
bock 65
dark lager 60
English pale ale 135
helles 49
oktoberfest 58
smoked beer 172
witbier 84
Brewers Association, EUA 8
brown ale 32, 154-6

Campaign for Real Ale (CAMRA) 9
Canadá, American pale ale 125
    barleywine 169
    Belgian blonde 86
    Belgian dubbel 90
    Belgian quadrupel 96
    ESB 161
    imperial stout 191
    ingredientes especiais 201
    oktoberfest 57
carbonatação 25, 26
centeio, cervejas de 149-51
cereais, para cerveja 10-1
cerveja artesanal, definição 8-9
cerveja envelhecida 36
    em barril 192-5
cerveja ruim, gostos e causas 22-3
cerveja, produção 10-5
cervejarias 14
cervejas extremas 202-3
Chile, American amber 148
    envelhecida em barril 194
clássicas vs. novas 40-1
Colômbia, American wheat 81
    weissbier 77
comida, cerveja e 26-33
como servir cerveja 24-5
copos de cerveja 24, 25
Coreia do Sul, American IPA 129
cozinhar com cerveja 34-5
cream beer 74-5
curiosidades alemãs 66-9

dark lager 28, 59-61
design gráfico 37
Dinamarca, American craft lager 51
    American imperial IPA 133
    cerveja extrema 203
    imperial lager 55
    imperial stout 189
    ingredientes especiais 200
dry stout 176-8

El Salvador, witbier 83
English pale ale e IPA 134-6
ESB (extra special bitter) 32-3, 160-1
Escócia, American stout 181
    envelhecidas em barril 192
    cervejas extremas 202
    golden ale 119
    ingredientes especiais 199
    pale 117
    rye beer 151
    Scotch ale 162
    strong ale 166
Espanha, brown ale 155
    dark lager 61
    pale 118
EUA, altbier 73
    American amber 146-8

American craft lager 50
American imperial IPA 131-3
American IPA 126, 128-9
American pale ale 122-5
American stout 180-1
American wheat 80-1
barleywine 167, 169
envelhecidas em barril 194-5
Belgian blonde 87
Belgian dubbel 89, 90
Belgian IPA 140-2
Belgian quadrupel 97
Belgian tripel 94
bitter 159
black IPA 143-4
bock 64-5
brown ale 155-6
cervejas blockbuster 205
cervejas extremas 203
cream beer 75
curiosidades alemãs 67-9
dark lager 60-1
dry stout 176
English pale ale 135-6
ESB 161
farmhouse ale 102
Flemish bruin 105
fruit beer 113-5
golden ale 121
helles 48, 49
imperial lager 54-5
imperial stout 189, 191
ingredientes especiais 198-200
kölsch 71
lambic 107
mild 153
milk stout 174
oktoberfest 57-8
Pacific pale e IPA 138
pale 117
pilsner 45-6
porter 185, 187
recriação histórica 197
rye beer 149-51
Scotch ale 163
sour ale 109-10
steam beer 74
strong ale 165
weissbier 77, 79
witbier 84
evolução das cervejas 6-7, 40-1

farmhouse ale 100-2
filtragem, clarificação, centrifugação 14
Flanders red e Flemish bruin 30, 104-5
França, cerveja envelhecida em barril 195
    bitter 159
    farmhouse ale 101
    milk stout 175
fruit beer 30-1, 112-5

glossário 18-21
golden e blonde ale 119-21
Grécia, golden ale 120
    Pacific pale e IPA 139
gueuze, cervejas 106-7

hefeweizen 29, 76-9
helles 47-9
Holanda, American imperial IPA 133

barleywine 169
bock 63
IBU 20, 203
imperial lager 54-5
imperial stout 33
    e porter 188-91
imperial, versão de estilos de cerveja 179
Inglaterra, American IPA 127
    American pale ale 123
    American red 148
    barleywine 168
    Belgian IPA 142
    Belgian quadrupel 96
    bitters 157-8
    black IPA 145
    dry stout 178
    envelhecida em barril 195
    ESB 160
    farmhouse ale 101
    fruit beer 115
    golden ale 121
    helles 48
    imperial stout 188, 191
    ingredientes especiais 201
    kölsch 71
    mild 152, 153
    milk stout 173
    Pacific pale e IPA 138
    pale 116, 118
    pale ale e IPA 134, 136
    pilsner 46
    porter 184, 186
    recriação histórica 197
    rye beer 150
    smoked beer 171
    sour ale 108
    steam beer 75
    strong ale 164, 165
ingredientes, fruta, especiarias, outros 13
    especiais 198-201
IPA (India pale ale) 12, 40, 130
Irlanda, dry stout 176
    English pale ale 136
    porter 185
    strong ale 166
Islândia, smoked beer 172
    witbier 83
Israel, American pale ale 123
    porter 187
Itália, American IPA 128
    American pale ale 124
    barleywine 168
    Belgian blonde 87
    Belgian dubbel 90
    Belgo-american 99
    bitter 158
    bock 64
    farmhouse ale 102
    Flemish bruin 105
    kölsch 71
    milk stout 175
    Pacific pale e IPA 138
    pilsner 45
    weissbier 78
    wild beer 110

Japão, American amber 147
    Belgian dubbel 89
    brown ale 154
    dry stout 176
    English pale ale 135

fruit beer 115
porter 187
smoked beer 171
weissbier 79
witbier 83

kölsch 28, 70-1

lager, história da 52-3
lagers da família bock 62-5
lambic 106-7
levedura e temperatura 13
lúpulos 12-3, 26
   regiões de cultivo 16-7
   tipos 17

maltes 10-1, 13
melhores cervejas do mundo 38
México, envelhecidas em barril 193
   golden ale 120
mild 152-3
milk stout 33, 173-5
monges 91
mosto 10-2
Munique 62

Noruega, barleywine 168
   brown ale 156
   ingredientes especiais 201
Nova Zelândia, American IPA 127
   American pale ale 125
   American red 147
   envelhecidas em barril 193
   black IPA 145
   brown ale 156
   dry stout 178
   helles 49
   imperial lager 55
   ingredientes especiais 199
   Pacific pale e IPA 137, 139
   pilsner 46
   Scotch ale 163
   smoked beer 171
   witbier 84

oatmeal stout 33, 173-4

Pacific pale 31-2, 137-9
País de Gales, milk stout 174
pasteurização 14

pequenas cervejarias 8-9
pilsner 28, 44-6
Polônia, black IPA 145
porter 182-7
   e stout 183
processos de produção da cerveja 10-5

recriações históricas 196-7
red ale 32
República Tcheca, American IPA 127
   dark lager 59
   pale 117
   pilsner 44-5
   weissbier 77
roda dos sabores 39
rye beer 149-51

Scotch ale 162-3
session 116-18
smoked beer 33, 170-2
sour ale 108-10
sour beer 30-1
steam beer 74-5

stout e porter 183
strong ale 164-6
Suécia, altbier 73
   American craft lager 51
   ESB 161
   golden ale 120
   imperial stout 189
   oktoberfest 58
   porter 186
   Scotch ale 163
Suíça, cream beer 75
   porter 185
   smoked beer 172

temperatura 13-4
   servir 25
tempo e temperatura 14
trapistas, cervejas 21, 91

Vienna lager 56-8

weissbier, família 76-9
wild beer 108-10
witbier 28, 82-4

AGRADECIMENTOS

Cerveja é algo compartilhado, e é sempre melhor quando se está junto de outras pessoas. Fazer este livro exigiu muitas contribuições de um monte de pessoas diferentes, seja para me ajudar a entender técnicas complexas de produção ou para me indicar um bom bar ou uma boa cerveja. Em primeiro lugar, agradeço às cervejarias: a maioria respondeu prontamente às perguntas, mostrou interesse pelo livro e forneceu as imagens que dão vida a estas páginas. Espero ter correspondido ao grande trabalho que vocês fazem (e se cometi algum erro, peço desculpas; tentei ser o mais preciso possível).

Pessoas ao redor do mundo me ajudaram e, apesar do meu desejo de dar mais detalhes, simplesmente não tenho espaço para isso, portanto, sem nenhuma ordem em particular, agradeço a: Adrian Tierney-Jones, Alessio Leone, Ken Weaver, Mark Fletcher, Andy Mogg, Leigh Linley, Simon Johnson, Darren Packman, Pelle Stridh, Fredrik Broberg, John Duffy, Barry Masterson, Kim Sturdavant, Evan Rail, Alexandre Bazzo, Bryan Harrell, Mark Melia, John Keeling, Stephen Beaumont, Tim Webb — devo a vocês todos uma cerveja ou duas. Por terem escrito ótimos livros ou manterem sites que me forneceram informações ou inspiração agradeço a: Niki Segnit (eu adoro *The Flavour Thesaurus* — todo mundo deveria ter um exemplar), Ben McFarland, Ron Pattinson, Martyn Cornell, Joshua Bernstein, Andy Crouch, Jeff Alworth, Melissa Cole, Pete Brown, Tim Hampson, Garrett Oliver, Randy Mosher, Stan Heironymus e, é claro, Michael Jackson. À equipe da Camden Town Brewery um agradecimento especial por terem respondido às minhas perguntas todos os dias (explico: trabalhei na cervejaria enquanto escrevia este livro; escolhi trabalhar ali porque adoro as cervejas deles). E outro agradecimento especial a Kelly Ryan: ele arredondou algumas das melhores cervejas da Nova Zelândia e também me ajudou a aprimorar meus conhecimentos sobre produção de cerveja. Vá até a Good George Brewing, em Hamilton, e encontrará algumas das melhores cervejas da Nova Zelândia naqueles tanques.

A equipe da Dog 'n' Bone merece muitos créditos. Mark Latter fez com que minhas palavras ganhassem boa aparência por meio do design, o que vale também para Paul Tilby. Caroline West editou e corrigiu todos os erros de digitação e outros erros corriqueiros (mas quaisquer erros factuais são definitivamente responsabilidade minha!), e meus agradecimentos também a Pete Jorgensen por sua orientação, paciência e por dar início ao livro (e terminá-lo) — vamos tomar uma cerveja juntos alguma hora dessas.

Aos meus colegas (e parceiros de copo) — Matt Stokes, Lee Bacon, Mark Charlwood, Chris Perrin, Sean Mason, Pete Brissenden. Quando precisei tomar vinte imperial stouts, strong ales e barleywines no dia mais quente do ano, eles ainda se mostraram dispostos a ajudar. Antes de mais nada, foi Matt quem me introduziu à cerveja, portanto, tudo isso é culpa dele.

Papai e mamãe: sempre me deram apoio, estiveram ali quando precisei deles e sempre me incentivaram (e meu pai ainda se dispôs a tomar algumas cervejas comigo — e obrigado por me ajudar na parte de Bruxelas da pesquisa!). Agradeço a vocês por tudo o que têm feito e continuam fazendo. Obrigado a Vicki e Daryl: espero que em 2027 algumas dessas cervejas ainda estejam por aí e eu possa compartilhar algumas com Frankie. Sue e Nick: obrigado por me receberem em sua família, por toda a comida boa e bebida e pelos ótimos momentos (e ao Nick por também se dispor sempre a tomar uma cerveja comigo).

E a Lauren. Obrigado por não reclamar do despertador às 5h da manhã, obrigado por me ouvir (e lembrar), pelo cuidado, por seu amor e por fazer com que eu me esforce sempre mais e procure fazer melhor. Este livro é para você (mesmo que você não goste de cerveja).